株主と対話する企業 第2版

「対話」による企業価値創造と
大競争時代のIR・SR

三菱UFJ信託銀行法人コンサルティング部／証券代行部
日本シェアホルダーサービス

編著

商事法務

●第2版はしがき

　本書の初版が発刊となった2013年から約10年が経過しましたが、「株主との対話」の重要性はますます広く認識され、上場企業の皆さまも様々な取組みを進められてきたかと思います。

　「株主との対話」は、株主総会直前に限らず、年間を通じて行われるようになってきていますが、株主構成は各社によって異なるため、自社にとっての「株主との対話」の最善策とは何かという解は一つではなく、各社各様であると想像されます。

　三菱UFJ信託銀行では、証券代行業務において、受託上場会社数、管理株主数ともに約4割超の高いシェアをいただいております。株主名簿管理人としてお客さまの様々なお悩みやご意見をお伺いしながら、企業と機関投資家との相互理解と建設的な対話による課題解決の促進に尽力する日本シェアホルダーサービスとともに、SR・IR領域の各種サービスを提供し、発行体企業の皆さまのご支援に努めてまいりました。

　本書は、12年前の初版で予見された変化が現実のものとなった現在から未来について、今、何をお伝えできるのかを、この分野の専門家達が考察し、編纂したものです。本書が、今後の日本企業の持続的発展に資することを祈念しております。

2025年3月

三菱UFJ信託銀行株式会社

執行役員　法人コンサルティング部長　清水　拓

日本シェアホルダーサービス株式会社

代表取締役社長　谷川和路

●ご挨拶（初版）

　信託銀行がIR・SRコンサルテーションの担い手と聞くと、意外と思われる読者も少なからずいらっしゃるのではないでしょうか。

　三菱UFJ信託銀行では、証券代行業務において、受託上場会社数、管理株主数ともに4割強のトップシェアをいただいておりますが、従来の株主名簿管理業務に止まることなく、発行体企業のお客さまにとって、より積極的な株主コミュニケーションの重要性が高まっている中、株主名簿管理機能を活用したIR・SR領域の各種サービスの拡大にも取り組んでまいりました。

　株主総会まわりのサポートはもとより、株主増加策、株主構成・株主向け情報発信のあり方等に至るまで幅広くお客さまのニーズに応じたコンサルティングを強化する一方で、2005年に世界最大の証券代行機関である豪州コンピュータシェア社との合弁により、日本シェアホルダーサービス株式会社（JSS）を立ち上げ、お客さまと国内外の機関投資家との間の架け橋として、株主判明調査・議決権行使勧誘等のサービスも提供しております。

　本書は、私どもがお客さまとの日々の接点の中から蓄積してきたノウハウや知見を各分野のコンサルタントが編纂したものです。

　私どものIR・SRに関する取り組みを本書にて紹介させていただくにあたり、実務ご担当者はじめ多くの方々に些かでも参考になれば幸甚です。

平成25年1月

三菱UFJ信託銀行株式会社

専務取締役　証券代行部門長　三雲　隆

●まえがき （初版）

　2020 年 6 月 29 日大安、2,000 人の出席者を集めて A 社第 100 回定時株主総会が始まった。壇上で議長を務めるのは任期 5 年目の代表取締役社長の貴方である。会社の最新の取り組みや実績を紹介するビデオ・プレゼンテーションに続いて事業報告や決算などの報告事項が終わり、質疑応答時間に入ると、来場した株主 100 人あまりの手が挙がった。

　総務、法務、IR、経営企画、CSR、広報など各担当部署の精鋭が集まった A 社の株主総会準備チームから、予想される質問のテーマとして聞いているのは、「株価と配当」、「中期経営計画」、「海外事業展開」、「従業員の雇用問題」、「A 社のある製品に関する苦情」、「研究開発と設備投資」、「買収防衛策」、「社外取締役候補の独立性」、「M&A」、「役員報酬制度」、「コーポレート・ガバナンス体制」などである。

　「株主と対話する企業」と題された本書は、この質疑応答コーナーから株主総会決議まで、そして翌年、翌々年以降の株主総会の決議までを、どのような知識と施策をもって最適化するべきかを検討するものと位置付けて、三菱 UFJ 信託銀行証券代行部と日本シェアホルダーサービス株式会社（略称「JSS」）に在籍する各分野の専門家がテーマ別に執筆するものである。

　株主は様々な側面をもつが、日本の公開企業にとって、株主と直接真剣に対話することは、長きにわたって、どちらかといえば「避けられるに越したことはない」、「できれば何かあったときに限りお願いを聞いてほしい」というような位置付けであったと考えられる。しかし今日、ほぼ全てのタイプの株主が、企業との対話を求める時代が到来し、「誰とどこでどういう時にどのような対話をするべきか」の見極めが企業経営上「実際に」極めて重要になってきている。「実際に」と書いたのは、当然ながら理論上はずっとそれが重要だったからである。

　株主との対話に失敗し続けるとどうなるか。業績と株価パフォーマンスが対話の不足や失敗を補完していれば、直ちに影響はないともいえる。し

かしそうでない場合、株式が売られ株価が下がったところにあまり歓迎できないタイプの株主が登場して大株主となり、以前より真剣な対話をする必要が生じるかもしれない。さらに失敗すれば株主総会において反対票が急増して重要な議案が否決されたり、経営支配権を大きく揺るがす事態にもつながりかねない。

では株主との対話に成功するとどのようなメリットがあるのか。対話の成功は企業経営において市場を味方につけ、株主構造の最適化、株価の長期持続的成長、経営戦略の支持、株主総会の安定的運営につながると考えられる。

「株主との対話不足」を日本企業に限った問題として指摘するつもりはない。株主関係管理の考え方や手法にもともと諸外国との大きな隔たりがあるわけではないし、各国とも株式所有構造の変化に応じて試行錯誤を経験しながら、それぞれの最適化を目指してきているのが現実である。

株主名簿管理を代行する証券代行業務は信託業務との親和性が高いことから信託銀行が中心となって手掛けているが、膨大な事務処理業務を行う大手信託銀行の証券代行業務は、委託会社の株主をめぐる総合的なサービス業務へと拡大しつつある。三菱 UFJ 信託銀行では株主名簿管理業務の発展形としての SR（シェアホルダー・リレーションズ＝株主関係管理）と IR（インベスター・リレーションズ＝投資家関係管理）の分野に早くから力を入れており、2005 年には海外の先進ノウハウを持つ大手企業とのジョイントベンチャーとして JSS を立ちあげて、内外の機関投資家と日本企業との信頼関係構築に資するべく高度で専門的なサービスを 7 年間にわたり提供してきた。

SR と IR に関する統合的なプログラムの重要性を紹介した初期の書籍としては今から 50 年近く遡った 1963 年に、アメリカ経営協会がまとめた『INVESTOR RELATIONS: THE COMPANY AND ITS OWNERS』がある。この書籍の日本語版は 1967 年（昭和 42 年）に東洋経済新報社から『株主関係管理——株主尊重の経営』（内田幸雄訳）として刊行されており、IR と SR について極めて体系的にまとめられている。その後、高度成長〜経済バブル〜バブル崩壊を経て 1995 年に日本国内で IR について体系

的にまとめられたものとして、三和総合研究所経営戦略第1部編『戦略的IR』（同友館、1995）がある。

実は本書において紹介するIR・SRプログラムの概念や実践は、それぞれ50年前、18年前にまとめられたこれらの書籍の内容と大きな違いはない。本書は日本企業の現在から将来にむけてのIR・SRプログラムの成功に資するためにまとめられるものだが、「温故知新」の精神をもって、経済環境の変化によって忘れられがちな基本に立ち返るとともに、執筆チームが、よい株主づくり、よい株価形成のためのIR～株主名簿の適切な管理～株主構成・実質株主の把握～信頼関係構築のためのSR戦略～株主とのコミュニケーションとエンゲージメント～議決権行使促進～株主総会～有事対応といったサイクルにおける地道な支援を続ける中で見出してきた留意点や課題、そして実務対応のヒントを、独自の切り口や事例により解説しながら、今後中長期にわたって、日本企業の国際資本市場における競争力の向上に資することを意図している。

企業が考えて対応すべき課題のみならず、株主・投資家が考えるべき課題についても示唆することができればと願っている。

平成25年1月

今出達也

●著者紹介

日本シェアホルダーサービス株式会社（JSS）

今出　達也（Tatsuya Imade）　顧問　1部序章、3部4章、終章・総括
証券会社（米国勤務）、シンクタンクを経て2005年、JSS創業に参画。資本市場関連業歴35年

小西池　雄三（Yuzo Konishiike）　チーフコンサルタント　1部2章、2部3章
信託銀行にて20年以上資産運用業務（株式運用、議決権行使、対話等）に従事。2013年よりJSS

岩間　星二（Seiji Iwama）　チーフコンサルタント　2部1章
資産運用会社のファンドマネージャーとして20年間国内株式運用に従事。2023年よりJSS

寶田　晋介（Shinsuke Takarada）　チーフコンサルタント　2部2章
資産運用会社でファンドマネージャー兼アナリストとして国内株式の運用業務に従事。2024年よりJSS

小西　一陽（Kazuharu Konishi）　チーフコンサルタント　2部2章
機関投資家（投資信託委託会社）のファンドマネージャーとして27年間国内株式運用に従事、2022年よりJSS

髙梨　雄一（Yuichi Takanashi）　コンサルタント　2部5章
三菱UFJ信託銀行より通算8年間JSSに出向し、リサーチ、企画、アドバイザリー業務に従事

佐藤　竜朗（Tatsuro Sato）　シニアアナリスト　2部5章
銀行での日本株・外債・REIT等マルチアセット運用業務を経て、2020年よりJSS

大串　彩（Aya Ogushi）　チーフコンサルタント　2部6章
シンクタンクを経て創業期からJSS入社。アナリストを経てアドバイザリー業務歴10年以上

原　英敬（Hidetaka Hara）　チーフコンサルタント　3部1章（監修・執筆）
証券会社（英国・香港勤務含む）の投資銀行・市場部門で計25年、中堅上場会社役員数年を経て、2020年よりJSS

斎藤　輝貢（Terutsugu Saito）　執行役員　チーフコンサルタント　3部2章
東京銀行（現三菱UFJ銀行）、証券会社、保険会社を経て2018年よりJSSでアドバイザリー業務に従事

岩熊　義尚（Yoshinao Iwakuma）　チーフコンサルタント　3部3章
信託銀行での年金・公的年金等の運用、調査を経て2006年よりJSS領域でアドバイザリー業務に従事

日昔　明子（Akiko Himukashi）　コンサルタント　3部3章

信託銀行にて人事・広報業務、株主戦略等のコンサルティング業務を経て、2020 年より JSS

藤島　裕三（Yuzo Fujishima）　チーフコンサルタント　4 部 1 章
証券アナリストおよびシンクタンク研究員を経て 2017 年より JSS。コーポレートガバナンス関連分野が専門

矢幡　静歌（Shizuka Yahata）　シニアコンサルタント　4 部 2 章
米国証券取引所、シンクタンク等を経て 2019 年より JSS。サステナビリティ開示支援、投資家意識調査に従事

岡川　好信（Yoshinobu Okagawa）　チーフコンサルタント　4 部 3 章
信託銀行で年金・人事・株式報酬・サステナなど様々なコンサルティング業務を立上・実践、2021 年より JSS

岡芹　弘幸（Hiroyuki Okaseri）　チーフコンサルタント　4 部 3 章
証券会社で 20 年間アナリスト。その後、ESG 投資の調査・分析、IR コンサルタントを経て 2024 年より JSS

三菱 UFJ 信託銀行株式会社

齋藤　耕輝（Koki Saito）　証券代行部　課長　5 部
IR 支援会社を経て、2015 年より三菱 UFJ 信託銀行で個人株主・投資家領域のコンサルティングに従事

丸谷　国央（Kunio Marutani）　法人コンサルティング部　調査役・弁護士　6 部
2013 年弁護士登録。法律事務所勤務を経て、2021 年より三菱 UFJ 信託銀行で証券代行業務に従事

林　良樹（Ryoju Hayashi）　法人コンサルティング部　調査役　7 部
証券代行専業会社を経て、2010 年より三菱 UFJ 信託銀行で株式実務・法務に係るコンサルティングに従事

ゲスト執筆者（各人の詳細プロフィールは各章に記載）

内田　陽祐（Yosuke Uchida）　野村アセットマネジメント株式会社　2 部 4 章
深澤　寛晴（Hiroharu Fukasawa）　野村アセットマネジメント株式会社　2 部 4 章
宮川　壽夫（Hisao Miyagawa）　大阪公立大学大学院経営学研究科教授　2 部 5 章
眞保　二朗（Jiro Shimpo）　タスクアドバイザーズ株式会社　代表取締役社長
3 部 1 章
ジェイミー・アレン（Jamie Allen）　ACGA 創設者・前事務局長　終章・総括

本書の監修・編集者

◉三菱 UFJ 信託銀行株式会社　法人コンサルティング部
グループマネージャー　梅澤　典男

vii

著者紹介

調査役　白木絵利加
調査役　椎名　洋平
グループマネージャー　下田　紘郎
調査役　徳永　有香

●日本シェアホルダーサービス株式会社
執行役員　久保　正人

目　次

第2版はしがき・i／著者紹介・vi

第1部　序　章

第1章　序　論……………………………………………………… *2*

1　政策はどこに向かっているのか・*3*

2　機関投資家との対話の重要性・*5*

3　対話におけるミスマッチ現象・*5*

4　個人投資家との対話・イベントとしての株主総会・*7*

5　最後にダイバーシティ・*7*

第2章　2つのコードがもたらしたもの…………………… *9*

1　2つのコードが生まれた状況・*9*

2　その後も続く改善に向けた仕掛け・*10*

3　2つのコードによって起こった変化・*11*

4　2つのコードがもたらしたもの・*14*

第2部　機関投資家との対話

第1章　機関投資家とは？……………………………………… *18*

1　機関投資家の種類・*18*

2　インベストメント・チェーン・*19*

3　投資スタイル・*25*

ix

目　次

4　国内機関投資家と海外機関投資家・*33*

第2章　運用戦略を踏まえた IR と SR ……………… *36*

1　IR の目的・*36*

2　IR と機関投資家・*38*

3　運用の現場から見た IR・SR・*44*

4　エンゲージメント（対話）活動・*47*

5　これからの IR・SR・*50*

第3章　機関投資家の議決権行使と対話……………… *52*

1　国内機関投資家の議決権行使の実務・*52*

2　プラットフォームを通じた直接入力・*54*

3　SR の目的と議決権行使・*55*

4　実際の SR 対話・*57*

5　議決権行使ガイドライン・*59*

6　アセットオーナーとの関係、アセットオーナーへの報告・*60*

7　議決権行使の意味を考える・*61*

8　機関投資家の議決権行使ガイドラインの今後の方向性・*64*

9　企業の独自の SR 取組み事例・*66*

第4章　対話の現場から………………………………… *69*

第5章　議決権行使助言会社………………………………… *76*

理論編

1　議決権行使助言会社とは何か・*76*

2　ビジネスモデル・*77*

3　影響力、問題意識とこれから・*79*

実務編

1 助言会社の影響度を把握する・*81*

2 自社に不利な評価や推奨を回避するために何をすべきか・*85*

3 今後の助言会社と企業の関係・*87*

第6章 企業価値とファイナンス理論………………… *90*

1 「資本コストを意識した経営」とは何か・*90*

2 財務指標の改善と株主価値拡大との関係・*92*

3 「資本コストを上回る」という呪縛・*93*

4 株主との対話に関する今後の展望・*95*

5 コーポレート・ファイナンス理論を実務に生かすために・*96*

第3部 株主アクティビズムと企業支配権

第1章 ヘッジファンドの理解とアクティビズム……… *100*

1 ヘッジファンドとは・*100*

コラム1 企業観の変遷・*104*

2 ヘッジファンドのアクティビズム手法・*105*

コラム2 与党アクティビスト・*108*

3 企業がヘッジファンドと向き合う上での姿勢・*109*

第2章 わが国におけるファンド・アクティビズムと その対応…………………………………… *112*

1 ファンド・アクティビズムとは？・*112*

2 アクティビズム隆盛の背景・*114*

3 ファンド・アクティビズム事例の検証と考察・*117*

目　次

第3章　有事対応の備え………………………………………128

1　最近のアクティビズムと企業の対応・128
2　具体的な対応・129
- **コラム3**　敵は社内にも？・130
- **コラム4**　事前警告型買収防衛策の善悪・139

3　おわりに・140
- **コラム5**　アドバイザーを使いこなせ・141

第4章　企業支配権市場の確立……………………………142

1　企業支配権市場とは・142
2　企業買収ドラマのいろいろ・143
3　企業支配権市場のエコシステム・144
4　企業買収における行動指針・146
5　おわりに・150
- **コラム6**　「鬼滅の刃」と企業支配権市場・151
- **コラム7**　サッカーチームと上場企業・151
- **コラム8**　安定株主と企業支配権市場・152

第4部　コーポレート・ガバナンスと サステナビリティ

第1章　コーポレート・ガバナンス改革と日本企業……156

1　コーポレート・ガバナンスを正しく認識する・156
2　ガバナンスが不在だった日本の資本市場・158
3　アベノミクスによりもたらされた市場規律・159
4　市場規律の伝道師としてのアクティビスト・161
5　価値創造におけるコーポレート・ガバナンスの使命・162

第2章　責任投資と ESG ················· *164*

1　責任投資とは何か・*164*
2　世界と日本における責任投資の現状・*167*
3　サステナビリティ開示基準・ガイドラインの現状・*168*
4　責任投資とスチュワードシップ活動・*172*
5　責任投資の今後の展望・*175*

第3章　サステナビリティ・コミュニケーション········· *177*

1　サステナビリティ・コミュニケーションとは何か・*177*
2　目指す姿と実現に向けての課題・*177*
3　投資家（市場）は発行体に何を期待しているのか・*180*
4　投資家との対話に向けなすべきこと・*182*

第5部　個人株主との対話

第1章　個人投資家の動向／投資志向····················· *188*

1　個人株主数は増加傾向・*188*
2　保有銘柄数の増加と小口化の進行・*188*
3　個人投資家の投資志向・*191*

第2章　個人に保有してもらう意義························ *193*

1　議決権行使における個人の影響力・*193*
2　株価形成における個人の影響力・*194*
3　企業にとっての個人株主のメリット／メリット享受のために・*196*

第3章　個人株主・投資家への情報発信と対話··········· *199*

1　個人株主・投資家が求める情報・*199*

xiii

目　次

2　個人株主・投資家に向けた情報発信ツール・施策・*201*

3　個人株主・投資家との対話のために・*204*

第6部　対話時代の招集通知実務

株主総会招集通知を通じた株主との対話····················· *206*

1　はじめに・*206*

2　招集通知による"対話"とは・*207*

3　コーポレートガバナンス・コードによる変化・*210*

4　機関投資家の議決権行使基準の厳格化・*212*

5　電子提供制度の開始による招集通知の変化・*214*

6　おわりに・*218*

第7部　対話型株主総会

株主総会における対話····································· *222*

1　株主総会における対話の変容・*222*

2　株主総会における対話の方法・*224*

3　デジタル化の進展と株主総会・*231*

第8部　終　章

総　括··· *236*

目　次

1　アジアのコーポレート・ガバナンス進展の道程・*237*
2　日本の進化・*239*
3　アジア企業の情報開示・*241*
4　制度設計と規制当局・*242*
5　日本の課題と今後の期待・*244*

第 1 部

序章

第1部 序 章

第1章

序　論

今出達也　日本シェアホルダーサービス

　本書は 2013 年初頭に上梓した『株主と対話する企業』（商事法務）(注1)（以下、「前作」という）の続編である。

　「対話を敬遠する企業から、対話によって信頼を勝ち取る企業へ」が前作のキャッチフレーズであった。その後現在まで日本の株式上場企業のほぼ全てが株主・投資家との「対話の時代」に突入することとなった。その間、日本企業の平均株価は約 12 年で 4 倍強まで上昇した。本書は、わが国の上場企業が、資本市場、株主・投資家との対話を活かして、企業の価値を高めていくことを目標としている。日本は企業と自国市場への信頼をどこまで勝ち取ることができたのだろうか。

　本書が取り上げるべきテーマは、前作より一段と多面的で多様である。

　近代稀に見る 2 年を超えるパンデミック期間を経て、世界ではどうやら分断が進み、各地で戦争が行われている中、気候変動も不都合な方向に進んでいるように見える。米国では「アメリカ第一主義」の大統領が復帰し、ビッグデータ、人工知能（AI）の時代も現実化した。これらが全て産業や資本市場に深く関わっている。

　日本ではバブル崩壊後の通称「失われた 20 ～ 30 年」からの脱却を目指し、「アベノミクス」日本再興戦略による政官主導のコーポレート・ガバナンス改革が発足し、そのアジェンダは、世界で ESG に配慮する責任投

(注1)　三菱 UFJ 信託銀行証券代行部＝日本シェアホルダーサービス編著『株主と対話する企業』（商事法務、2013）（https://www.shojihomu.co.jp/publishing/details?publish_id=2372&cd=2043&state=new_and_already2372）。

資がメインストリーム化した中、インベストメント・チェーンの改革も含めて現在も続いている。これらは「失われていた」期間には実質的には終わっていたといえる戦後の日本株式会社のモデルの創造的破壊を意図しているように見える。

　読者は沈没船ジョークというのをご存知のことと思う。各国の船客が乗る船が沈没してゆく際、救命ボートが全員分ない時に何と言えば各国人が海に飛び込んでくれるか？という中で、日本人に一番効果的なのは「みなさん一緒に飛び込んでいますよ！(注2)」と言えばよいという、あのジョークである。現在の日本は、皆で覚悟を決めてリスクテイクをして大海に飛び込んでいくフェーズなのである。そして日本人の、政府主導なら従うという性質も現在においてもほとんど変わっていないと思われる。

1　政策はどこに向かっているのか

　政策のベクトルは国民、企業の富が株式市場とより一体化する方向に向かっていると想定される。岸田内閣が描いた資産運用立国実現プラン(注3)もその一環であろう。株価や株式配当が上がれば国民（願わくばほぼ全員）が幸福感を得る世界を仮想してみよう（ただし前提として「バブル」ではない）。成長企業も成熟企業もコーポレート・ガバナンスによって常に株主価値を高める意識を持ち、株式投資が生み出すリターンが資産形成や将来の年金にも安心感を与える、そんな世界である。

　企業にとって株式を上場している意義は何か？　日本の成熟企業の中には内部留保等過去の蓄積が潤沢にあり、株式市場からの資金調達が不要な企業も多い。そのような企業で一時的に業績がパッとせず株価が低迷していても、少なくとも株式市場を通じて国民や従業員の富の創造の機会を提供している点ではリスペクトされるべきであろう。上場企業に課された拡

(注2)　米国の社会学者リースマンが1950年の著書「孤独な群衆」で当時の米国大衆社会を性格分析した「他人指向型」の感覚に近いと思われる。

(注3)　内閣官房（https://www.cas.go.jp/jp/seisaku/atarashii_sihonsyugi/bunkakai/sisanunyou_torimatome/plan.pdf）、金融庁（https://www.fsa.go.jp/policy/pjlamc/20231214.html）。

第1部　序　章

大し続ける情報開示要請や IR 活動、SR 活動として定着した株主との対話、さらにアクティビズムや株主総会対応の負荷など、そのようなリスペクトがなければ割に合わない時代である。現在のグローバル資本市場は上場の意義を長期間実現できていない企業に退場や事業再編、企業再編を勧告し新陳代謝を促している。市場の勝者は勝っている間賞賛されるがそれが短命に終わることもある。サステナブルな市場価値の創造が重要であり、市場や株主・投資家との対話を通じた長期的な信頼の獲得がカギとなる。

　前作でも指摘しているが、日本では会社法上の株主の権利が強く、企業支配権の実質的獲得のハードルも相対的に低めである。さらに金融商品取引法やコーポレートガバナンス・コード（以下、「CG コード」という）等においても、目ざとい投資家にとってアクティビズム戦略等に利用されそうな点が散見されるので、この国は本源的価値がある企業や事業が安く買えて高く売れる可能性が高い宝島と言えるのかもしれない。

　日本企業全体がアニマルスピリッツ（動物的で野心的な意欲）(注4) 全開で高度成長し、エコノミックアニマルと呼ばれた時代が終わって 30 余年、成熟した国民に一億総アニマルスピリッツの時代はそう簡単には訪れなそうである。守りの視点から見れば、外敵に対して相対的に弱い生物は群れを作って種を守るのが生存戦略の定石である。1993 年の欧州連合（EU）誕生の背景も然りであろう。日本企業は戦後一旦破壊された群れを、銀行ガバナンスや急場しのぎの株式持ち合いなどで再び形成して種を守ってきたが、現在標準化されているコーポレート・ガバナンス理論上不適切なその守備体制は終焉に近づきつつある。欧州大陸やアジアの企業には独特な防護体制があり、種類株式(注5) は、欧州はもちろん米国の IT 企業等にも普及している。日本企業の群れがこの先数年で旧体制の群れ解体の状態

(注4)　経済学者ケインズが「雇用・利子および貨幣の一般理論」（1936）で使用したことで経済学用語として浸透。日本再興戦略の中の 1 つのキーワード。日本の CG コードの、企業にリスクテイクを促すというユニークな要素はこのスピリッツが不足していたという問題意識からきていると考えられる。

(注5)　議決権に差異がある等、普通株式と別種の株式。機関投資家は嫌う。

第1章 序 論

に近づいていくことを想像すると、法制度のアラインメントもさることながら、企業と株主とが対話で長期的信頼関係を構築することの重要性が一層高まることとなる。

2 機関投資家との対話の重要性

　本書は、企業関係者のために、機関投資家とは何か？について次章以降で掘り下げていく。今日、ほとんどの世界において、資本市場や株価を動かしているのは機関投資家であり、機関投資家が上場企業の命運を左右している。前述したインベストメント・チェーンの改革や資産運用立国という構想の主役も機関投資家であり、株主との対話における最大で最重要の相手先である。インベストメント・チェーンの構造やビジネスとしての資産運用業界、そして株式投資家が依拠する理論などについて理解することで、対話が成立・機能するための前提条件を整えたい。

　執筆チームは資本市場関連業務や資産運用、株式実務などにおいて豊富な経験を持ち、現在は日本企業にアドバイスや実務的支援を提供する立場で業務を行っているが、対話の相手先の機関投資家株主側にいた者も多く、それぞれの専門章テーマにおいて外部の専門家へのインタビューなども織り交ぜながら、多様な視点、角度からの考え方や実務的なアイデアを提供できるものと考える。対話の重要性という主題以外の内容や立場（ポジション）、視座についての統一感は目指さないこととした点をご理解いただきたい。

3 対話におけるミスマッチ現象

　まったく価値観が異なる当事者間の対話は通常成立しない。しかし、対話の継続によって価値観の距離が縮まり、一部または多くの価値観共有に至ることがある。たとえ異教徒間でもわかりあうことの大切さがそこにある。以下は日本企業が機関投資家との対話においてよくミスマッチを感じる点ではないかと思われる。

5

第1部　序　章

＜全般＞

▶ 定義のミスマッチ：1つの語句に幅広い解釈が可能で、用語が「言霊化」する日本語の言語特性[注6]に起因する定義の不一致。（例：企業価値、純投資、政策保有株、安定株主等）もしくは未定義のまま進められる議論。

▶ 企業経営と投資理論・戦略のミスマッチ：機関投資家は自らの学習と経験で習得した業界標準的理論と自社の投資戦略に基づいて対話する傾向が強い。投資理論は数学的にモデル化された内容が多く、事業の特性に根差してヒトやモノを扱う経営の立場から違和感を持たれるケースがある。

▶ 時間軸のミスマッチ：一連の流れは短期主義（ショート・ターミズム）に対するアンチテーゼであるが、短期・中期・長期とはいったいどの程度の期間なのかについて投資家側と企業側で認識が異なることがある。

＜海外投資家との対話＞

▶ 定義が曖昧な日本語からさらに翻訳が介在する場合におこる「Lost in Translation[注7]」現象。コーポレートガバナンス・コードの公式の英訳にすら見られる。

▶ 機関設計を含むコーポレート・ガバナンスモデルは企業経営と機関投資のグローバル化に連動する形で、わかりやすいものが求められているが、コーポレート・ガバナンスを法的に司る各国会社法はローカルであり各国間で相当異なる。（例：日本の監査役制度を理解しない、自国の法制度・慣行をベースに対話など）

[注6]　井沢元彦『「言霊の国」解体新書』（小学館、1998）では「日本人を支配する「言霊」信仰のもとでは、論理的な予測と希望的な観測が混同され、また、言葉を言いかえれば実体も変わると信じられている」と論じられている。政策推進のための世論形成にも言霊への同調圧力が活用されている。

[注7]　Lost in Translation はソフィア・コッポラ監督による、東京を舞台としたラブロマンス映画（2003）（https://www.kinejun.com/cinema/view/36948）。

第1章　序　論

> <国内投資家との対話>
>
> ▶国内法制度には精通し、日本語で対話する国内投資家は、日本企業の深い理解者たり得るが、以前は対話を業務の重要な一部に位置づけていなかった投資家も、後述される「スチュワードシップ体制」を急いで整備して本格的な対話を始めたというケースも多く、対話の内容がミスマッチになることがある。この状況は各当事者の努力によって急速に改善されたものの、「責任投資」のメインストリーム化に伴って、後述されるサステナビリティ系の課題が対話業務に組み入れられ、企業側の開示義務、投資家側の年金基金等顧客（アセットオーナー）への報告の拡充で双方の負荷が増していることからミスマッチ要因はしばらく続きそうである。

4　個人投資家との対話・イベントとしての株主総会

　機関投資家ではない株主は、極めて多様な出自や価値観を有しており、その対話について論ずることは難しいが、国民の富が株式市場と一体化していく方向感の上では機関投資家向けの情報開示や対話と大きくは変わらないと見ることもできる。現在相当数の上場企業では、「ハイブリッド型バーチャル株主総会」や、事後配信の形でウェブサイト上の公開イベントともなっている株主総会が、極めて重要なコミュニケーション機会であることにも着目しつつ本書の第5部から第7部をお読みいただきたい。

5　最後にダイバーシティ

　多様性を意味する「ダイバーシティ」は、現在の日本企業そして日本経済にとってこの先の時代を切り開く重要なキーワードとなっている。世界的なESGブームの過熱から若干の後退現象も見られる中、周回遅れとも言われる日本においてはダイバーシティ（女性の活躍もその重要な一部）が現時点から後退してはならないと断言したい。画一的な人的資本や組織戦略で集団行動をとる企業戦略や投資戦略からは未来につながるイノベーションが生まれにくいと考えるのは筆者だけではないだろう。本書が資本

7

第1部　序　章

市場や株主・投資家についての基本的理解を踏まえた上での多様な価値観
認識、ガバナンス推進、戦略的企業行動の一助となれば幸いである。

　以降、JSS 執筆パートの各部の冒頭に各章の読み進め方のガイダンスを
記載するのでご参照いただければと思う。

第2章

2つのコードがもたらしたもの

小西池雄三 日本シェアホルダーサービス

1　2つのコードが生まれた状況

　バブル崩壊後、30年近くにわたって日本の株式市場は低迷が続いた。日本企業の六重苦、ジャパンパッシングなど株価が上がらない理由、投資家が買わない背景がさまざまに評された。筆者なりに株価低迷の背景を整理してみると、【図表1-2-1】のとおり、①外部環境要因、②日本固有の構造要因、そして本丸とも言える③伝統的な日本の経営要因があったと考える。

　2つのコードはこの状況を打破すべく政治主導で導入された。

　アベノミクスの第1の矢である大胆な金融政策は外部環境要因の是正を狙ったものでこれにより円高が修正され、デフレ進行に歯止めがかかった。

　CGコードは経営要因に焦点を当てた。不祥事を契機に導入された英国のコーポレートガバナンス・コードや米国のガバナンス改革とは異なり「攻め」に重点が置かれた点が日本版の特徴であり、「会社の持続的な成長と中長期的な企業価値の向上を促し、収益力・資本効率等の改善を図る」ことが取締役会の責務であると明記されている。

　そして、企業の経営要因の改善を後押しすることを期待されたのが機関投資家であり、日本版スチュワードシップ・コード（以下、「SSコード」という）はそこに焦点を当てた。SSコードは機関投資家に投資先企業の持続的成長に向けてスチュワードシップ責任を果たすことを求めた。機関投資家も責務を負っていることを自覚させ、そしてその手段として建設的な対話を用いることを要請したのである。さらに、伊藤レポートは読み手を納得させるに足るロジックで、企業は少なくとも8%以上のROEを目

【図表 1-2-1】海外投資家が日本株に投資しない背景

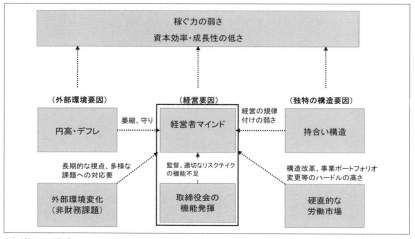

(出所) JSS作成。

指すべきと結論づけた。順番としては、SSコード（投資家側の責務）→伊藤レポート（課題の深堀・認識共有）→ CGコード（取締役会の責務）と外堀から埋めていく流れがとられた。そして全体をつなぐキーワードが「対話」である。この順番は関係当事者の理解を浸透させる上で相当に練られたものであったという見方も多い。

2　その後も続く改善に向けた仕掛け

両コードの改定にとどまらず、次々と新たな指針の公表や制度変更等が進んでいく（【図表1-2-2】参照）。詳細は以降の各部に委ねるが、ESG情報開示、事業再編、親子上場、人材育成、政策保有株式、企業買収・M&A、英文情報開示、資本コスト・株価を意識した経営の実現……とさまざまなテーマが議論され、好事例の紹介等も含め企業側の理解浸透に向けて整備が進んだ。

これらの一連の動きにはつながりがあり、用意周到かつ戦略的に実施されている。

第 2 章　2 つのコードがもたらしたもの

【図表 1-2-2】ガバナンス改革経緯

(出所) JSS 作成。

3　2つのコードによって起こった変化

(1) 株式市場、企業財務面

　日経平均株価の月末終値を確認すると、SS コード策定時 14,841 円（2014 年 2 月）、CG コード策定時 20,236 円（2015 年 6 月）から 2024 年には一時的にバブル後高値越えとなる 4 万円台に上昇した。その原動力となったのは、2023 年 3 月の東証による「資本コストや株価を意識した経営」の実現要請であり、これを好感した海外機関投資家の買いを原動力にバリュー（割安）銘柄の水準訂正が進んだ。一定の効果はあったと言えそうである。

　【図表 1-2-3】は日米欧の時価総額上位 500 ～ 600 社程度の主要企業で構成する指数での比較となる。企業の稼ぐ力（例えば ROE）や市場評価（例えば PBR）を海外と比較すると顕著な改善は見られない。ROE においてはコロナ後の回復力においてむしろ米欧との差が開いており、PBR は米国に比べると日本の改善は微々たるものにとどまっている。

第 1 部　序　章

【図表 1-2-3】日米欧主要企業の ROE と PBR

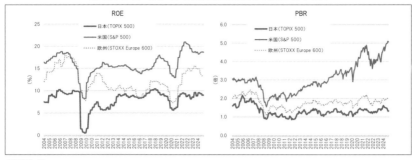

（出所）Factset.

（2）　企業における変化

　IR 協議会の調査（注8）によると、両コードを意識した対話がそれ以前と比較して全般に促進されたかを問う質問に対して、CG コード導入直後の調査である 2016 年は「やや促進された」「促進された」「大いに促進された」の合計が 50.4％であったのに対し、2024 年は 52.7％となった（レンジ 45.2％～63.1％）。概ね半数以上の割合の肯定的回答が継続しており、対話自体の進展は現在も継続していると言えよう。

　その一方、対話の担い手の不足が企業側の課題認識としてよく挙げられる。日本経済新聞によると、IR 人材の求人数は 2017 年から 2023 年にかけて 4 倍弱に増加したという（注9）。企業を渡り歩く IR の専門職の増加は肌で感じられる。また、最近は資本市場を理解し投資家と踏み込んだ対話を行うと同時に取締役会の一員として取締役会での議論につなげる CFO の役割がにわかに注目され始めた。ただし、どこまでリソースをかけてやるのか、その意義を見出せるのか、当然企業によって判断は分かれるところでもあり、実際に二極化が進んでいるように思われる。

(注8)　日本 IR 協議会「IR 活動の実態調査」（https://www.jira.or.jp/activity/research.html）。
(注9)　「IR 人材の求人、6 年で 4 倍　株価意識した経営で争奪戦」（2024 年 3 月 28 日）。

第2章　2つのコードがもたらしたもの

【図表1-2-4】機関投資家の保有比率

(出所) 東証、投資部門別株式保有比率。

　最後になってしまったが、最も大きな変化は企業側の危機感であろう。株主総会の低賛成ケースの増加、アクティビストの台頭により会社経営者における危機感、緊張感は毎年高まり続けている。上場企業全体を見た場合、外国法人等と信託銀行を足した比率は過半を上回っている。今後も政策保有株式の縮減が進むと考えられるため、この数字はさらに上昇していくことになろう。

(3)　アセットマネージャーにおける変化

　アセットマネージャーにおいて、2つのコードの策定前から対話自体は行われていたが、策定後は対話・エンゲージメントがアセットオーナーからの資金配分に直接的につながるようになったこと、世の中の注目を集めることとなりアセットマネージャーの看板を背負った業務に変身したことから、体制が強化され、優秀な人材が対話の業務に配置されることになった。対話の件数はコード前に比べて2倍、あるいは3倍になっている先もあるかもしれない。現在は物理的な限界に近いところまで件数は増加していると聞く。そして対話を総括、分析し、膨大なスチュワードシップレポートを毎年作成し、他のアセットマネージャーとその出来栄えを競い合うようになった。

第1部　序　章

　また、何か新たなイニシアティブが始まると「企業は投資家との対話を
踏まえて……をすべき」と投資家に丸投げされるケースも多い。パッシブ
投資家は保有銘柄数が多いがゆえ、対話や判断が形式的になりやすいとや
り玉に挙げられがちだが、コード策定後パッシブ投資家が企業へ与えた緊
張感がもたらしたベータ効果（市場全体の底上げ）は実際には大きなもの
があったと思われる。にもかかわらず、日本におけるパッシブ運用の運用
報酬率は極めて低く抑えられたままであり、対話・エンゲージメント活動
にかかるコストに見合う収益を得られていない運用機関は多いのではない
だろうか。「我々はボランティアで働くコンサルタントだと思われている
ようだ」という悲鳴のような声も聞こえてくるようになった。

(4)　アセットオーナーにおける変化

　インベストメント・チェーンにおいてアセットマネージャーの上位に位
置するアセットオーナーは重要な存在である。インベストメント・チェー
ンがうまく回るかどうかはアセットオーナー次第であり、2つのコードの
策定後、この10年間は特にGPIFのリーダーシップが目立った。

　今般アセットオーナー・プリンシプルが策定され、より多くのアセット
オーナーをこの仕組みの中に巻き込んでチェーンを強化しようとする意図
が感じられる。しかし、一部のアセットオーナーを除き専門的な人材は少
ないと言われている。「形式から実質へ」が言われる中、実質を判断・評
価するには高度な実力が必要である。SSコード原則7は「機関投資家は、
……スチュワードシップ活動に伴う判断を適切に行うための実力を備える
べき」と定めているが、アセットマネージャーだけでなく、機関投資家で
あるアセットオーナーの実力が今後問われることになるだろう。

4　2つのコードがもたらしたもの

　以上見てきたことを整理すると、この10年間で日本市場が「絶望的」
から「普通」に変化したと整理できるのではないだろうか。過去、日本を
素通りしていた海外機関投資家にも日本の変化を評価する向きも多く、い
よいよ普通の投資対象国としてみなすようになってきた。企業の変化もそ

第 2 章　2 つのコードがもたらしたもの

うだが、政策当局や証券取引所、日本の投資家等の努力も評価されている。一方で、先に見た ROE や PBR という観点では依然出遅れたままであり、コード策定当初に目指していたところには到底届いていない。これが現時点での中間評価となる。

さて、「形式」から「実質」へと言われるが、これまでの 10 年間においてガバナンスの体制など「形式」の改善はある程度は進展した。今後は「実質」に向けた挑戦ということになる。それに向けて対話が機能していくのか？　現時点でインベストメント・チェーンにおける課題としてよく挙げられるのは、以下のとおりである。

① 　アセットマネージャーの対話が形式的である、企業に対する理解が浅い、という企業側のアセットマネージャー側への懸念

② 　対話がその場限りのもので、本気で経営を改善していこうとする姿勢が感じられないというアセットマネージャー側の企業側への懸念

その背景には、企業、アセットマネージャー双方における対話のリソースやインセンティブ構造、アセットオーナーとアセットマネージャーの関係、パッシブ運用への資金への偏り等さまざまな問題が影響しているとの指摘もある。しかし、企業においては、対話を行うこと自体が目的化していないか、さまざまな意見がある中で自社に有益なものを見分けられているか、議決権行使の賛否や賛成率に重点を置きすぎていないか……、アセットマネージャーにおいては、企業が理解できる道筋も含めて意見を伝えようとしているか、企業が良い方向に向けた変化をコミットしているのであればそれも含めて議決権の判断を行っているか等、「実質」に向けてやれることは多いように思われる。

長期的な企業価値向上により最終的に利益を受けるのは、年金受益者すなわち国民全体、さらには将来世代であることを考えると、2 つのコードの趣旨は普遍的に受け入れられるものである。また、諸外国に比べて株主（総会）の権限が強いとされる日本において、今後機関投資家の保有比率が高まっていく環境が想定されることにも留意が必要である。こうした点も踏まえて、これまで以上に企業と機関投資家双方が丁寧に相互の理解を深めていくことが求められるのではないだろうか。

第2部 機関投資家との対話

　第2部では「株主との対話」における企業の相手方の主役となっている機関投資家について理解を深め、企業がIRやSR活動を展開する上での、重要なポイントをお伝えしたい。

　「機関投資家」という属性の重層構造やインベストメント・チェーンを理解した上で、本書における「機関投資家」が主に意味するところ、かつ対話の相手方の大半を占めている資産運用会社とその株式運用戦略についての知見を備え、機関投資家との対話の実践の先にある「エンゲージメント」という領域の解像度を高めるとともに、株主総会での議決権行使の実態に関する理解を深めていただきたい。

　さらに日本再興戦略以降、エンゲージメントの論点として重要な位置づけにある企業価値とファイナンス理論の関係についても認識を深めて実践に活かしていただきたく、その研究における第一人者のインタビューも掲載した。

第2部　機関投資家との対話

第1章

機関投資家とは？

岩間星二　日本シェアホルダーサービス

1　機関投資家の種類

　第2部では機関投資家との対話について論じるが、機関投資家とは何か、特に資産運用会社についてこの第1章で解説したい。対話の相手である機関投資家の性質を理解していれば、より実のある対話となることが期待できよう。

　機関投資家とは、一般的には大量の資金を運用する法人の大口投資家であり、資産運用会社、年金基金、共済、信託銀行、生命保険会社、損害保険会社などを指す。金融庁が「責任ある機関投資家」の諸原則として制定したSSコードに、2024年12月31日時点で333の機関投資家が受入れを表明している。内訳は、投信・投資顧問会社等208、年金基金等（共済などを含む）84、生命保険・損害保険会社24、信託銀行等6、その他（機関投資家向けサービス提供者等）11とされていることからも、機関投資家の分類はこのように捉えてよいだろう。

　以上に挙げた機関投資家は、いずれも外部から委託された資金を運用することが基本である。具体的には、資産運用会社（投信・投資顧問会社や信託銀行など）は、個人から委託された資金は主に公募投資信託の形態で、年金基金や金融法人、海外大口投資家、その他の機関投資家から委託された資金は投資顧問契約や私募投資信託の形態で運用する。年金基金は国民や従業員から払い込まれた年金保険料を運用し、保険会社は契約者からの支払保険料を運用する。

　これら機関投資家の中でも、上場企業のIR・SR担当者が接する機会が多いのは資産運用会社であろう。機関投資家はいずれも大量の資金を有す

18

第1章　機関投資家とは？

【図表2-1-1】インベストメント・チェーンのイメージ図

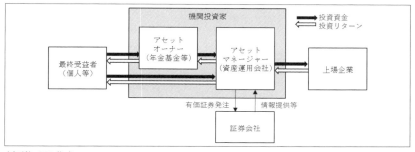

(出所) JSS作成。

るが、年金基金等は実際の運用を資産運用会社に委託するケースが多い。例えば、2023年度末の運用金額が246兆円と世界最大の機関投資家である年金積立金管理運用独立行政法人（GPIF）は制度上、直接株式投資を行うことができないこともあり、株式運用を外部に委託している。資産運用会社は運用の専門家として個人やその他の機関投資家から資金を委託され、企業調査を綿密に行い、スチュワードシップ活動を積極的に実施して資金運用を行っている。

2　インベストメント・チェーン

(1)　インベストメント・チェーンの概要

ここまででも、多くの主体が登場したため、一度、株式市場におけるインベストメント・チェーン（資金の拠出者から、資金を最終的に事業活動に使う企業に至るまでの経路および各機能のつながり）について整理したい。

【図表2-1-1】のとおり、資金の大元（最終受益者）は主に個人である。個人は年金保険料として年金基金に保険料を納付する。年金基金はアセットオーナーとして将来世代の年金給付のために年金積立金の運用を行う。年金基金自ら自家運用を行うケースもあるが、大半は資産運用のプロである資産運用会社（アセットマネージャー）に運用を委託する。また、これとは別の運用資金の流れとしては、個人が証券会社などの投資信託販売金

第2部　機関投資家との対話

融機関を通じて、運用会社が設定・運用している公募投資信託を買うという流れもある。運用会社が販売会社を介さずに個人に直販する公募投資信託も存在するが、商品ラインナップや残高は今のところ限定的である。

　このようにして、年金基金等のアセットオーナーや個人投資家から委託された資金を、資産運用会社がアセットマネージャーとして資本市場において有価証券に投資して運用を行い、資金の出し手（受益者）であるアセットオーナーや個人に対して運用成果を還元することになる。この中で、資産運用会社はどのように収益を得ているのかというと、運用残高に対して事前に定められた比率を運用報酬という形で得る。収入となる比率は一定の場合や、残高に応じて逓減していくなど、契約内容によってさまざまであるが、性質上、固定報酬制と言える。概して運用残高が増えれば増えるほど、資産運用会社の収入は拡大することになる。運用報酬体系には、この固定報酬制とは別に成功報酬制がある。事前に契約によって定めた目標リターンを上回った場合、その上回ったリターンの一部を運用会社の収入とする方式である。国内大手資産運用会社では限定的だが一部で導入されており、相場環境に拠らず絶対値でのリターンを追求するヘッジファンドなどでは積極的に導入されている。運用成績がいくら悪くても運用報酬、つまり受益者からすると費用が発生する固定報酬よりも、運用成績が良好で受益者が満足できるリターンが発生した時にのみ報酬が発生する成功報酬の方が受益者視点では受け入れられやすいかもしれない。しかし、成功報酬制が行き過ぎると、アセットマネージャーがリスクを無視してリターンを追求しようとする誘因に駆られる可能性があり、課題も存在する。一般の個人が購入できる公募投資信託では、固定報酬制のみの場合がほとんどである。

　機関投資家の中には自己資金のみで運用している機関もあり、そういったケースではレピュテーションリスクを気にすることなく好き勝手に運用を行うことも可能である。しかし既述のとおり、アセットマネージャーである資産運用会社は外部の資金の委託を受けて運用を行っているケースがほとんどであり、資金の出し手である個人や年金基金等のアセットオーナーに対し受託者責任を負う。そのため、基本的には運用は一任されてい

20

るとは言え、資金の出し手に対して丁寧な運用報告が求められる。そして、運用会社は運用する資金を受託するために、外部から信頼される資産運用体制と運用スキルを磨き上げる必要がある。

　上場企業のIR・SR担当者が普段対話する相手は運用を委託されている資産運用会社であるが、その資産運用会社に運用資金を委託している個人やアセットオーナーとの間にどのようなリレーションが存在するのかを理解すると、資産運用会社の思考回路の理解に役立つだろう。個人の資金を運用する投資信託と、年金基金等のアセットオーナーの資金を運用する投資顧問では、リレーションが幾分異なるため、それぞれについて分けて解説したい。

(2) 個人と資産運用会社

　資産運用会社が経営を成り立たせるためには、運用する資金を受託しなければならない。個人からは、販売会社を通じて自社が運用する公募投資信託を購入してもらうことにより運用資金を受託する。通常、資産運用会社は個人と直接接点を持たず、直接的な商品説明や勧誘行為は証券会社や銀行などの販売会社が行う。したがって、資産運用会社にとって公募投資信託の残高を増やすには、販売会社に売ってもらうことが重要になってくる。リテラシーの高い個人投資家が自己で選別の上、公募投資信託を購入することも当然あるが、その場合でも、直販をしない限り、まずは個人が利用する販売会社に自社の投資信託をラインナップとして置いてもらわなければならない。そのため、資産運用会社はまずは販売会社への営業活動を行うことになる。金融庁「資産運用業高度化プログレスレポート2023」において、過去、投資信託の販売は、「グループ内での専売慣行を前提としていた」と指摘されたとおり、一昔前は、販売会社では、その金融グループに属する資産運用会社の投資信託をラインナップに並べ、グループ外の資産運用会社が設定運用する投資信託をラインナップに置いてもらう敷居が高かった。しかしながら、その後、「投資信託のグループ系列を超えた相互乗り入れと本数の大幅な増加が進み、公販ネットワーク(注1)が業界の共通インフラ」となり、グループの垣根は取り払われつつある。公

第2部 機関投資家との対話

販ではそのとおりかもしれないが、例えば企業型確定拠出型年金（DC）においては、実際に採用され加入者が選択することのできる投資信託の本数に占める割合を見ると、大手 DC 運営管理機関の属する資産運用会社の投資信託は 6 ～ 7 割が多い、と同レポートで指摘されている。あらゆる場面においてグループの垣根を超えて幅広く個人が運用商品を選択できるようになるよう、今後も改善が望まれる。

　グループの問題はさておき、販売会社に自社の投資信託をラインナップに加えてもらうためには、その投資信託をラインナップに加えることが個人等の顧客との取引に際し顧客本位の良質なサービスの提供に資すると認識される必要がある。そのために、良好な運用実績を残し、信頼に足る運用体制・リスク管理体制などを整え、透明性のある形で情報提供を行う。投資信託の評価は外部評価機関が活用されることもあり、デューデリジェンスを経て採用となる。

　投資信託がラインナップに加わった後、受益者に対する運用成果や運用方針の説明は月次レポートや年に 1 回から 2 回程度発行される法定の運用報告書などで説明する。公募投資信託の場合、受益者は不特定多数になるため、対面で資産運用会社が 1 人ひとりに説明することは現実的ではない。相場急変時には、臨時レポートを自主的に発行することもある。また、販売会社は随時、時には外部評価機関を活用しながら、資産運用会社や商品である公募投資信託のモニタリングを行う。必要に応じて、資産運用会社の営業担当者、場合によってはファンドマネージャー本人が販売会社に運用実績や運用方針の説明にあたる。以上が大まかな投資信託における個人、販売会社、資産運用会社のリレーションである。

(3)　アセットオーナーと資産運用会社

　アセットオーナーとは、資産を保有している機関投資家であり、年金基金や共済、金融機関、財団等が該当する。ここでは、資産運用会社の顧客

(注1)　販売会社と資産運用会社の間で、投資信託の日々の基準価額や設定・解約、決算時の分配金、手数料等の情報交換を行うネットワークインフラのこと。

の代表例である年金基金との関係に焦点を当てたい。年金基金は年金加入者から預かる年金積立金を運用しており、一部は自家運用を行っているが、大半は資産運用会社に運用を委託する。委託手段としては、少額の委託資金であれば私募投資信託の形態で合同運用され、委託資金の金額が大きい場合は投資顧問契約となり、個別のアセットオーナーごとに資金が管理・運用されることが多い。個別の管理・運用とは言いつつ、それぞれの口座の運用は、同一運用プロダクトであれば同一の運用が行われる。

　年金基金から運用資金を新規に委託されるには、公的年金基金の例では、新規運用機関の公募にエントリーすることから始まる。GPIF を例に挙げると、マネジャー・エントリー制度により随時、委託先の運用機関のエントリーを受け付けている。エントリーした運用機関に対して、追加情報の提供、およびミーティングを依頼し、運用委託先の見直しを行う際には審査が実施され、総合評価により選定される。評価ポイントとしては、「投資方針」、「ESG インテグレーションを含む運用プロセス」、「組織・人材」、「内部統制」、「スチュワードシップ責任に係る取組」、「事務処理体制」、「情報セキュリティ対策」、「情報提供等」、「運用手数料」等と多岐にわたり、資産運用会社としての総合力が求められている。アクティブ運用の運用プロセスの評価においては、「超過収益の追求方法が合理的であり、運用実績を伴い、有効と認められるか」という点などが確認されるため、やはり過去の良好な運用実績も重要である。

　晴れて運用資金を受託した後は、毎月末の資金の管理および運用状況に関する報告、随時必要な資料の提出を行う。そして、管理および運用状況について定期的に GPIF とミーティングを行い、これらの報告等を基に必要とされる指示を受ける。総合評価は毎年度 1 回、必要がある場合は随時行われ、委託する資産運用会社の構成が見直される。

　以上、公開されている GPIF の業務方針を基に流れを説明したが、他の公的年金基金と資産運用会社間のリレーションも同じような内容である。まず、アセットオーナーから資金を受託するまでに資産運用会社同士の厳しい競争があり、選定されるまでには資産運用会社によるプレゼンテーションが行われる。そこでファンドマネージャーが自ら運用プロダクトの

説明に当たることが多いため、ファンドマネージャーは運用能力だけではなく、プレゼンテーション能力も問われる職業である。

受託後も定期的な報告が求められ、定量評価・定性評価が悪化した場合は解約リスクにさらされることになる。運用実績等の定量評価に関しては、3年や5年など、中期の運用実績が重視されるが、定期的に（例えば四半期ごと）運用報告会が行われ、そこでは短期の運用実績も説明しなければならないことが通常である。短期のパフォーマンスが悪ければ、その理由も聞かれることになる。IR担当者がファンドマネージャーと面談する際、中長期的な視点での対話が重要である一方、目先の業績・環境の見通しや直近四半期の財務実績にある程度時間が割かれてしまうことがあるのは、こういった背景も一因であろう。

また、アセットオーナーの例で年金基金を取り上げてきたが、金融法人がアセットオーナーである場合、単年度あるいは半年といった短期の運用実績が求められることがある。理由としては、銀行で言えば本業である業務純益に保有私募投資信託からの受取分配金を計上することができ、その収益を毎年度計上することが望ましいためである。こういったニーズに対しては、中長期の運用目標を重視している年金基金向けプロダクトとは別に、短期絶対値ベースでの運用実績を追求する運用プロダクトが存在する。つまり、背後にいるアセットオーナー次第で、ファンドマネージャーの目線の時間軸は異なってくることを頭の片隅に置いておくと良いだろう。

(4) 証券会社と資産運用会社

IR担当者であれば、証券会社に所属するアナリスト（セルサイド・アナリスト）に面談を申し込まれることもあろう。証券会社もインベストメント・チェーンにおいて一定の役割を果たしているため、ここで解説したい。

証券会社にとって資産運用会社は顧客であり、その主な収益源の1つが有価証券の売買の発注を受けることによる手数料収入である。資産運用会社は、有価証券発注先の証券会社の選定に当たっては、最も有利と考えら

第1章　機関投資家とは？

れる条件を選択することが基本であるが、証券会社は顧客である資産運用会社に対してさまざまなサービスを提供する。その1つが、セルサイド・アナリストによる情報提供である。資産運用会社も大手であればインハウス・アナリスト（バイサイド・アナリスト）が在籍しているが、資産運用の世界は情報が勝負のため、ケース・バイ・ケースではあるもののセルサイド・アナリストの情報も活用されることがある。IR担当者であれば、セルサイド・アナリストが発行した自社の投資判断レポートを目にすることがあるかもしれないが、そのレポートは当然資産運用会社のファンドマネージャーにも届く。セルサイド・アナリストとファンドマネージャーの接点はそれだけではなく、随時、個別ミーティングを行ったり、大人数を対象としたラージ・ミーティングや少人数を対象としたスモール・ミーティングの開催、電話やメールでのやり取り等がある。つまり、投資判断レポートに書かれていること以外のオピニオンのやり取りがあるということである。投資判断レポートは公にさらされるものであり、オブラートに包まれた主張が多いが、ファンドマネージャーとの個別ミーティングでは話が別である。

　IR担当者が運用会社のファンドマネージャーやアナリストと対話した際は、ミーティングで得られた情報はその運用会社限りとなるが、セルサイドとの対話では、そのミーティング内容が株式市場に広く行き渡る可能性がある。そのため、自社の強みが株式市場全体に浸透しきれていないと感じている場合は、セルサイド・アナリストを活用することも有効である。

3　投資スタイル

　アセットオーナー等から運用を委託される資産運用会社だが、世の中にはたくさんの資産運用会社が存在し、資産運用会社ごと、あるいは運用担当者ごとに、それぞれが投資スタイルの特色を打ち出して差別化を図っている。投資スタイルにはさまざまな種類が存在するため、それぞれ代表的なスタイルについて、どのような特徴があるか解説したい（ここでは株式運用に限定して解説する）。

25

第2部　機関投資家との対話

【図表2-1-2】機関投資家の代表的運用スタイルのイメージ図

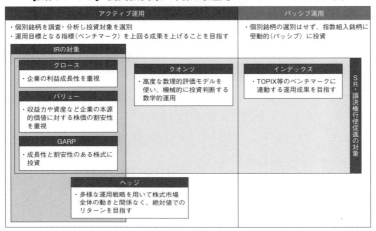

(出所) JSS作成。

　まず、投資スタイルを2つに大別すると、「パッシブ運用」と「アクティブ運用」がある。それぞれ直訳すると「受け身の運用」「活動的な運用」となるが、その直訳のイメージ通りである。

(1) パッシブ運用

　まず、パッシブ運用とは、TOPIXや日経平均株価のようなインデックスに連動する運用成果を目指す運用であり、そのため「インデックス運用」とも呼ばれる。対象となる日本株インデックス(ベンチマーク)は、国内の機関投資家であればTOPIX、海外の機関投資家であればMSCIの指数が用いられることが多い。連動することを目指すということは、ベンチマークからパフォーマンスが乖離しないことを目指すということである。それを実現するには、例えばTOPIXをベンチマークとする運用であれば、TOPIXの構成銘柄全銘柄をTOPIXの構成ウェイト通りに保有すれば実現できる。言うは易しだが、日々発生するファンドへの資金流出入に対して正確で適切なタイミングで売買を行い、指数構成の変化イベントに対しても適切な対応を要するなど、緻密な運用が問われる。1つミスが

発生すればベンチマークとのパフォーマンス乖離が発生し、その減点項目がトラックレコードとして残り続けることになるため、万全な運用体制を構築しておくことが必要である。

（2） アクティブ運用

次にアクティブ運用とは、投資対象や市場あるいは経済の動き等を調査・分析し、投資対象を個別に選別した上で、積極的にターゲットとするインデックス（ベンチマーク）を上回る運用成果を目指す運用である。そのために有望な銘柄に選別投資をするわけだが、その手法は資産運用会社や運用プロダクトごとにさまざまである。代表的なものに「グロース」「バリュー」「GARP」「クオンツ」という4つの手法がある。ただし、全てのファンドがこのうちのどれかに分類されるというものではなく、あくまで便宜上の分類にすぎない。「私が運用するファンドはグロースです」と必ずしも明言しているわけではない。以下に各運用手法の解説をするが、運用手法は運用プロダクトごとに工夫を凝らしており、必ずしも解説どおりではないことには留意願いたい。しかし、面談するファンドマネージャーが、どういった運用手法をとっているのかを事前に把握しておくと、彼等・彼女等の関心事も想像できるだけでなく、それに応じた受け答えが可能となるため、投資家との対話はより有意義なものとなろう。

① グロース

企業の利益成長性を重視した運用手法である。成長の見込める企業に投資し、株価が上昇して株価バリュエーション（PERやPBR等）が高水準になっても成長ストーリーが続く限り株式を保有する傾向がある一方で、成長に陰りが見えると保有株式を一気に売却することもある。そのため、自社の成長ストーリーを磨き上げることで関心を得られよう。また、その成長ストーリーが独特で長期的持続可能性が高いと投資家から判断されれば、長期優良株主となってくれるだろう。そういった株主が増えれば、高い株価バリュエーションが継続し、いわゆる「優良銘柄」として認知されることになる。しかし、こういった条件に適う成長ストーリーを有してい

27

第 2 部　機関投資家との対話

る企業は多くはないだろう。

　機関投資家からの信用を得るのは容易ではなく、自社で考え抜いたつもりの成長ストーリーも、余程実績のある企業を除き、まずは懐疑的に見られる。「どうすれば投資家に信じてもらえる成長ストーリーを描けるか。もし今はないなら、どうやって今後構築していくか」といった視点も経営には求められる。

②　バリュー

　収益力や資産など企業の本質的な価値に対する株価の割安性を重視する運用手法である。つまり、本質的な価値と株価にギャップがあると判断し、そのギャップが埋まることによる株価上昇を狙いにいく手法である。「当社の株価は安すぎる状況であるのに、なかなか投資家にわかってもらえず放置されている」と嘆く経営者や IR 担当者の声はよく聞くが、実際に本質的価値と株価にギャップがあるのであれば、そのギャップを埋めるためのアクションを企業側が採ることができる。その 1 つがバリュー投資家との対話である。バリュー投資家の目に適うには、ピカピカの優良銘柄になる必要はなく、彼らに株価ギャップの気付きを与えることが重要である。悪い経営のために企業の本質的価値が発現されていない場合は、経営を改善させることによってギャップを埋めることも企業側が採れるアクションである。バリュー投資家は目標株価を企業の本質的価値に置くため、株価が上昇し本質的価値にまで評価が高まれば目標株価達成により売却することになる。もちろん、保有している間に企業が良い方向に変化し、本質的価値が高まったと判断すれば、目標株価を引き上げて保有し続けることになる。したがって、バリュー投資家の保有期間は目標株価の達成時期に影響されるため、短・中・長期のいずれもあり得ると言えよう。

　なお、企業が本質的価値まで評価される変化をじっくりと待ってくれる投資家ばかりではなく、中には株主の権利を行使してその変化の時間軸を早めようとする投資家がいる。これがいわゆるアクティビストの一種である。

③ GARP（Growth at Reasonable Price）

妥当な株価の成長株に投資をするという、グロースとバリューの両面を兼ね備えたスタイルである。成長性が見込めても割安でなければ投資せず、投資先の成長性が高くても割高な水準では売却する傾向があり、成長性見合いの割安性が重視される。割安性判断にも柔軟性があり、例えば、伝統的な割安性指標であるPERやPBRを見ただけでは割高と判断されても、ブランド価値などの無形資産も考慮して本質的価値を見極めて割安と判断するなどしている。

以上の①グロース、②バリュー、③GARPの運用手法は、運用担当者であるファンドマネージャーが、自らの取材や、その他あらゆる情報源から収集した情報を基に都度投資判断を行っている、つまり人間の判断で運用を行っているため「ジャッジメンタル運用」と分類できる。その特性上、IR担当者が面談する相手はジャッジメンタル運用を行っているファンドマネージャーが対象となる。その一方で、これから紹介するクオンツ運用は人間の判断が都度行われるわけではないため、アクティブ運用の一種ではあるものの、これら3つの手法とは少し毛色が異なってくる。

④ クオンツ

クオンツとはQuantitative（数量的）という英語から派生した言葉で、システム運用の一種である。経営戦略や経営陣の質といった定性的な要素よりも、測定可能な要素に基づく定量評価モデルを使って投資判断を行い、システマティックに運用する。株価に対して影響を与える項目を設定し、それぞれの項目ごとの変動幅に応じて、実際に過去の株価がどう変動しているか、あるいはそれぞれの項目の貢献度合いはどの程度か等、多変量解析によって求める。運用を開始する際に、戦略としての運用哲学のみならず、戦術としての個別の投資判断のプロセスまでを定義し、実際の運用はあらかじめ定められたプロセスによってシステマティックに実施する運用であることから、IR活動の訴求対象としては適さない。

ジャッジメンタル運用は人の判断が都度入るため、再現性が課題とな

第2部　機関投資家との対話

る。いつも最良の判断ができるとは限らないし、運用チームのキーパーソンが退職しようものならなおさらである。その点、クオンツ運用は定量評価モデルどおりに投資判断が行われるため、再現性はジャッジメンタル運用よりは優れていると言えよう。海外の機関投資家には、複数の大手クオンツ投資家が存在する。

⑤　ヘッジファンド

　これまで説明した主なアクティブ運用の手法である①グロース、②バリュー、③GARP、④クオンツに付け加えて、最後にヘッジファンドについても触れたい。なぜなら、IR担当者はヘッジファンドからIR面談を申し込まれることが非常に多いためである。

　ヘッジファンドはオルタナティブ投資（株式や債券などの伝統的な投資対象とは異なるリスク・リターン特性を有する投資手法）の代表的選択肢の1つで、内容が多岐にわたるため明確な定義はないが、一般投資家には閉ざされた私募形式でケイマン諸島などのオフショアに設定され、各国の法制度上の制約や情報開示規制に縛られずに自由度の高い投資戦略を活用して、市場全体の騰落動向に左右されない絶対的な収益確保を目標として運用されるファンドを総称している。主な投資戦略として、株式ロング・ショート（割安と考える株式の買い持ちと割高と考える株式の空売りを組み合わせる戦略）や、グローバル・マクロ（全世界の国や地域の主要経済トレンドや政治的見通しを背景に各国の経済、金利、為替などのマクロ指標の予想に基づき機動的に株式、債券、通貨、先物などさまざまな投資対象についてロングおよびショートポジションをとる戦略）、イベント・ドリブン（経営統合、非公開化等の企業イベント発生時のバリュエーション変化を狙う戦略）等がある。短期で高頻度のトレーディングを主体とするファンドから、数年間ポジションを積み上げて株主アクティビズムを行使するアクティビスト・ファンドまで多種多様な戦略があり、達成した絶対収益に連動する高水準の運用報酬を得る仕組みが特徴である。

　このうち、企業に面談を多く申し込んでくるのは株式ロング・ショート戦略を採っている投資家であろう。彼らは短期的なリターンを志向するこ

とが多く、短期的材料による売買をいとわない。面談の機会は多いだろうが、長期優良株主となってくれる期待は持ちにくい。しかし、売買を高頻度で行うことにより株式の流動性（1日当たりの売買高）を高めてくれるため、大手優良機関投資家の投資ユニバース（候補）に加わってくることが期待できる。株式運用において流動性は非常に重要であることから、多くの機関投資家に興味を持ってもらうために、ヘッジファンド向けのIRもポジティブに活かすことができる。

(3) パッシブ運用かアクティブ運用か

以上、パッシブ運用とアクティブ運用について説明してきたが、では、どちらが優れているのか。

まず、パッシブ運用の長所に「低いコスト」がある。パッシブ運用は銘柄選別を行わないため、企業分析・リサーチは不要である。その結果、運用コストは低く抑えることができるため、受益者が負担する運用報酬（投資信託で言う信託報酬）も低くなる。ファンドのパフォーマンスはベンチマークとするインデックスどおりとなるため、差別化は運用報酬の水準になりがちである。近年では、信託報酬が0.1％を切るようなパッシブ運用の投資信託が売れ筋に上がっている。執筆時点では、売れている公募投信で「eMAXIS Slim 全世界株式（オール・カントリー）」というファンドが略称「オルカン」として新聞記事でも目にすることが多いが、当ファンドの信託報酬は運用資産に応じて若干の変動があるが、年率0.05775％（税抜年率0.0525％）以内となっている（2024年7月25日使用開始目論見書ベース）。実は、信託報酬は一般的に運用会社、販売会社、受託会社それぞれに配分され、当ファンドの運用会社分の信託報酬は、税抜きで0.0175％以内である。一方、アクティブ運用であれば、例えば公募投信で資産運用会社分の信託報酬を0.7％程度に設定することも一般的である。信託報酬の率で言えば、パッシブ運用比で数十倍になる。一見、資産運用会社からして見ればアクティブ運用のファンド残高を拡大することが理に適っているように思えるが、大手資産運用会社中心にパッシブ運用にも力を入れている。投資家側のニーズがパッシブ・ファンドに偏重していることがその大きな理

第2部　機関投資家との対話

由である。世界の株式の中でも日本株式はパッシブ偏重が顕著で、ETF
を含めた日本株投資信託のパッシブ運用比率は8割以上に上り（2024年8
月時点JSS試算）、その比率は拡大し続けている。背景としては、金融緩和
の一環で日本株インデックス等に連動するETFが日銀により2010年か
ら2024年にかけて大規模に買われてきたことや、NISAや確定拠出年金、
iDeCo等税制優遇制度の普及で信託報酬の安いパッシブ・ファンドが選好
されてきたためである。信託報酬の高いアクティブ・ファンドに投資して
も、ベンチマークを上回るパフォーマンスを上げられるか確証は得られな
い。それならば、ベンチマークどおりのパフォーマンスが確保でき、コス
トの安いパッシブ・ファンドを選択しようというロジックである。年金の
世界でもパッシブ運用は隆盛であり、GPIFの日本株運用資産に占める
パッシブ運用の比率は、ウェブサイト開示資料によると95.5％に上る
（2024年3月末時点）。

　アクティブ運用の長所は、そのファンドの目的を達成できれば、ベンチ
マーク以上のパフォーマンスを期待できることである。しかし、「多くの
アクティブ・ファンドは、ベンチマークを上回ることができていない」と
いう指摘がよく聞かれる。実際に、金融庁が公表した「資産運用業高度化
プログレスレポート2023」では2022年末までの10年間でTOPIX（配当
込み）を上回った公募投資信託の割合は33.3％とのデータが紹介されてい
る。3ファンドのうち2ファンドの割合でベンチマークを上回れなかった
ということである。一方で、米国株の対S&P500指数と比較した同比率は
13.4％とのことなので、日本株はアクティブ運用に投資して報われる余地
が相対的には大きいと言えそうである。アクティブ・ファンドの選別次第
では、より大きなリターンを受益者は期待することができる。資本市場全
体にとっても、企業業績がいくら悪くてもインデックスに採用されていれ
ばウェイトどおりに買われるパッシブ・ファンドよりも、ファンドマネー
ジャーの目に適うようにならなければ買われないアクティブ・ファンドが
増加した方が、上場企業の経営が律されることにつながり、好ましいと言
える。

第1章 機関投資家とは？

4 国内機関投資家と海外機関投資家

これまでは、機関投資家について国内と海外の違いについてはあまり触れてこなかったので、ここで解説したい。

(1) 国内外のアセットオーナー

国内のアセットオーナーは GPIF をはじめとした公的年金基金、共済、私的年金、財団、各金融機関が挙げられる。海外のアセットオーナーは、各国の年金基金や政府系ファンドであるソブリン・ウェルス・ファンドなどがある。ソブリン・ウェルス・ファンドでは、「ノルウェー政府年金基金グローバル」の資金を運用する Norges Bank Investment Management、アラブ首長国連邦やサウジアラビア、クウェートなど産油国の政府系ファンド、また外貨準備運用を目的に設立されたシンガポールの GIC Private Limited などが有名である。

国内外アセットオーナーの特徴にはいくつか違いがあり、そのうちの1つが運用体制である。国内のアセットオーナーの多くは運用を外部委託している。企業年金連合会のように一部パッシブの自家運用を行っている機関もあるが少数派である。IR 担当者が国内アセットオーナーと直接 IR の面談をする機会は多くないはずである。一方、運用資産規模が大きい海外のアセットオーナーは外部委託を行いつつも自前でアクティブ運用の体制を整備している機関もある。シンガポールの GIC などから面談を申し込まれた経験のある IR 担当者もいると思う。

国内の動きとして、2024 年 8 月に内閣官房によりアセットオーナー・プリンシプルが策定された。アセットオーナーが受益者等の最善の利益を勘案して、その資産を運用する責任（フィデューシャリー・デューティー）を果たしていくための原則が定められており、その中でアセットオーナーの運用力向上も期待されている。読み解くと、アセットオーナー自身による自家運用の選択にも触れられてはいるものの推奨されているわけではないため、今述べた国内外アセットオーナーの違いは今後もある程度残るかもしれない。

33

第2部　機関投資家との対話

(2)　国内外の資産運用会社

　国内外の資産運用会社の違いはいくつかあるが、ここでは①業界構造、②運用プロダクトの2つの視点から説明したい。

①　業界構造

　資産運用会社の属性を見ると、国内は大手金融機関に属する会社が多く、海外は独立系が多い。2023年10月の内閣官房「資産運用立国に関する基礎資料（資産運用業関係）」によると、日本大手20社のうち独立系の残高シェアは15％に過ぎず、しかも全て外資系である。一方、世界大手30社の独立系の残高シェアは86％と日本とは真逆である。国内がこうした状況となっている背景としては、当初国内運用会社は証券会社の子会社として成立した時代背景があり、先に述べたように存在感の大きい投資信託販売金融機関が系列の運用会社商品の取扱いを優先してきた昔の名残りがあるためである。また、年金基金等のアセットオーナーが運用委託先を選定する際、運用資産額の大きさを要件の1つとするケースがあったと見られ、そうなると運用資産が少額の運用会社に資金が集まらず、新興の運用会社が育ちにくい状況となる。事実、内閣官房の同資料や金融庁「第1回金融審議会資産運用に関するタスクフォース」事務局説明資料等で、国内の投資信託委託業への新規参入が限定的で、資産運用会社数の増加率は他国に劣ることが指摘されている。この点については、アセットオーナー・プリンシプルで、アセットオーナーが運用委託先の選定に当たり、知名度や規模のみによる判断をせず、運用責任者の能力や経験を踏まえて検討を行うことが望ましく、新興運用業者を単に業歴が短いことのみをもって排除しないようにすることが重要であるとしている。GPIF等、アセットオーナー・プリンシプル制定前からすでにこのように対応しているアセットオーナーも存在しており、同プリンシプル制定後に国内年金の受託額や業務経験年数、従業員数などを採用基準から外す動きが見られている。資産運用立国に向けて、特徴ある運用能力を有する新興の資産運用会社が今後多く出てくることを期待したい。

第1章　機関投資家とは？

②　運用プロダクト

　国内の資産運用会社が運用する国内株式プロダクトは総花的である。つまり、1社でバリューやグロース、GARP、クオンツ、中小型、高配当といった多くの運用を行っている。かつては「当社はバリュー運用に強みがある」というように特徴を標榜する資産運用会社もあったが、規模拡大の追求に伴い総花的になってきた。理由としては、日本株式市場の流動性の相対的低さから1つのプロダクトで資産規模を大きくすることに限界があるためである。一方で、海外の資産運用会社も大手では運用スタイルが総花的な会社もあるが、特徴を持った会社も多い。基本的にはグローバル株式がユニバースであるため、特定のプロダクトで勝負しても日本株だけを運用対象とする場合に比べて流動性がネックになることは少なく、会社として運用手法に特徴を持つことにより差別化を図っている。このような背景から、企業担当者がIR面談を行う際も、国内機関投資家よりも海外機関投資家の方がどういった特性の持ち主か事前に把握しやすい。面談する運用担当者がどのファンドを担当しているか海外では公開が進んでいることも国内とは異なる点である。また、自社株の有する特徴と照らし合わせて、興味を持ってもらえそうな特性を持つ海外の資産運用会社を見繕うことも可能であり、その上でIRターゲティングを行うことも有効である。

35

第2部　機関投資家との対話

第2章

運用戦略を踏まえた IR と SR

宝田晋介 　日本シェアホルダーサービス

小西一陽 　日本シェアホルダーサービス

　上場企業が企業価値向上を目指す上で、機関投資家に向けた IR・SR 活動の重要性が高まっている。IR・SR 担当者は、機関投資家の行動原理と投資プロセスを理解し、それらを踏まえた戦略的な IR・SR 活動を展開することが求められている。本章では、機関投資家の視点から IR・SR 活動の意義と目的を整理し、関連する機関投資家の業務フローを概観しながら、今後の IR・SR 活動のあるべき姿について考察していく。なお、機関投資家といってもその属性はさまざまであるが、ここでは CG コードが想定する長期投資家を前提とする。

1　IR の目的

　IR（Investor Relations）は、投資家や株主に対して企業が主体的に行うコミュニケーション活動全般を指す。主な目的は、資本市場から自社の株価への適正な評価と信頼を獲得することである。そのために企業は、投資判断に必要な情報を広く開示し、対話を通じて自社の本源的価値について投資家から理解を得られるように努力する。こうした IR 活動の蓄積は、資本市場からの評価を高め、長期的な企業価値の向上に寄与すると考えられている。

　ただし、株価の上昇は、IR 活動を通じて得られる結果であり、それ自体が目的ではないことに注意が必要である。ある一定期間の株価推移について、【図表 2-2-1】のような場合を考える。A 社と B 社は同じ業界に属し、業績も企業規模もほぼ同じであると仮定しよう。【図表 2-2-1】にお

36

第2章　運用戦略を踏まえたIRとSR

【図表2-2-1】2社の株価推移

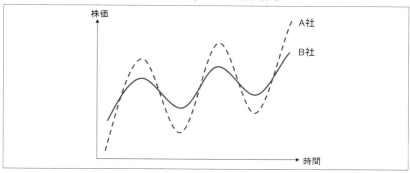

(出所) JSS作成。

けるA社の株価は、ときにB社よりも大きく上昇することがあるが、全体としては変動率の高い株価推移となっている。このような場合、IR活動が目指すべき株価はどちらだろうか。正解は、B社である。株価は、市場心理や株式需給などの外部要因に影響を受けて短期的には乱高下するが、中長期的には、個別企業の業績見通しを反映した本源的価値に収束していく。この前提に基づけば、自社の本源的価値に対する投資家の理解度が深いほど、足元の株価は適正株価から乖離せず、その変動幅は抑制されるはずである。優れたIR活動が実現するのは、株価の短期的な上昇ではなく、株価の変動リスクの抑制を通じた長期的な企業価値の向上であると言えよう。

機関投資家は、顧客から預かった資産を運用する際に、顧客にとって最善の利益を追求する責任(スチュワードシップ責任[注2])を負う。この責任には、単に運用パフォーマンスを上げることだけではなく、対話を通じて投資先企業の企業価値向上に貢献することも含まれている。投資家や株

[注2] SSコードでは、「機関投資家が、投資先企業やその事業環境等に関する深い理解のほか運用戦略に応じたサステナビリティ(ESG要素を含む中長期的な持続可能性)の考慮に基づく建設的な『目的を持った対話』(エンゲージメント)などを通じて、当該企業の企業価値の向上や持続的成長を促すことにより、『顧客・受益者』(最終受益者を含む。……)の中長期的な投資リターンの拡大を図る責任」と定義している。

第2部　機関投資家との対話

主と経営者との間で行われる対話は「エンゲージメント」と呼ばれ、ここ数年、機関投資家の投資行動として浸透してきている。IR部門はエンゲージメントの窓口となり、機関投資家と経営者を橋渡しする役割が期待されている。

機関投資家との対話は、企業経営にとっても新たな気付きをもたらす貴重な機会となる。ファンドマネージャーやアナリストは、経営者とは異なる視点から企業を分析し、成功事例や失敗事例を多く知っている。IR部門は、投資家との対話から得られる知見や経営に対する意見を集約し、企業価値向上に向けた改善活動へと活かしていくために重要な役割を担っている。

IRが企業による資本市場とのコミュニケーション全般を指すのに対し、SR（Shareholder Relations）は、既存株主との関係性の強化により焦点を当てた活動を指す。本章では、機関投資家によるエンゲージメントについては後段で解説するが、SRに関してより詳細な内容は第3章「機関投資家の議決権行使と対話」を参照されたい。

2　IRと機関投資家

(1)　高まる機関投資家の存在感

良く知られているように、戦後の高度経済成長における日本企業の最大の特徴は、株式持ち合いとメインバンク制であるが、1990年代初頭のバブル崩壊をきっかけにそれらの正当性は大きく失われていった。特に株式持ち合いの解消は、日本の上場企業の株主構造にとって、まさにレジームシフトと呼ぶにふさわしいほどの大きな変化をもたらし、機関投資家の存在感を飛躍的に高めるきっかけとなった。【図表2-2-2】で示すように、上場企業にとって最大の株主だった銀行・生保は過去30年間を通じて株式保有を大きく減らした一方で、その受け皿となった機関投資家の保有は一貫して増え続け、現在、その保有割合は全上場企業の5割を優に超えている。

銀行は、高度経済成長期の金融システムの中心として機能し、企業の資

第 2 章　運用戦略を踏まえた IR と SR

【図表 2-2-2】投資部門別株式保有比率の推移

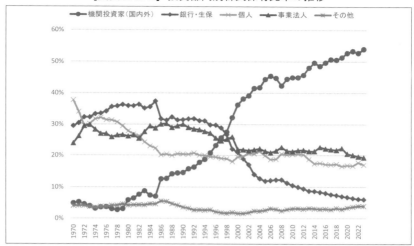

(出所) 東京証券取引所「株式分布状況調査」を基に JSS 作成。

金調達のほとんどが銀行からの借入れによって賄われていた。ところが 1970 年代以降、政府が金融の自由化を急速に推し進めたことで、資金調達の選択肢は、社債市場や CP 市場や株式市場へと一気に広がった。銀行は、資金調達における借入れの地位の低下を恐れ、企業との取引関係を維持・強化するために株式の取得を積極的に進めた。これが、銀行による株式持ち合いが広がった背景である(注3)。

　銀行が貸出先の企業に求めることは、その企業がつぶれずに長く存続し、安定して利子を払い続けることである。そのため、銀行を大株主に持つ経営者は、リスクの高い事業への投資をなるべく回避し、収益性よりも企業の存続を優先しようと考える。直接金融が主流の欧米では、資本コストを下回る ROE しか上げられない経営者は、機関投資家の圧力によってすぐにクビになるが、銀行の支配下にいた日本の経営者は、資本効率や株価に真剣に向き合う必要性が薄かったと考えられる。日本企業の ROE が

(注3)　伊藤正晴「株式持ち合いの変遷と展望」金融（2011 年 7 月）。

第2部　機関投資家との対話

諸外国に比べて低い理由は、1990年代以降の国内経済の低迷に加え、かつての株主構造が根底にあると考えらえる。しかしながら、機関投資家が5割を超える大株主となった今日では、好むと好まざるとにかかわらず、株主価値を重視した経営が求められており、IR機能の強化は必然のものとなっている。2015年のCGコード策定以降は、企業間の株式持ち合いを解消する動きも相まって、機関投資家の影響力はますます無視できないものとなっている。

(2)　機関投資家による企業価値評価の視点

　機関投資家は上場企業の大株主であるだけでなく、株式市場において日々行われる売買の中心的な主体であり、売買シェアの7割を占めている。そのため当然ながら、株価形成における影響力が大きい。IRが自社の株価について適正な評価の獲得を目指す上で、機関投資家による企業価値評価の考え方を理解することは不可欠である。

　長期投資家にとっての企業価値とは、企業が将来にわたって創出するフリーキャッシュフローを現在価値に割り引いたものである。この考え方に基づく企業価値の算出方法は、DCF法（ディスカウントキャッシュフロー法）と呼ばれる。DCF法では、企業の経営、財務などのファンダメンタルズに基づいて将来的に創出されるフリーキャッシュフローを予想し、その総和をWACC（加重平均資本コスト）で割り引く。WACCとは、資本提供者である債権者と株主それぞれの期待収益率を加重平均したものである。DCF法で算出した企業価値から、債権者に帰属する純負債を差し引いた額が株主価値であり、これを発行済み株式数で割れば、適正株価が算出される。

　DCF法による適正株価は、アナリストによる業績予想を積み上げて算出する絶対水準である。わずかな業績予想の差が、適正株価を大きく左右してしまうため、算出した適正株価はマルチプル法を使ってその妥当性を検証する。マルチプル法とは、同業他社や市場全体に適用されている評価倍率を用いて企業価値を推定する手法で、一般的には、PER（株価収益率）やPBR（株価純資産倍率）などが知られている。算出した適正株価とマル

チプル法の当てはまりが悪い場合、その算出の根拠となっている業績予想の修正を行う。このような手順で適正株価を精緻化し、ファンドマネージャーに投資推奨をするのが、アナリストの仕事である。一方、ファンドマネージャーは、アナリストによる投資シナリオを吟味し、期待リターンとリスクのバランスを見極めた上で、投資判断を行う。

(3) 企業価値評価と IR

　機関投資家は、企業の将来キャッシュフローを予想することで企業価値評価を行うと述べた。しかしながら、IR が投資家の予想に直接働きかけることはできない。その代わり、投資家が何を企業価値向上のドライバーと見ているのかを特定し、それを IR 戦略の中核に位置づけて重点的にコミュニケーションを行う。これにより、自社に対する投資家のバリエーションの精度が向上するだけでなく、対話の場面でより本質的な議論が可能となるであろう。

　ここでは株価を構成する要素を、①資本収益性（ROE）、②成長期待（g）、③株主資本コスト（r）の3つに分解し、それぞれに対する機関投資家の視点と IR の役割について解説していく。左辺を PBR（株価÷純資産）としたとき、株価と3つの構成要素の関係性は下の（1）式で示される[注4]。PBR の向上は、当然ながら、企業価値の向上と同義である。

$$PBR = 1 + \frac{ROE-r}{r-g} \quad \cdots \quad （1）式$$

　PBR：株価純資産倍率
　ROE：株主資本利益率
　r：株主資本コスト率
　g：サステナブル成長率

[注4]　株価は、配当割引モデルを用いて以下の式で表すことができる。ただし、D は予想配当、EPS は予想1株当たり純利益、B は純資産とする。
$P = D/(r-g) = EPS \times 配当性向/(r-g)$
この式に、サステナブル成長率 $g = ROE \times (1-配当性向)$ および $EPS = B \times ROE$ を代入すると、$P = B \times (ROE-g)/(r-g)$ となり、B を左辺に移項すれば（1）式が導出される。

第 2 部　機関投資家との対話

＜ IR の役割その 1 ：資本収益性（ROE）の説明＞

　投資家は、投下した資本へのリターンを期待して投資を行う。ROE は、株式がもたらすリターンの効率性を示す指標であり、投資家が最も注目する指標でもある。そのため、IR では、ROE を最重要 KPI と位置づけ、ROE の解像度を上げていくために必要なコミュニケーションを講じていくことが求められる。

　投資家が特に注目しているのは、ROE の実績値よりも、今後の姿である。なぜなら（ 1 ）式や DCF 法からも明らかなように、ROE の向上は PBR の上昇に直接的に寄与するからである。その観点から投資家は、企業が経営計画等で開示する ROE の目標値に高い関心を持っている。IR は、ROE の目標値をただ開示するだけでなく、それを実現するための経営戦略を丁寧に説明し、投資家とのコミュニケーションへと積極的に活用していくことが重要である。なお、ROE の分子に当たる純利益は、景気や事業の先行きによって左右されるが、分母に当たる自己資本は、経営の意思によってコントロール可能である。ROE の改善について投資家から納得を得るためには、適切な資本政策を導入し、ROE の改善に向けた経営の意思とコミットメントを明確に示すことが有効である。

　一方で、ROE が資本コストを定常的に下回るような場合、（ 1 ）式の右辺の第 2 項は負の値となり、PBR は 1 倍割れ、つまり株主価値が帳簿上の解散価値よりも低い状態となる（裏を返せば、PBR が 1 倍割れの企業は、ROE が資本コストを下回った水準にあることを意味する）。このような企業の株価は、一見割安に見えるが、構造的な問題を抱える場合が多く、原則的には投資に不適格な銘柄と判断されてしまう。こうした投資家の懸念を払拭しバリュー投資の対象となるためには、ROE が改善する蓋然性をより高め、投資家から十分な理解と共感を得る必要がある。これをいかに訴えるかが IR における注力テーマとなるだろう。

＜ IR の役割その 2 ：成長期待（ g ）の醸成＞

　企業価値を高めるということは、将来創出する利益を高めることにほかならない。（ 1 ）式で示す g はサステナブル成長率と呼ばれ、長期にわたって持続可能な利益の成長率を意味する。将来の利益成長に対して確信度が

高まったとき、gは向上し、PBRは上昇する。

　投資家は、業績予想を立てる上で、経営を取り巻くさまざまな要因を考慮するが、企業が発表する業績見通しは、その中でも重要な手がかりとなっている。短期の見通しには、当年度の決算予想があり、中長期の見通しには、中期経営計画や長期ビジョンなどがある。IRは短期と中長期、それぞれの見通しを適宜調整し、投資家による長期的な成長への期待値をコントロールができる。

　有力な新製品の上市や、生産ラインの拡張など、売上の拡大を連想させる成長戦略の発表は、投資家の成長期待（g）の向上に作用する。ただし、gはあくまで「利益」の成長率であるため、売上の拡大が将来的な利益につながることが重要である。先行投資が想定よりも長引くなどの要因によって、将来の利益創出への期待値が下がるとgは低下し、PBRの上昇は一時的なものに終わってしまう。また、ROEが株主資本コストを下回っている企業が行う成長投資について、投資家は慎重な見方をしている点も押さえておきたい。理論上では、（1）式の右辺の第2項が負の値のとき、gの引上げはPBRの低下、すなわち企業価値の低下に帰結してしまう。将来的なROEの拡大をもたらす投資であることを説得するためのコミュニケーションが必要となるだろう。

＜IRの役割その3：株主資本コスト（r）の抑制＞

　企業価値を決定する最後の要素が、資本コストである。資本コストとは、投資家にとって投資リターンを得る上での機会費用であり、最低限必要な収益率（ハードルレート）とも言う。資本コストのうち、債権者に由来するコストを負債コスト、株主に由来するコストを株主資本コストと呼び、（1）式のrは株主資本コストを示している。株主資本コストの低下はPBRの上昇をもたらし、企業価値の向上に寄与する。

　負債コストについては、2010年代以降、日本銀行による大規模な金融緩和政策を背景に、過去最低の水準まで低下してきた。しかしながら前述のとおり、機関投資家による株式保有割合の拡大によってWACCに占める株主資本コストの比重が増え、その結果として日本企業のWACCは上昇が続いている。そのため、株主資本コストの抑制は急務となっている。

第2部　機関投資家との対話

投資家は、株式の不確実性をリスクとして認識し、その程度に応じたコストを株主資本コストとして株価に織り込む。不確実性とは、企業による不祥事、自然災害、競争環境の急変など、投資家が合理的に予想できない経営リスクに加え、株式市場そのものが抱えるリスクも含まれる。ゆえに完全にコントロールできる性質のものではないが、企業努力によって抑制できる部分がある。例えば、コーポレート・ガバナンス体制の強化や、IR やサステナビリティなどの情報開示の拡大は、経営の不確実性の低下を通じ、株主資本コストの低減に寄与すると考えられている。IR が企業価値向上において果たす役割の本質は、株主資本コストの抑制にあると言うこともできるだろう。

3　運用の現場から見た IR・SR

ここまでは、IR の目的や考え方について述べてきた。これより先は、機関投資家のより実務的な側面に焦点を当て、運用の現場から見た IR 活動について解説をしていく。機関投資家の運用の流れを理解し、投資プロセスごとに異なるニーズを把握することで、より効果的な IR・SR 活動へと発展させることが可能になるだろう。

新規に調査し、ポートフォリオに組み入れるまでの投資プロセスは、以下の4つのステップに分けられる。すでに投資ユニバースに含まれて定点観測の対象となっている企業は、ステップ2以降を適宜実施する。エンゲージメントは、ポートフォリオで保有する投資先企業に対して実施するため、投資プロセスとしてはステップ4以降の後工程となる。

＜ステップ1：スクリーニング・初期調査＞

スクリーニングとは、投資可能な銘柄群の中から、ファンドの投資戦略に最も適した銘柄群を機械的に抽出するプロセスである。上場する全企業のデータを用意し、いくつかの項目で絞り込み、投資候補を抽出する。スクリーニングに使用する項目は、運用戦略によって異なるが、例えばバリューファンドであれば「予想 PER が 10 倍以下」、グロースファンドであれば「予想 EPS 成長率が 20％以上」といった具合である。

運用戦略にかかわらず、スクリーニングにおいて重視される項目があ

44

る。それは「株式の流動性」である。機関投資家にとって、ファンドの流動性を確保することは、運用における基礎要件となっている。そのため、ファンドにとって最低限必要な流動性を下回る企業は、いかに好業績であっても、スクリーニングの段階で自動的に除外されてしまう。低流動性を抱える企業は、流動性の改善を最優先課題として取り組む必要があることを認識すべきだろう。

　投資先候補をさらに絞り込む過程では、セルサイド（証券会社所属の）アナリストの知見を利用することが多い。ほぼすべてのセクターには担当のアナリストがいて、日々調査レポートを発行している。また彼らは多くの機関投資家と接点を持っているため、彼らとのコミュニケーションを通じて、どの銘柄がなぜ注目されているかといった資本市場のコンセンサスを知ることができる。機関投資家に影響力を持つセルサイド・アナリストとの関係構築は、IR での重要な取組みの１つとなる。

＜ステップ２：経営・財務情報の分析＞

　投資候補が絞られた段階で、ようやく本格的な調査を開始する。まずは、業界環境、競争優位性、収益構造など、現状を正しく把握することが出発点になる。企業が発行する IR 資料、統合報告書、有価証券報告書等からビジネスモデルを理解し、決算説明会や事業説明会などから経営方針を読み取る。過去の情報については企業のウェブサイトにアーカイブされた資料や動画等を参考にする。事業面の分析では、事業部門の役員や社員に取材を行うほか、競合先、取引先、業界の専門家等に側面調査を行うこともある。

　次に、過去 20 年分くらいの財務データを取得し、業績モデルを作成する。製品別の売上高や利益など、その企業固有の財務情報は自動的に取得できないことが多く、決算資料等を見ながら手入力することも少なくない。財務情報が一通り揃ったら、全体を俯瞰し、その企業の業績ドライバーを分析する。それは外部要因に依存するか、内部要因で変化する可能性はあるか、資本効率にどのように影響するのか等、さまざまな視点から分析を深めていく。

　財務分析に加え、非財務に関する ESG 情報の分析も行う。業績の持続

性を支える ESG 要因の分析は、中長期のリターン獲得のためには不可欠な投資プロセスとなっている。しかしながら ESG リサーチの手法や注力度合いは運用会社によって異なる。独自のリサーチで ESG スコアを付与する会社もあれば、ESG 情報ベンダーが提供するデータの活用に留まる会社もある。ESG 情報の分析結果は、投資判断に活用するだけでなく、エンゲージメントや議決権行使などへ利用シーンが広がっている。

＜ステップ3：将来業績の予想＞

過去の業績動向や、経営分析の結果を踏まえ、独自の業績予想を組み立てていく。今後5〜10年程度の売上高、粗利率、販管費、設備投資額、配当等がどのように推移していくかを考え、業績予想モデルに落とし込む。ここで、企業が中期経営計画等で打ち出している方針や目標値をそのまま予想に織り込むことはない。業界特性や、内部努力の余地、競争優位性、経営陣やIRへの信頼性など、個別の事情を考慮しながらより妥当性の高い予想へと読み替えていく。

大よそのイメージが固まってきた段階で、IR 担当者へ個別取材を申し込む。その主な目的は、業績予想の確認とブラッシュアップである。取材では、スピーカーの表情や口ぶり、現地を訪問したときは、受付の雰囲気やすれ違う従業員の様子など、細かな周辺情報から重要なヒントを得ることができる。コロナ禍以降、ほとんどの個別取材がオンライン会議に置き換わってしまったが、新規投資など、投資判断で重要な局面で対面取材を求めるニーズは今後も残るだろう。

＜ステップ4：バリュエーションと投資判断＞

業績予想が一通り完成したら、DCF 法に基づいて適正株価を試算する。現状の株価からの期待リターンが十分あり、半年から1年以内に株価上昇が見込めるならば、投資推奨を行う。

ファンドマネージャーは、アナリストの業績予想の確からしさ、資本市場との認識ギャップ、起こり得るリスクシナリオ等を総合的に勘案した上で投資判断を行う。投資判断に迷いが生じたとき、最後の後押しとなるのは、IR 担当者や経営者が発した言葉である。その観点から、個別取材に社長や役員が出席することは意味がある。IR 担当者よりも、社長や CFO

など、経営執行者から直接に語られる言葉の方が、投資判断の後押しになるのは言うまでもないだろう。もし経営トップの出席が叶わないときは、IR担当者が社長の考えをしっかりと代弁するか、後日回答するとしてもよい。いずれにせよ、IR担当者は日ごろから社長とよく話をし、考え方を理解しておくとともに、投資家が経営陣とスムーズな意思疎通を図ることができる関係性を築いておくことが重要である。

4 エンゲージメント（対話）活動

(1) エンゲージメントとは

　ポートフォリオに組み入れた企業は、機関投資家によるエンゲージメントの対象となる。機関投資家によるエンゲージメントは、議決権行使を含む対話行為を指し、株主アクティビズムをも包括する概念と捉えられるが、ここでは、長期投資家が投資先企業の持続的成長のために行う協調的な対話と捉え、そのあり方について解説していく。

　かつての機関投資家は、投資先企業の業績等に不満があれば、その企業の株式を売却することで意見を表明していた（いわゆるウォールストリート・ルール）。しかしながら、運用資産規模の巨大化とともに、投資先企業を都度売却することは困難となり、代わりにエンゲージメントによって企業価値の向上を目指す考え方が主流になった。この流れは、日本では2014年施行のSSコードにおいてエンゲージメントの意義が明記されたことで加速し、現在では多くの機関投資家にとって一般的な投資プロセスになっている。

　世界最大の年金基金であるGPIFの調査によると、同基金の国内株式運用委託先によるエンゲージメント活動は、アクティブ・パッシブを問わず、年々増加傾向にあることが報告されている（【図表2-2-3】）。また、企業側も対応を強化しており、経営トップが投資家との対話に参加するケースが年々増えているようである。対話の対応者を社長・会長または取締役・執行役員が務めたケースは、2021年度に行われた対話の53％と、実に過半数であった。対話のアジェンダとしては、「取締役構成・評価」、「経

第2部　機関投資家との対話

【図表2-2-3】1ファンド当たりの対話件数

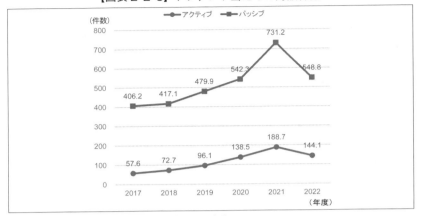

(注) 2022年度の対話件数は12月末時点までの合計。
(出所) GPIF「エンゲージメントの効果検証プロジェクト報告書」を基にJSS作成。

営戦略・事業戦略」が最も多く、コーポレート・ガバナンスに対する機関投資家の関心の高さを表している。

　エンゲージメントの新たなアプローチとして、最近注目が高まっているのは、社外取締役との対話である。社外取締役は、独立した立場から経営を監督し、少数株主の意見を取締役会に反映させる責務を負っている。現在、社外取締役との対話件数は、全体のごく一部に過ぎないが、すでにプライム上場企業の取締役会の4割強を社外取締役が構成している現状を踏まえれば、今後、対話件数は着実に増えていくことが予想される。特に、経営者の後継者問題、役員の選任プロセスや報酬制度など、より客観性が求められるアジェンダは、社外取締役が適切な対話先になると考えられている。

(2) エンゲージメントの実務

　エンゲージメントのアプローチは投資家によって異なるが、アクティブ運用では、長期的な企業価値に影響が大きいと考えられる課題について個別に対話を行うボトムアップアプローチが主流である。この場合、企業の

ファンダメンタルズへの理解が最も深い担当アナリストか、ファンドマネージャーがエンゲージメントの推進役となるのが理想的である。しかしながら、企業との対話件数の増加や、対話内容の高度化に対応するため、エンゲージメントのプロセスを議決権行使や ESG の専任チームへと分業化するケースが一般的となっている。これによる弊害は、エンゲージメントのプロセスと DCF 法による企業価値評価プロセスとの間に分断が生じてしまうことである。機関投資家には、エンゲージメントを部分最適化させず、本来の投資プロセスとより一体化させるとともに、企業側にとっても有益な活動へと一層進化させていく努力が求められている。

　エンゲージメントが一般の取材と異なるのは、あらかじめアジェンダを設定し、企業の行動を促すことを目的に対話する点である。投資先企業の企業価値に重要だと思われる課題を特定し、その解決に向けた行動をアジェンダとして設定する。アジェンダは、進捗を都度管理し、目標を達成したら次のステップへと段階的に引き上げていく。例えば、資本効率に課題がある企業に対し、一足飛びに株主還元や自社株買いを求めるのではなく、まずは中期経営計画に資本政策を開示すること等を最初のアジェンダとし、対話を開始する。その後も企業の目線に合った目標に向けて段階的に、根気強く対話していく。

　エンゲージメントの実施にかかる投資家サイドの負担は大きく、すべての投資先企業に均等にエンゲージメントを実施することは不可能である。そのため機関投資家は、エンゲージメントの対象に優先順位をつけて臨んでいる。対象の絞り込みで考慮される要素は、ポートフォリオにおける保有ウェイトや顧客の関心の高さなどさまざまだが、何よりも重要なのは、その企業が資本市場との対話に意欲的であることである。資本市場との対話に消極的な企業や、表面上を取り繕うだけの対話を行う企業にエンゲージメントを実施しても、コストに見合ったリターンを見込めない。IR・SR 担当者が、投資家との対話に前向きでオープンな姿勢で臨むことは、資本市場との信頼関係を構築する上で重要な第一歩となるだろう。

5 これからのIR・SR

　これからのIR・SRの方向性について、考えてみたい。近い将来にはIRとSRの境界線がなくなる状況が訪れることが想像される。今後、SRとIRの目的が企業価値の持続的な拡大という一点により集約されると予想されるからである。

　政策保有株式を例にとれば、SR分野では議決権行使基準として、例えば純資産の20％以上の保有は反対とあり、定量的な基準で判断される。例外的に縮減実績や縮減計画を公表していれば、賛成のケースもあり得るが、どちらにしても政策保有株式そのものの定量的な基準が問われている。今後はそうした政策保有株式の縮減が着実に進むかという確認だけではなく、企業価値拡大のためには売却資金を何に活用するのか？というところまで議決権の賛否に影響することになるだろう。そうした考え方がまさに実効性ということになる。

　一方、IRの観点、つまり運用者に対してはSSコードやアセットオーナーからの要求の高まりにより、中長期目線での投資が求められている。政策保有株式のような低収益資産を売却して、資本効率の改善が期待できる設備投資や自社株買いなどへのアロケーションが求められる。いわゆるキャピタルアロケーションの中心的話題であり、企業価値拡大に直結する話となる。

　こうしたSRとIRの双方の歩み寄りにより、企業との「対話」は企業価値拡大を目的とするという点が鮮明化すると思われ、SRとIRの境界線がなくなり「対話」または「エンゲージメント」という言葉に集約されていくだろう。

　それでは、そのような将来に求められる企業の対応はどのようなものだろうか。

　1つ目に重要な点はリソースの集約と投入である。現状ではIRは広報・IR部、SRは総務部、といった別組織でIR・SRを実施している企業も多いと思われ、それぞれが専門化かつ役割分担されている企業が多い。今後は「株主との対話」を手がける組織を統合しIR・SRどちらにも対応

第 2 章　運用戦略を踏まえた IR と SR

する組織となっていく必要があろう。その際、取締役会や経営トップに直結し、取締役会への陪席など透明性の高い経営情報をリアルタイムで取得できる組織が求められる。

　2つ目は社外取締役の役割の拡大である。海外では機関投資家との対話を社外取締役が行うことは珍しいことではなく、社外取締役が対話に参加する割合が約8割とされ、約4割では対話を主導する役割にあるとの調査結果もある。こうした流れは日本にも訪れつつある。まだ件数自体は多くはないものの、大手運用会社ブラックロック・ジャパンでは2023年度の社外取締役との対話件数が前年比約1.7倍になった（19 → 32件）との報告もなされている（ブラックロック・ジャパン・スチュワードシップレポート2023）。すでに、海外大手機関投資家において社外取締役以外との対話が拒まれる事例も出てきており、企業を監督し助言を与え、少数株主の代表として企業価値拡大に貢献する社外取締役は株主（特に機関投資家）からは最適な対話の相手との認識が高まっている。

　こうしたことから、企業の準備として社外取締役の株主（機関投資家）との対話スキルの向上や、そうしたスキルを有する資本市場経験者の社外取締役への選任などが必要となろう。

第2部　機関投資家との対話

第**3**章

機関投資家の議決権行使と対話

小西池雄三 日本シェアホルダーサービス

　本章では機関投資家の議決権行使と対話について述べる。SSコード（原則5-1）において「機関投資家は……投資先企業の状況や当該企業との対話の内容等を踏まえた上で、議案に対する賛否を判断すべきである」とされている。特に、今後、株主構成等企業を取り巻く環境変化が想定される中で、この指針の意味は重要である。機関投資家の議決権行使や対話の現状に触れつつ、今後を考察していきたい。

1　国内機関投資家の議決権行使の実務

　対話や議案作成を担う企業側担当者は、相手方となる機関投資家の実務や事情を理解した上で対応を考えることが重要である。

　以下に、6月の株主総会を想定した国内機関投資家の議決権行使事務の状況を紹介する。一般的に株主総会の1か月程度前に招集通知が開示されるが、議案の内容が開示されると、会社名、議案番号等の情報を株主総会日ごとにまとめたエクセルフォーマット（行使サイン空白）が管理信託銀行から機関投資家に送られる。仮に、ファンド数が50、保有銘柄数が1,500、平均議案数が10とした場合、50 × 1,500 × 10 ＝ 75万個相当のエクセル上のセルを埋めることになり、これは膨大な量である。同一の銘柄であっても委託者のガイドラインに従って、通常とは異なる行使を行う場合もある。限られた時間で膨大なボリュームのデータを扱う上、斯様な変則的な事務も重なるため機関投資家側の事務負荷や精神的なストレスは高まる。1つでもミスがあると事務過誤としてアセットオーナーへの報告と謝罪が必要となるからである。

52

第 3 章　機関投資家の議決権行使と対話

【図表 2-3-1】議決権行使事務フロー

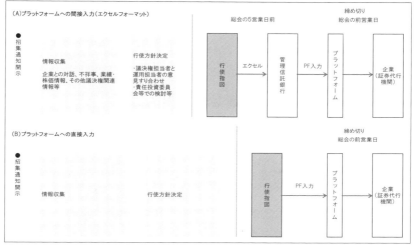

(出所) JSS 作成。

　【図表 2-3-1】の（A）は現在の主流であるエクセルフォーマットによる議決権行使の事務フローを示したものである。機関投資家は株主総会の5営業日前の午前 10 時までに管理信託銀行に対し、電子メールで行使サインを入力したエクセルフォーマットを電子メールで送る取り決めになっている。そして、各機関投資家から送られたエクセルのデータを名義ごとに集計して、管理信託銀行が ICJ[注5]の電子行使プラットフォーム（以下、「プラットフォーム」という）に代理入力する。そのため、株主総会前の3〜4営業日前辺りに一斉に国内機関投資家の行使が反映されるという状況となるのである。機関投資家にとって、プラットフォーム加盟企業はプラットフォームでの直接入力、非加盟企業はエクセル指図という二重の事務フローを走らせることは負荷が高いため、ほとんどの国内機関投資家の行使は管理信託銀行へのエクセル指図のままとなっている。これでは企業

[注5]　ICJ：株式会社東京証券取引所と Broadridge Finacial Solutions, Inc. が 50％ずつ折半出資する議決権電子行使プラットフォームの運営会社。

第2部　機関投資家との対話

側において行使の状況を前広に把握することはできない。また、こうした
エクセルのやり取りはヒューマンエラーも発生しやすいこともあり、頻繁
に上書き修正して再送するような実務体系にはなっていない。一度指図さ
れた行使内容が修正されることは期待できず、企業側がこうした指図を行
う機関投資家へ締め切り間際の追加説明を行うことは意味をなさない。

2　プラットフォームを通じた直接入力

　保有銘柄数の多いパッシブ・ファンドを運用する機関投資家にとって事
務的な負荷ならびに契約面の制約から、プラットフォームへの直接入力は
遅々として進んでこなかった。CG コード（1 − 2④）は「上場会社は……
議決権の電子行使を可能とするための環境作り……を進めるべきである」
と定めており、企業側にプラットフォームの参加を強く促している。一方
で、機関投資家の行使が間接的なものにとどまっている限り、企業（タイ
ムリーな行使状況の把握）、機関投資家（議案検討時間の確保）双方にとって
本来の効果が得られない。ニワトリが先かタマゴが先かという状況のまま
時間が経過してきた。

　ただし最近徐々に事務をサポートする外部ベンダー等のツールが整備さ
れてきていることに加え、投資一任契約における三者間契約において運用
委託者ごとにプラットフォーム参加の同意を得る手続が必要であったとこ
ろ、これが不要となり[注6]、機関投資家側がプラットフォームを遠ざけ
る理屈が 1 つ減少した。こうしたこともあって、プラットフォームへの直
接入力による行使（【図表 2-3-1】の（B））に切り替える国内機関投資家
が増加してくる可能性がある。どこかの時点でオセロゲームのように一斉
に進む可能性もある。

　プラットフォームを利用する機関投資家は議決権行使方針を決定次第、
前広に賛否を入力することが見込まれ、また、締め切り直前まで賛否を何
回でも変更することが可能となる。プラットフォームでの行使が主流と

[注6]　鬼塚卓「議決権電子行使プラットフォームの運営実務」旬刊商事法務 2321 号
（2023）37 頁。

第3章　機関投資家の議決権行使と対話

【図表 2-3-2】 SR と IR の意義・目的

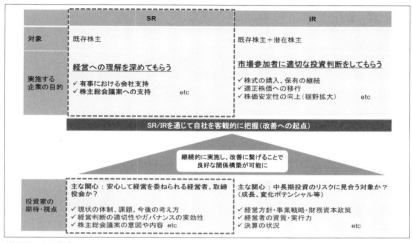

(出所) JSS 作成。

なっている海外機関投資家においては、企業との対話の後、賛否が変更になる場面があるが、今後は国内機関投資家においてもそういう場面が増えると思われる。

3　SR の目的と議決権行使

【図表 2-3-2】は SR と IR を筆者がイメージ化したものである。SR の目的は経営への理解を深めてもらうこと、信頼してもらうことであり、関係構築のための活動と言える。経営陣や取締役会が信頼できるならば、長期厳選投資のような機関投資家にとって安心して継続保有できる対象となり得る。そして、SR は有事的な状況に際して会社側の主張に耳を傾けてくれる、議決権行使において「投資先企業の状況」を加味してくれる、という形を目指す地道な活動と言い換えることができるかもしれない。

【図表 2-3-3】は SR での関係構築と議決権行使のプロセスをイメージ化したものである。

機関投資家は基本自らの議決権行使ガイドラインあるいは助言会社の推

55

第2部　機関投資家との対話

【図表2-3-3】SR活動のプロセス・フロー図

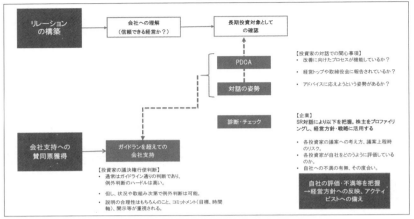

(出所) JSS作成。

奨に沿って賛否を決定する。実際のところ例外判断はそう頻繁には行われない。ガイドランの意味がなくなるからである。しかし、置かれた状況や取組み次第では例外判断が行われる余地は十分にある。その際、説明の合理性や将来に向けたコミットメントがポイントになることが多い。

「せっかく株主総会の議案の説明をしたのに反対された、『ガイドラインがこうなのでガイドライン通りに行使する』と言われた、もう二度とSRなんてやりたくない」という会社の担当者からの声を耳にすることもある。

しかし、会社への賛成票という結果だけで成果を判断するのは一面的であるように思われる。目先の賛成率を数％上げるのはむしろどうでもいい話であり、その投資家に自社がどのように評価されているのかを把握し、将来の本当に重要な場面においてその情報を活用できるよう準備しておく、そういう大きな目的のための活動と位置づけることが適切であるように思う。投資家の信頼を高めるのは、抽象的ではあるが企業側の向き合い方、改善に向けた姿勢であり、投資家にとっては会社側の姿勢は1～2度対話すればいとも簡単にわかるものである。

第 3 章　機関投資家の議決権行使と対話

4　実際の SR 対話

【図表 2-3-4】は機関投資家側のスケジュールイメージである（日本は 6月株主総会企業が多いため機関投資家は概ねこのようなタイムフレームで動いている）。対話タイプはいくつかに分かれる。

【図表 2-3-4】機関投資家の対話スケジュール（例）

	1月	2月	3月	4月	5月	6月	7月	8月	9月	10月	11月	12月
企業側イベント				決算発表		株主総会			統合報告書開示			
投資家側の行動								アセットオーナーへの議決権行使結果報告			アセットオーナーへのスチュワードシップ活動報告	
								次年度ガイドラインの検討				
対話のタイプ	①株主総会に関連する対話				②総会直前の対話（有事的状況など）							
						③中長期の経営方針、非財務情報等をテーマとした対話						
						④反対理由確認の対話						

（出所）JSS 作成。

（1）　株主総会に関連する対話

年明け～ 4 月頃までの株主総会に関連する対話においては、株主総会の議案の詳細は固まっていないことが通常であり、上程を検討する議案（必ずしも詳細が固まっていないことが多いためその概要や一般論）に関する機関投資家の考え方、ガイドラインの改定予定等についての対話が行われる。また、その場で機関投資家側から企業の現状における課題が示され、課題に対する企業の考え方が問われることが多い。

（2）　株主総会直前の対話

株主総会直前の 5、6 月は、機関投資家は繁忙である。企業担当者としては議案が確定した後、その議案について説明したいところであるが、そのタイミングでの対話の申し込みは、特にこれといった論点、差し迫った事情がない場合は時間がないことを理由に謝絶されるケースも増えてきた（投資家によっても若干対応は異なる）。

57

第2部　機関投資家との対話

しかし、株主提案が上程されたり、重大な不祥事の発生があったり、その他特別な状況の場合には、たとえ多忙であっても対話が成立するケースは多い。そうした特別な状況下での対話においては、限られた時間でもあるため要点をコンパクトに整理し、効果的に意見交換をすることが望まれる。また、対話のメンバーとしては、株主総会の担当者が実施するケースもあるが、社長、取締役会議長、IR責任者、社外取締役、監査役等、その状況における最適な構成が望ましい。また、今後の方針やコミットメントに議論が及ぶケースもあり、その場合には相応の権限や責務を負う人がメンバーに入ることが望ましいと言えよう。

(3)　中長期の経営方針、非財務情報等をテーマとした対話

株主総会終了後の7～12月頃は比較的機関投資家にとって時間がある時期である。この時期には中長期的な経営の考え方や非財務課題等のテーマで議論が交わされることが多く、以下①から③のようなケースがある。

①　翌春の中期経営計画の更新に関連して機関投資家の期待値を確認したい（期待値には業績のみならずガバナンスやE（環境）S（社会）テーマも含まれる）。

②　出来上がった統合報告書を基に自社の理解を深めてもらいたい。

③　アクティビストリスクを漠然と懸念する中で一般の機関投資家が自社にどのような不満を持っているのかを確認したい。

この種の対話であれば、経営層が対話の担当となることが多いようだが、テーマにより自社の最適メンバーを考えることが重要である。機関投資家側にも面談の趣旨をしっかり伝えて、ライトパーソン（ファンドマネージャー、アナリスト、議決権行使担当者、ESGスペシャリスト）の参加を促したい。機関投資家によっては、事前に会社のことを入念に調査し、独自分析レポートを作成・交付して対話に臨む先もある。

(4)　反対理由確認の対話

株主総会終了後に、行使判断の理由等を確認するための対話を行っている会社もある。ただ、機関投資家の情報開示が充実してきており、8月末

までには賛否や反対理由等が開示されることが一般的である。したがって、このタイプの対話の必要性、件数は低下（減少）している。

5　議決権行使ガイドライン

　ほとんどの国内機関投資家は議決権行使ガイドラインを自社のウェブサイトに掲載している。海外機関投資家においては、以前は一般的な原則を記載したグローバルガイドラインが開示されるのみで、日本に特化した基準が示されることは少なかったが、最近は日本特化のガイドラインを別途策定する、あるいはグローバル基準の中で日本専用の判断項目を設定する機関投資家が増加してきた。海外機関投資家のスチュワードシップの取組強化に加えて、一連の日本のガバナンス改革が評価され海外機関投資家における日本市場のステータスが上昇したことも一因であると思われる。

　アセットオーナーが資産運用会社に運用を委託する場合、議決権行使について取り決めがなされる。その内容としては、①資産運用会社に全面的に委ねる場合、②アセットオーナー自身が定めたガイドラインを資産運用会社に提示し、それに従った行使を資産運用会社に要請する場合（個々の詳細判断は資産運用会社に任せる）、③議決権行使権限を留保し、判断・行使指図をアセットオーナー自身が行う場合、がある。

　日本においては、世界最大のアセットオーナーであるGPIFも含め①のパターンがほとんどである。この場合、運用を委託する資産運用会社に行使を委ね、事後的にその妥当性を検証することになる。地方公務員共済組合連合会など一部の共済組合は②のパターンで運用を委託している。この場合には、アセットオーナーは事後的に自身のガイドラインに沿った行使が行われているかを確認することになる。

　③のパターンは海外で比較的よく見られる。CalPERS（カリフォルニア州職員退職年金基金）等は、インハウス運用分だけでなく外部委託運用分も含めて議決権を自社で判断し行使を行っている。また、アセットオーナーが特定のエンゲージメント・オーバーレイというサービスプロバイダーにエンゲージメント活動および議決権行使を委託するパターンもある。英国のEOS at Federated Hermes、日本のガバナンス・フォー・

第2部　機関投資家との対話

【図表2-3-5】GPIF 運用委託先機関の定性評価項目

評価ウェイト	株式パッシブ	株式アクティブ
投資方針・運用プロセス 組織・人材他	70%	90%
スチュワードシップ責任	30%	10%

スチュワードシップ評価の観点	市場の持続的な成長に資するか	投資先の長期的な株主価値増大に資するか

同評価のベース	（共通）スチュワードシップ・コード、GPIFのスチュワードシップ活動原則、議決権行使原則

✓　体制面（組織、利益相反管理）
✓　日本版スチュワードシップ・コードの受け入れ状況、責任投資原則（PRI）署名の有無および対応状況
✓　スチュワードシップ活動（方針、取組状況、エンゲージメント状況）
✓　運用受託機関が示した重大なESG課題への対応を含むESG課題への取組状況
✓　議決権行使状況（トピックス、運用受託機関内で判断の分かれたケース、株主提案等における行使判断決定プロセス等）
✓　個別の議決権行使結果公表状況等、当法人のスチュワードシップ活動原則および議決権行使原則への対応状況

（出所）GPIF「2023/24年スチュワードシップ活動報告」よりJSS作成。

オーナーズ・ジャパン等がその例である。

6　アセットオーナーとの関係、アセットオーナーへの報告

　株主総会シーズンの6月が終わると、国内資産運用会社はスチュワードシップ活動、議決権行使状況、の資料を作成しアセットオーナーへ報告することになる。GPIFや大手共済等のアセットオーナーは資産運用会社のスチュワードシップ活動や議決権行使への関心が高い。さらに2024年8月には、アセットオーナー・プリンシプルが制定され、今後幅広くアセットオーナーからの規律が働くよう仕組みが強化される。

　資産運用会社はアセットオーナーに監視され、評価される。【図表2-3-5】は、GPIFのマネージャー評価における定性評価項目である。パッシブ運用においてはスチュワードシップ責任が30％を占める。30％は小さく見えるかもしれないが、資産運用会社の取組み次第で差がつきやすく、決して小さくはない。この評価によって運用資金の配分が見直されるのである。

60

第 3 章　機関投資家の議決権行使と対話

　GPIF は世界最大のアセットオーナーであり、日本においてその運用資産額は突出して大きい。これに対して米国においてはそれより小さい規模の州年金等が並列している状況にある。そして特に GPIF には専門人材が集められ、資産運用会社を評価する目は厳しいとされる。各資産運用会社は評価、選別を受けながら狭い土俵の中で厳しい競争を強いられているとも言える。

7　議決権行使の意味を考える

(1)　国内機関投資家、海外機関投資家の反対率

　【図表 2-3-6】は横軸が日本株運用資産額、縦軸に取締役選任議案（子議案ベース）への反対率をプロットしたものである。

　●は海外資金を運用する主要機関投資家（98 機関）、◆は国内資金を運用する主要機関投資家（31 機関）の行使である。海外を見ると運用額（企業の議決権行使への影響）が相対的に大きい機関投資家の反対率は比較的低く、運用額が小さい機関投資家の反対率が高い傾向が見られる（反比例カーブ形状）。大手インデックス投資家である Vanguard や SSGA 等の反対率は低い。これらの投資家においては、例えば ROE 基準等は設けていない上、ガバナンスに関する基準も少し遅れて段階的に厳格化していくという運営が行われているためと思われる。一方、CalSTRS（カリフォルニア州教職員退職年金基金）のように反対率が 9 割の投資家もある。同投資家は「独立社外取締役構成比が 3 分の 2 以上でない場合、新任の独立社外取締役を除く全員に反対」という基準を有するが、これはグローバル基準をそのまま日本に持ち込んでいるためと思われる。この水準を満たす日本企業はなかなか存在しない。

　一方、国内機関投資家は多少の高低はあるものの、反対率の水準はほぼ同程度となっている。その背景には議決権行使基準が収斂（横並び）されていることがあろう。ある資産運用会社が新しい基準策定に動けば他の資産運用会社も追随して取り入れていく傾向が強い。勝手な想像であるが、アセットオーナーが具体的な指示をしないまでも、「A 資産運用会社はこ

61

第2部　機関投資家との対話

【図表2-3-6】国内・海外投資家の議決権行使状況

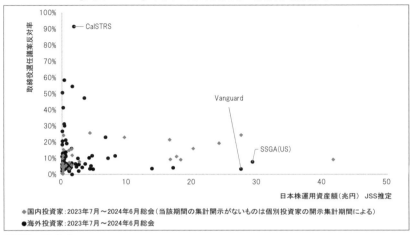

(出所) JSS作成。

ういう基準を採用したようだが、これについて御社はどう考えますか?」などと尋ねられると、聞かれる側の資産運用会社はそれ以上の意味を持って受け止めてしまう（横並びで基準を導入する方が説明が楽である）ということもあるのかもしれない。

　なお、この【図表2-3-6】における取締役選任議案の反対率は「基準の厳しさ」×「抵触した場合の反対対象者（経営トップのみ OR 再任者全員等）」で決まるため、反対率の高さは必ずしも基準自体の厳格さを意味するものではない。

(2)　注目すべき最近の出来事

　2023年3月の電気機器業A社の株主総会において、経営トップの賛成率が50.6%となり、あやうく否決されそうになった。反対票の理由は女性取締役の不在である。すでに女性取締役の基準は海外だけでなく国内にも拡がりつつあり、国内資産運用会社の足並みが揃うタイミングでこの出来事は起こった。

第3章　機関投資家の議決権行使と対話

　また、2023年6月の精密機器業B社の株主総会において、社外監査役の選任が否決された。主な理由は在任期間の長期化（12年）であったと思われる。このケースにおいてもそのタイミングで多くの資産運用会社の社外役員の在任期間基準が改定となり、多数の反対票が入った。

　この2例とも、特定の大株主に攻撃されているわけでもなく、経営が混乱しているわけでもなく、至って普通の状況で起こっており、否決リスクが身近なところに近づいてきたことを肌で感じる出来事であった。

　企業にとって議決権行使ガイドラインの改定動向にアンテナを張っておくことが経営上の重要課題になってきていることは間違いない。

(3)　企業にとって議決権行使の脅威が強まる

　日本において政策保有株式の売却が進み、今後安定株主比率が大きく低下することが確実に見込まれる。そして各資産運用会社において次から次へと基準の厳格化が検討されており、しかも足並みが揃いやすいという特徴がある。これは企業側から見ると大きな脅威であり、今後株主総会リスクをどうマネージしていけばよいのか、株主構成あるいは投資家構成（どの投資家に保有してもらうか）をコントロールし得るのか、という議論を真剣に行っている会社は相当に多い。機関投資家側から見える以上に企業側の戸惑いや不安は大きいように感じる。

　機関投資家は通常マイノリティ株主である。保有比率は一般には上位の投資家でも発行済株式数の数％程度、その他多くの投資家は1％未満というケースが多い。各機関投資家は企業価値向上の観点からそれぞれ最善と思うやり方で議決権行使を行っている。議決権行使にはこういうあり方が望ましいというボイスの面と採決のための投票の面がある。先の例を基に想定ケースを考えてみる。女性取締役がいないことで経営トップが否決されそうな状況になった。通常、否決されそうという情報は事前にはわかり得ないので機関投資家が考慮することはないが、仮にそういう状況がわかった段階で行使判断を迫られる場合には、ガイドラインどおりに行使するのか（それはボイスとしての反対票なのか、否決が企業価値を高めるとの判断の上での反対票か）、経営トップが否決された場合の経営への影響や翌年

63

第２部　機関投資家との対話

女性取締役の選任を確約するとのコミットがあった場合にそれをも考慮しないのか等々、これらは機関投資家のスタンスを評価する上で重要なポイントと言えよう。特に、保有比率が高い機関投資家はキャスティングボートに近い位置にあるため、最終的な賛否はどうであれ可能な限り丁寧に判断を行うことが求められる。海外の機関投資家にはこのような責務の認識が浸透しているような印象を持つ。今後、プラットフォームによる直接入力化が進めば、直前まで賛否の上書きが可能となり、国内機関投資家がそうした状況がわかった上で判断を求められる場面があるだろう。繁忙な機関投資家にとってはウェルカムなことではないだろうが、そのような究極的な場面で、時間がないので話は聞けないで終わるのか、話を聞いた上で判断しようとなるのか、対話の実質化という観点で極めて重要な問題だと思われる（やみくもにセーフティネットが与えられるべきという趣旨ではなく、やむを得ない事情があった場合に限られるべきではあろう）。

8　機関投資家の議決権行使ガイドラインの今後の方向性

今後見込まれる機関投資家の議決権行使基準の中で、特に企業にとって重要と思われるものを取り上げてみたい。

(1)　社外取締役構成比基準

独立社外取締役過半数を求める基準は海外機関投資家が主導していく形で進んでいくことが予想される。現 CG コードでは「少なくとも３分の１以上、必要と考える場合には過半数」とされている。海外機関投資家にとって安心して投資する対象市場には過半数が必要という考えは根強く、実際個々の海外機関投資家において少しずつ基準改定が進んでいる。国内機関投資家の中にも今後の考え方の中で過半数に言及している先もある。当面海外の影響力の大きくない機関投資家から進んでいき、議決権行使助言会社や海外の大手機関投資家、次いで国内の大手機関投資家が続いていく展開が見込まれる。

64

(2) ジェンダー（女性取締役人数）基準

　株式会社東京証券取引所（以下、「東証」という）はプライム市場の上場企業に対して、罰則のない努力義務として、2030年までに女性役員30％を目指すことを上場規程に定めた。欧州では、ノルウェー（2003年29.9％→2008年42.9％）、フランス（2010年12.3％→2017年43.4％）、イギリス（2011年16.3％→2021年37.8％）、ドイツ（2015年26.1％→2021年36.0％）等に見られるとおり女性役員の比率が比較的短い期間で急速に高まった(注7)。こうした経験を知る、特に海外の機関投資家は日本の2030年までに30％（2021年9.3％（プライム市場上場企業））という目標が非現実的であるとはみなしていないようである。海外機関投資家は女性取締役「最低1名」の基準を引き上げる動きが相次いでおり、粛々と30％に向けた厳格化が進むと思われる。国内機関投資家も海外を追う形で厳格化すると思われる。しかし、国内機関投資家の中には女性取締役や社外取締役の構成比といった外形の強化を急に推し進めることの弊害を心配する先も相応にある。普段の対話の中で企業側の声を投資家にしっかり伝えていくことが重要と思われる。

(3) 政策保有株式基準

　政策保有株式は日本独特の慣行であり、機関投資家（国内、海外とも）の評判は極めては悪い。政策保有株式基準は「純資産の20％」が現在の主流の閾値となっている。これが10％等へ一斉に進む気配は今のところないが、厳格化を公言している機関投資家もあり、閾値引下げの動きはあるだろう。

　また、基準に定めるのは難しいが、縮減計画の有無や妥当性、純投資への振替がある場合にはその説明等定性面を併せて評価しようという動きも考えられる。

(注7)　内閣府男女共同参画局「諸外国における企業役員の女性登用について」（2022年4月21日）。

第2部　機関投資家との対話

（4）　資本効率基準（ROE、PBR・株価等）

東証が「資本コストや株価を意識した開示」を要請したこともあって国内機関投資家を中心に資本効率基準を強化する動きが予想される。アセットマネジメント One は 2024 年より「TSR（Total Shareholder Return：株価騰落と配当金による株主総利回り）が過去 1 期・3 期・5 期いずれにおいても東証プライム市場上場企業の下位 3 分の 1 未満の場合反対」する基準を新設した。また、ニッセイアセットマネジメントは 2025 年より「PBRが 1 倍未満で東証要請への対応がない場合に反対」する方針を公表した。さらに、三菱 UFJ 信託銀行および三菱 UFJ アセットマネジメントは2027 年より「3 期連続 ROE8％未満かつ PBR1 倍未満の場合反対」する方針を公表し、加えて、キャッシュリッチの場合に剰余金処分議案に反対するだけでなく、取締役選任議案にも反対対象を拡大するような動きも見られる。これらのとおり、各社が独自に東証要請に呼応する形で基準強化を進めている。何が標準的なものに拡がっていくのか、現時点では予想が難しいが、今後も何らかこの分野での動きが継続することが見込まれる。

9　企業の独自の SR 取組み事例

最後に、SR 対話における企業側のユニークな取組み事例を紹介したい。

（事例1）三菱地所（【図表2-3-7】）

同社の毎年の統合報告書に株主とのコミュニケーションの実施状況が記載されている。これによると過去 2 年間に発行済株式数の約 45％（2024 年3 月末時点）に相当する国内・海外機関投資家と ESG 面談が行われた。同社の対話の特徴は、PDCA の姿勢が貫かれている点である。（ステップ1）面談実施→（ステップ2）面談後のアンケート→（ステップ3）面談内容、アンケート結果を取締役会で議論し課題を抽出→（ステップ4）課題に対するアクションという流れが説明されている。機関投資家からの指摘・課題事項としては、女性取締役の増員が必要、株式報酬の割合増加を望むといった項目が 10 件以上開示されており、その 1 つひとつに現在の対応状況が説明されている。これを目にする機関投資家は会社の本気度を感じな

第 3 章　機関投資家の議決権行使と対話

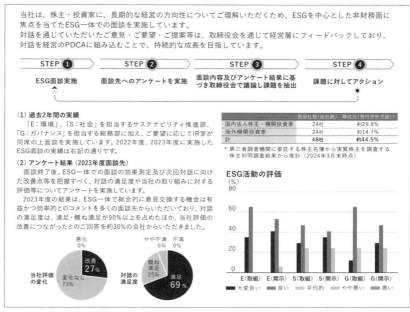

【図表 2-3-7】企業側の取組事例 1

（出所）三菱地所「統合報告書 2024」。

がら対話に臨んでいることが想像される。

　東証は 2023 年 3 月に株主との対話の状況を開示するよう要請したが、同社の取組みはそれより早い時期から始まっていたようである。

（事例 2）味の素（【図表 2-3-8】）

　同社は 2021 年に指名委員会等設置会社へ移行した。現在は独立社外取締役を過半数とし、全 11 名中女性取締役 4 名・外国籍取締役 1 名などダイバーシティ経営を推進している。2023 年 9 月開催の IR Day においては、取締役会の実効性について資本市場からの理解を深めてもらうために企業としてどのような開示が可能か検討した結果、社外取締役の対談実施に加え、実際の取締役会での議論の様子を動画で公開した。機関投資家は、外形からはうかがえない企業の実態を非常に重視する。動画は取締役会の一部のみであったが、自由闊達な意見交換が行われている様子は十分

第2部　機関投資家との対話

【図表2-3-8】企業側の取組事例2

(出所) 味の素ウェブサイト。

に感じられる内容であった。これを見た海外機関投資家等から投資判断も含めてポジティブな反応があったと聞く。

第4章

対話の現場から

内田陽祐	野村アセットマネジメント エンゲージメント推進室長
深澤寛晴	野村アセットマネジメント 責任投資調査部 シニア ESG スペシャリスト

内田陽祐（Yosuke Uchida）

海外・国内年金、投資信託の日本株ポートフォリオマネジャーを 19 年担当。2019 年から企業調査（現グローバルリサーチ）部長、2022 年より現職（エンゲージメント推進室長）。責任投資委員会の委員も務める。

深澤寛晴（Hiroharu Fukasawa）

2017 年より現職（責任投資調査部 シニア ESG スペシャリスト）。議決権行使やコーポレート・ガバナンスを中心とする対話を担当。責任投資委員会の事務局も務める。

　本章は対話の最前線で実務を担われている最大手機関投資家の対話当事者へのインタビューからなる。

Q　野村アセットマネジメント（以下、「野村 AM」という）のスチュワードシップ活動の体制や方針を教えてください。

　責任投資委員会が方針を策定し、運用調査部門が行う体制です。また、利益相反の観点から責任投資委員会を監視する機関として責任投資諮問会議を設置しており、同会議のメンバーも責任投資委員会に陪席して議論に加わっています。

　責任投資委員会は「投資先企業の望ましい経営のあり方」（以下、「望ましい経営」という）を定め、その実現に向けて対話および議決権行使を行う方針としています。また、毎年 7 月には責任投資委員会で 1 年間の対話をレビューし、次の 1 年間の重点テーマを決定しています。重点テーマは成長戦略や資本効率性に加えて気候変動や人権リスク等、広範にわたります。2024 年はデジタル社会のリスク管理を新設し、合計で 9 つとなっています。

69

第2部　機関投資家との対話

　運用調査部門における対話で中心的な役割を担うのがエンゲージメント推進室です。各企業を担当するアナリストと重点テーマ（特にサステナビリティ関連）に沿って横串を刺すESGスペシャリストを統括し、対象企業の選定、具体的なゴールの設定およびゴールの達成に向けた進捗管理を行っています。運用者の要望をエンゲージメント（以下、「対話」という）に反映し、進捗を共有するのもエンゲージメント推進室の重要な役割です。

　体制や方針の詳細は当社のウェブサイトに公開[注8]していますので、ご参照ください。

Q　日本企業の課題は何でしょうか。

　対話を通じて特に感じることはコーポレート・ガバナンスの重要性です。いわゆるウォールストリート・ルールが機能している欧米（特に米国）では、成長性や資本効率性が株式市場の要求水準に満たない企業は株価が下落して他の企業やファンドに買収されたり、アクティビティストのターゲットになったりして戦略や経営体制の変化を迫られます。実際には、そのような事態に陥る前に取締役会が経営陣に変化を促すことが多いようです。日本ではこのような機能が十分に働かないために成長性や資本効率性が低迷した状態が続いている企業があるのは否めません。中期経営計画を策定し資本効率性等の目標を掲げる企業が増えているのは良いことですが、目標が株式市場の期待に応える水準に達していない場合や目標を達成できなかった場合に原因や責任の所在が不明確な場合には、株主は経営陣のコミットメントに疑念を持たざるを得ません。結果として日本企業全体が株式市場から実力に見合った評価・信頼を得られない状態になっているように思われます。

　重要なことは取締役会を改革してコーポレート・ガバナンスを強化する

[注8]　責任投資レポート（https://www.nomura-am.co.jp/special/esg/library/ri-report.html）、運用における責任投資の基本方針（https://www.nomura-am.co.jp/special/esg/responsibility_investment/basicpolicy.html）。

第4章　対話の現場から

ことであり、中核となるのが経営陣の指名や報酬です。指名において特に重要なのは会長・社長といった経営トップの続投または交代の判断に加え、交代する場合に備えた後継者計画です。また、報酬は経営陣の実績を適切に評価し、加えて将来に向けての強いインセンティブを付与することでもあります。いずれも独立性の高い社外取締役が担うべき機能であり、これを担う指名・報酬委員会および取締役会は経営陣が最適な人材によって構成され、全力をもって企業価値の向上に取り組むことを担保するための仕組みに相当します。このようなコーポレート・ガバナンスの整備は、経営陣の株主に対するコミットメントを示すものと言えます。

　株式持ち合いに守られていた時代と異なり、今日の日本企業は常に株式市場の厳しい監視にさらされており、アクティビティストのような株主と対峙するケースも珍しくありません。株式市場は価格決定力が弱く利益率が低迷していたり、バランスシートに余剰資産を抱えていたりといった課題を放置している企業を見逃しません。議決権行使や対話を通じて改善を求められている間はまだ良いのですが、ウォールストリート・ルールが本格的に機能し始めてからでは手遅れです。打てる施策を総動員して企業価値向上に最大限の努力を向けることが求められます。対話を通じて改善を働きかけた際、投資先企業から「方向性は同意しますが、実行するのは時期尚早」との答えが返ってくることが少なくないのですが、時間的な猶予が許されない局面がいつ訪れてもおかしくないのです。

Q　対話を通じ、どのような変化を感じていますか。また、対話を通じて感じているギャップ等はありますか。

　投資先企業が企業価値向上に向けて本気になって取り組んでいるという熱意を感じることも少なくありません。かつては対話において「ご意見承りました」といった儀礼的な対応も散見されましたが、このような一方通行のやり取りは徐々に減ってきており、意見が対立することも含め真剣な対話が増えてきています。経営陣が自社の株価や企業価値の向上に真剣に向き合うようになり危機感が高まったためと思います。また、世代交代が進む中で、業種に限らずグローバルな視野を持ち、資本市場にも精通した

第2部　機関投資家との対話

経営陣が増えてきたと感じます。資本効率性の重要性、社外取締役が果たすべき役割・責務等の基本的な部分で議論がすれ違うことはなくなってきています。

　一方で機関投資家に関してはまだ誤解されている部分が多いように思います。短期志向とか形式重視との指摘を受けることもあります。そのような指摘を完全に否定することはできませんが、企業の内部情報にアクセスできないという情報ギャップもあり、事業の実務に対する理解には限界があります。また、機関投資家の投資哲学やスタイルはさまざまであり、企業に働きかける内容も広範囲に及びます。しかし、業績や株価は変動し、完全に予見するあるいはコントロールするのは不可能であることを最も熟知しているのも機関投資家です。機関投資家の意見が全て正解とは限りませんし、機関投資家自身もそのことをよく理解しています。背景にある考え方を含め、互いの意見をぶつけ合って相互理解を深め、最善の対応を導き出せるのが良い対話といえるのではないでしょうか。

☞　ついでにひとこと

　数年前に比べて最も変化を感じるのが統合報告書です。以前は統合報告書を作成すること自体が対話のテーマとなっていた投資先企業と、統合報告書を用いて企業価値向上について対話できるようになった意義は大きく、作成のために尽力された皆様に頭が下がる思いです。ただ、冊子を当社オフィスに送付していただいたのに、対話の際に持参するのを忘れてしまって申し訳ない思いをしたこともあります。お許しください。

Q　野村 AM の議決権行使基準の特長を教えてください。

　投資先企業に対してより高い水準を目指すよう働きかける基準を設けていることです。通常の議決権行使基準は会社提案に反対する要件を定めるものが中心であり、コーポレート・ガバナンスの強化等の取組みが遅れている企業に対する働きかけとしては有効ですが、平均的な取組みを行っている企業に対してより高い水準を目指すよう働きかける手段としては機能しにくいのが実際です。これに対応するため、議決権行使基準ではモニタ

リング・ボード基準とロールモデル基準を設けています。

　モニタリング・ボード基準は、経営陣の監督を主たる役割・責務とする取締役会＝モニタリング・ボードへの移行を後押しすることを目的としています。独立社外取締役が過半数を占めることを含む8つの要件を列挙していますが、これを満たさないことを理由に会社提案に反対するのではなく、全ての要件を満たす場合はモニタリング・ボードと認め、取締役選任や役員報酬に係る議案に賛成しやすくします。投資先企業が自発的にモニタリング・ボードに移行するインセンティブとなることを期待しています。

　ロールモデル基準はTOPIX100を構成する企業に望ましい経営を実現するため日本企業のロールモデル（模範となる存在）になってほしいというメッセージを重視した基準です。統合的な情報開示、気候変動、ジェンダーの多様性および社外取締役の実効性といったESG課題への取組みを議決権行使に反映しますが、高い水準を目指すよう働きかけることが狙いですので、議案に反対するのは取組みが明らかに不十分と判断した場合に限定しています。

Q　実効的な議決権行使のため、どのような工夫をしていますか。

　最も重要なのは実効的な判断を可能にする議決権行使基準を策定することです。責任投資調査部が実際の議案判断や企業との対話を通じて得られた情報を集約し、望ましい経営に沿って事務局案を作成した上で、責任投資委員会で徹底的な議論をして議決権行使基準を決定しています。同基準を策定する過程で想定していない事情が確認された場合等には、責任投資委員会の議論を経て同基準と異なる判断をすることがあります。同基準を決定する過程で議論を尽くしている分、このような判断が必要となる議案の識別や責任投資委員会における審議も合理的に行えていると自負しています。

　議決権行使が望ましい経営につながるよう、当社の考え方を企業の皆様に理解していただくことも重要です。同基準を改定する際は背景も含めてご説明する資料をウェブサイトで公表（注9）するほか、講演の形式で説明

第2部　機関投資家との対話

する機会も設けています。また、全ての議案について賛否の理由を開示しています。

Q　株主提案への対応は？

　会社提案・株主提案を問わず議決権行使基準に則って判断可能な議案は事務局である責任投資調査部で判断しますが、その他の議案は全て責任投資委員会で審議します。責任投資調査部が事務局案を作成しますが、根拠を含めて内容が不十分な場合は責任投資委員会から厳しい指摘が入るので、議案を正確に理解すること、ロジックを十分に整理することが必要です。まずは公表資料を読むだけでなく、必要に応じて対象企業や提案株主と対話し、背景を含めた理解に努めます。更に担当アナリストの意見を踏まえ、過去の議論を通じて確立したロジックが適用可能であればそれに則って、そうでなければ新たなロジックを構築して事務局案を作成します。

　責任投資委員会では事務局案を議論の出発点とはしますが、事務局案を承認するか否かではなく、責任投資委員会としての賛否を決定します。実際、事務局案と異なる賛否になることもあります。当社はモニタリング・ボードへの移行を後押ししているため、株主提案の中でも社外取締役の選任を求める議案は特に重要性が高いと考えており、慎重に判断しています。

👉　ついでにひとこと

　数は多くないのですが、アクティビストと対話する機会もあります。アクティビストにも個性があって投資戦略や投資先企業に対するアプローチだけでなく、コーポレート・ガバナンスに対する考え方も多様です。特定の企業に集中投資するので、当社のように多数の投資先企業に議決権を行使する株主と考え方が違う面もあります。興味深い意見を聞けることも多いのですが、主張や行為が株主共同の利益に反する場合には厳しく指摘す

(注9)　https://www.nomura-am.co.jp/special/esg/vote/.

ることもあります。

Q　企業の対話担当者が気を付けるべきことはありますか。

　タイムリーかつわかりやすく、でしょうか。当社は毎年11月に議決権行使基準を改定するのが通例なので、11月から翌年2月までが最も対話しやすい時期になります。3月に入ると株主総会が多い時期になりますが、当社では3月と6月の上旬に責任投資委員会を開催するのが通例です。株主提案のような特殊な議案がある場合は速やかな開示とともに、早期に対話に向けた日程調整を始めるとスムーズです。

　分かりやすさについては現場ではなく経営者の目線ということが重要です。過去から現在を踏まえて将来、将来の中でも短期・中期・長期、事業だけでなく財務やサステナビリティといった具合に整理して体系的な説明になっていると理解しやすいし、有意義な議論ができます。

第2部　機関投資家との対話

第5章

議決権行使助言会社

高梨雄一　日本シェアホルダーサービス

佐藤竜朗　日本シェアホルダーサービス

　本章は、「理論編」と「実務編」の2部構成としている。2013年の前作においても、本テーマは触れたところであり、議決権行使助言会社のレポートは、機関投資家等の実質株主や年金基金等の資金拠出者の多くが、議決権行使判断に際して参考にしているといった側面は、今日に至るまで変わっていない。2014年から始まったSSコードの策定・改訂の過程においては、議決権行使助言会社についてもさまざまな議論がなされ、また助言会社のビジネス自体も進展が見られていることから、まずは、「理論編」にて、助言会社の歴史的な成り立ちやビジネス展開について整理し、理解を深めていきたい。

理論編

1　議決権行使助言会社とは何か

　SSコードにおいて、議決権行使助言会社（本章においては、以下、「助言会社」という）は、インベストメント・チェーンを構成する主体の1つとして、役割や責務等が明記されている。具体的には、2020年の再改訂版コードにおいて、「機関投資家が実効的なスチュワードシップ活動を行うことに資するサービスを提供している主体（機関投資家向けサービス提供者）」の1つとして定義されている。

　日本市場においては、ISS（Institutional Shareholder Services）とグラスルイス（Glass Lewis）がつとに有名であり、グローバル市場を見渡せば他

にもプレゼンスを有する助言会社は存在するものの、本章においては、この2社を中心に取り上げることとしたい。なお、この2社ともに、SSコードの受入れ表明を行っており、コードの各原則に基づく公表項目がURLで公開されている。

ISSは、1985年に米国で設立され、助言会社では最大手とされるプレイヤーである。元米国労働省年金局長のロバート・モンクス氏が設立者であるが、当時はエイボン・レターと米国労働省回答によって、受託者責任と議決権行使への関心が高まった時代である。同社のオーナー株主は、リスクメトリクス、MSCI、Vestar Capital、Genstar Capital（後2社は米プライベート・エクイティ）へと移り渡り、2021年からドイツの証券取引所グループ（Deutsche Börse）がマジョリティの株主である。

一方のグラスルイスは、2003年に投資銀行出身のグレゴリー・タクシン氏とITベンチャー出身のケヴィン・キャペロン氏が米国で共同設立した会社である。当時は2001年のエンロン事件が資本市場のルール変更に影響を与えた時代であるが、議決権行使分野においても投資信託による議決権行使結果の開示等において進展が見られた時代である。ISSと同様にグラスルイスのオーナー株主は変遷しており、2006年に中国系の金融情報ベンダーである新華ファイナンス社が買収したものの、翌年にはオンタリオ州教職員年金基金に移り変わり（Ontario Teachers' Pension Plan Board。2013年から、持分の20％をAlberta Investment Management Corporation（AIMCo）が引き受け）、2021年からはプライベート・エクイティのPeloton Capital Managementと金融関連サービス業者のStephen Smithが株主となっている。

両者とも、顧客投資家数ではISSは約2,000社、グラスルイスは約1,300社とされており、助言対象市場はともに100市場超である。日本や欧米先進国を含め、主要な発行企業の株主総会をカバーしている。

2　ビジネスモデル

上場企業からすれば、助言会社のビジネスモデルは、議案賛否に関する推奨レポートの発行（平たく類型化すれば、議案賛否に係るアドバイス業務）

第2部　機関投資家との対話

がドメインだと考えるのは、ある意味自然であろう。しかし、意外かもしれないが、レポート発行は助言会社が提供する業務の一部に過ぎない。

　助言会社のビジネスモデルを理解する上で、再びSSコードに照らして立ち位置をおさらいしておくと、助言会社の主要顧客は、議決権行使を担う実質株主・機関投資家（株式運用は委託しているが議決権行使権限を留保しているアセットオーナーを含む）であり、「スチュワードシップ活動を行うことに資する」サービスを提供している。議決権行使は、スチュワードシップ活動の一部であるが、単に助言会社の推奨判断に沿って行使すればよいものではなく、自社の議決権行使ガイドラインを策定し（この際、助言会社のガイドラインを活用して自社用にカスタムする方法もある）、投資先企業に関する財務・非財務の各種情報を集め、正確かつ効率的に行使実務を行うことが求められる。このことからも、機関投資家がスチュワードシップ責任を果たす上では（このことは、機関投資家にとって差別化の一部要素となり得るが）、全部または一部をアウトソースしたいニーズが出てくることがおわかりになるだろう。

　行使実務のアウトソースについて、行使結果の開示も一例として当てはまる。自社のウェブサイトで結果を開示している海外機関投資家のページを見てみると、同じような見た目のフォーマットで、行使結果を検索できる体裁の先が多いことにすでにお気付きの読者もいると思われる。これは、助言会社が結果開示のプラットフォームを提供ないしはサポートしているためである。また、助言会社の推奨レポートは、フォーマットや文言等が統一化されており、極めてシステマティックに生成されているという感覚を持たれると思うが、これはすなわち、彼らがある種のデータベンダーの顔を持っていることを示唆しており、システム化されたオペレーションが競争力の源泉であることが推察される。

　このようなことから、助言会社のビジネスは、極めてシステム・インフラ提供者という側面を持っており、それに耐え得る投資余力のあるプレイヤーが優位性を発揮しやすい業務と言えよう。実際に、ISSは、2005年にIRRC（Investor Responsibility Research Center、1972年設立で助言会社では草分け的存在。設立当時は、ベトナム戦争や公民権運動を受けて、株式投資と

社会的な責任についての関心が高まった時期だった）を買収しているが、IRRC にとってみれば、ISS との統合判断に至った理由の1つが、システム投資だったと言われている。

　一方で、助言会社は、企業向けのサービスも展開している（最近は注力している向きもある）。サービスの対象先が、企業向けと投資家向けとでは、議決権をめぐって当然に利益が対立する関係性にあることから、助言会社において、利益相反が適切管理されていることを前提として、企業向けと投資家向けに事業展開されていることになる。ISS では、企業向けにサービス提供を担うエンティティを別に立ち上げ（ISS Corporate Solutions 略称 ICS）、ESG 関連を始めとする各種アドバイザリーを展開している。グラスルイスでは、企業向けのポータルサイト（通称：Governance Hub）を通じて、推奨レポートの閲覧や、推奨レポートに関する企業の見解を掲載するサービス（Report Feedback Statement. 略称 RFS）等を提供している。

　他方で、助言会社が提供する情報のテーマも時代の変遷とともに変わってきている。機関投資家の立場からすれば、株主価値に影響を与えるさまざまな要因を加味しながら議決権行使判断をすることが、スチュワードシップ責任を果たす上での本旨の1つとすれば、議案情報やコーポレート・ガバナンスの評価から派生して、E（環境）やS（社会）に関する情報、不祥事、データガバナンス等の領域についてもカバーする必要があり、助言会社はその領域についても、ニーズを先取りする形で、機能強化を図っている。日本においてここ最近特に大手企業の不祥事や、情報漏洩・システムダウンが発生していることを踏まえれば、助言会社の機能強化に係る戦略・方向性に、先見の明があり、今後も拡大していくと思われる。

3　影響力、問題意識とこれから

　助言会社は、企業の経営支配権に少なからぬ影響を与える主体であるが、現時点において、議決権行使助言業務を日本に展開することについては、当局の許認可や登録は必要とされていない。実際に ISS およびグラスルイスの推奨レポートを見てみると、銀行や証券会社が作成する資料とは異なり、登録・免許に係る情報は記載されていない。

79

第2部　機関投資家との対話

　にもかかわらず、助言会社の議案推奨は、議案の賛成率低下や、時には可決・否決のどちらに転ぶのかを支配するまでの影響力を持ち得る存在である。具体的な影響度については、理論編で触れるが、ここでは、そのような影響力を持つ助言会社に対しての、資本市場における問題意識と展望について、検討を加えたい。

　代表的なものが、助言プロセスに係るものであり、言い換えるとサービスの「質」の問題とも言えよう。フォローアップ会議においても、助言会社の判断の前提となる事実に誤認がある場合がある等の指摘が出たり、実際に筆者が企業クライアントと会話する中でも、助言会社に関してさまざまな違和感や、ある種の不満等を耳にするケースは少なくない。

　現行のSSコードでは、こういった声も踏まえ、助言会社に対して、助言の正確性や透明性を確保するために、①人的・組織的体制の充実（日本拠点の整備含む）、②助言策定プロセスの透明性の確保、③企業との積極的な意見交換を行うよう定めている（指針8-2・8-3）。こうした動きを踏まえ、対応は各社異なるが、企業との対話スタンスや、日本拠点でのリサーチ部隊の拡充等に変化が出始めている。

　日本市場における助言会社の今後の展望について、若干の示唆を加えたい。足下、日本企業に対して英文開示の義務化が進んではいるものの、主なユーザーである外国人の機関投資家の立場から見れば、日本独特の法制度・ビジネス慣習にも明るくなく、今後も一定のニーズは残るだろう。英国では助言会社の影響力は強くないと言われるが、言語や法制度、そして当地での株式運用の歴史等が影響していることは容易に推察できる。

　近時、日本市場において、ガバナンスの不備を指摘されるような不祥事案件や、経営支配権を争うような株主提案が増えており、そのような非定型的な議案であればあるほど、助言会社の情報や推奨内容の重要性は増す。足下、報道を賑わすような株主総会が増えている中では、しばらくは、ISSやグラスルイスといった助言会社のプレゼンスや影響度を注視しなくてはいけない状況が続くのではなかろうか。

80

第5章　議決権行使助言会社

実務編

　ここからは実務編として、企業の立場で助言会社との適切な関わり方を考えてみたい。以下の議論は会社提案議案を中心とする。

　結論としては、「適切な距離感」の認識が極めて重要であると言えるかもしれない。本章をここまで読み進めた読者の中には、助言会社から会社提案への反対推奨を受け、対策を思案している企業担当者もいるかもしれない。助言会社の影響度合いは、個社別ないし同一企業でもその時々の状況によって異なる。また、仮に労力を割いても助言会社が基準内容を覆して例外判断する可能性は低いことに徒労感を感じる株主総会担当者や経営幹部も多いようである。実際、賛成推奨を獲得するための助言会社対策に注力するより、企業価値向上に向け、より本質的な取組みに経営資源を割くべきケースも少なくないように思われる。

　一方で、前節で見た助言プロセスの形式性など種々の問題点をはらみつつも、多数の機関投資家の意見を集約し、市場の「コンセンサス」を形成する役割を助言会社は果たしている(注10)。CG改革・東証改革の潮流の中、特にプライム市場上場企業の場合、こうしたコンセンサスを全く無視した経営が困難なのも事実である。

　こうした状況を踏まえ、以下では、まず自社に対する助言会社の影響度を把握するための材料を提供したい（→ **1**）。その上で、相応の経営資源を助言会社対策に割く必要がある場合、何ができるのかを考える（→ **2**）。最後に、助言会社の本質的特徴から考えられる将来的な企業との関係について考えを述べることとしたい（→ **3**）。

1　助言会社の影響度を把握する

　助言会社が実際に自社にどの程度影響を及ぼすかを把握するためには、

(注10)　例えばISSは、年1回、ポリシーサーベイ（機関投資家や発行体からの意見収集）等を行うとともに、改定案の最終決定前に公開レビューとコメント期間を設けた後、実際の改定を行うというプロセスを踏んでいる。

81

第2部　機関投資家との対話

①株主構成に占める外国法人等の比率、②海外の保有上位投資家の顔ぶれ、の2点をまず確認したい。

(1)　株主構成に占める「外国法人等」の比率

各期末に株主名簿が確定した都度、「外国法人等」の比率を確認したい。「外国法人等」の比率が重要なのは、助言会社の推奨を利用するのが基本的に海外機関投資家であるためである（注11）。国内機関投資家（含む生命保険会社等）は自社独自の議決権行使ガイドラインを定めているケースが大半であり（注12）、その行使判断に助言会社の推奨内容は直接的には影響しないと考えて差し支えない。

助言会社対策の必要性は、外国法人比率だけではなく②海外の保有上位投資家の顔ぶれにも依存する。そのため一律に「外国法人比率が○％以下であれば助言会社対策は不要」といったバーを設けることは困難である。ただし、実務上は肌感覚として、外国法人比率が10％を下回るような場合、助言会社の実質的な影響は（助言会社対策として別途施策が必要なレベル感では）極めて小さいと判断して良いようにも思われる（注13）。

(2)　海外の保有上位投資家の顔ぶれ

助言会社の影響が相応に大きいと想定される場合には、まず海外機関投資家株主のうち保有比率上位20〜30社程度の顔ぶれを確認したい。実質株主判明調査結果を活用すれば各株主の議決権インパクトを推計することができる。

顔ぶれを確認する中で次に注目したいのは各株主の投資手法である。一

（注11）　助言会社の推奨を利用する海外機関投資家であっても、各投資家に運用を委託した資金拠出者が利用する証券保管銀行（カストディアン）の国籍や保有形態によっては「外国法人等」以外に計上される場合もある。

（注12）　例外として、関係会社に対する行使判断等、利益相反時には自社ガイドラインではなく助言会社の推奨を利用する投資家は国内にも多数存在する。

（注13）　助言会社が否定的に見る内容は他の機関投資家も否定的に見る場合が多く、最終的な賛成率（反対率）への機関投資家全般の影響という観点では国内機関投資家の比率も重要であることは言うまでもない。

般に、パッシブ運用の投資家が上位に数多く存在する場合、助言会社の影響度が比較的大きくなることがある。パッシブ運用の投資家は投資先数が何百、何千に及ぶため、1社1社の議案を精査することが実務上困難であり、実質的に助言会社の影響を大きく受けるケースが少なくないためである。

　一方でジャッジメンタル・アクティブの投資家が上位に存在する場合、助言会社の影響を低下させるアクションを検討することができる。ジャッジメンタル・アクティブの投資家は、一義的に助言会社の推奨に連動するような事務プロセスを構築している場合でも、投資先企業を評価して投資を決定しているファンドマネージャーを中心とした運用チームが事務プロセスの原則を上書きできる場合があるためである。日頃のIR活動でファンドマネージャー・アナリストと十分な信頼関係が築けているのであれば、助言会社から反対推奨を受けた場合でも、議案の内容や提案理由を確実に伝達することができ、議案支持につなげることも可能となるだろう。ジャッジメンタル・アクティブの投資家の重要性は株価形成などIRの観点から語られることも多いが、議決権行使の観点でも信頼関係構築が重要なのである。

　なお、以上を前提としながらも、実際にはパッシブ運用主体でも独自ガイドラインで判断する投資家・アクティブ運用主体でも助言会社推奨にそのまま連動する投資家も多数存在することを補足しておきたい。さらに近年では、助言会社のスタンダード基準をベースとしながらも一部基準のみ独自内容を入れカスタマイズする投資家が増加しているようである。

　「海外機関投資家の議決権行使の賛否は助言会社、特にISSの推奨に大半が連動している」というのが定説となっているが、実際その影響力は如何ほどのものだろうか。【図表2-5-1】は、主要海外機関投資家の株主総会(注14)における行使判断がどの程度ISSの推奨内容と一致していたかを示しているが、確かに高い連動率が確認できるものの、議案別に連動度に

(注14)　国内全上場企業が2023年7月～2024年6月に実施した株主総会について、各投資家の議案別行使内容が公開情報により特定できたものを集計（JSS調べ）。

第2部　機関投資家との対話

【図表2-5-1】主要海外機関投資家のISS連動度

投資家名	剰余金処分案	定款一部変更	取締役選任	監査役選任	買収防衛策	役員報酬額改定	株主提案
State Street Global Advisors (US)	99.41%	94.70%	91.14%	99.90%	94.23%	99.54%	71.53%
The Vanguard Group, Inc.	100.00%	98.46%	94.00%	85.70%	100.00%	100.00%	61.43%
BlackRock Institutional Trust Company, N.A.	99.03%	93.13%	93.29%	91.67%	96.52%	97.85%	64.80%
Norges Bank Investment Management	100.00%	96.55%	94.24%	77.78%	100.00%	97.22%	51.85%
Wellington Management Company LLP	98.60%	94.12%	86.98%	82.23%	100.00%	95.12%	74.75%
Goldman Sachs Asset Management	98.52%	93.81%	93.01%	95.25%	100.00%	99.76%	86.65%
Amundi Asset Management	96.04%	93.43%	81.13%	72.26%	100.00%	86.96%	83.96%
Geode Capital Management	99.44%	98.31%	98.66%	99.92%	100.00%	99.48%	80.31%
Legal & General Investment Management	100.00%	91.98%	89.02%	84.01%	100.00%	91.69%	92.05%
Dimensional Fund Advisors	99.73%	99.91%	98.20%	99.87%	100.00%	99.55%	93.93%
Fidelity Management & Research	99.33%	80.38%	96.65%	98.99%	100.00%	99.19%	75.61%
AllianceBernstein L.P.	99.81%	96.95%	91.14%	99.93%	100.00%	99.11%	91.03%
Schroder Investment Management Ltd.	90.97%	94.90%	92.69%	88.69%	100.00%	94.66%	78.24%
California Public Employees RetIRement System (CalPERS)	100.00%	96.48%	53.82%	58.95%	100.00%	98.34%	81.52%
T. Rowe Price International	100.00%	100.00%	99.20%	100.00%	－	100.00%	－
MFS Investment Management	99.07%	98.54%	96.95%	100.00%	100.00%	99.51%	73.15%
Marathon Asset Management	100.00%	100.00%	97.39%	96.23%	－	100.00%	85.71%
Invesco Advisers, Inc.	99.76%	95.29%	90.97%	92.68%	100.00%	97.46%	77.97%
Baillie Gifford & Company	88.75%	86.21%	97.73%	98.91%	－	96.49%	

※色付き：連動度90％未満、－（ハイフン）：行使データなし
（出所）JSS作成。

第 5 章　議決権行使助言会社

格差が生じていることが見てとれる。(注15) 重要なのは、助言会社の影響を過度に警戒する、あるいは逆に軽視するのではなく、自社の海外株主の議決権行使特性を理解した上でその影響力を見極めることかもしれない。

2　自社に不利な評価や推奨を回避するために何をすべきか

(1)　招集通知開示前

　助言会社の影響が相応に及ぶことが想定される場合、まずは助言会社の基準内容を正確に把握しておくことが重要となる。ただし、ここで言う「正確」とは、細則まで厳密に理解するということでは必ずしもない。(助言会社に限らずだが) 基準内容に解釈のぶれの余地が残っているケースが多々あるためである。

　例えば、企業側と主張の食い違いが生じることの多い社外役員の独立性基準に関して、ISS はあくまで「会社と社外取締役や社外監査役の間に、社外取締役や社外監査役として選任される以外に関係がないこと」との基本的考え方を示し、「大株主」「主要な借入先」といった個別項目はあくまで「多くの場合、独立していないと判断される」例として示す形を取っている (注16)。言い換えれば、これ以外でも非独立と判断されるリスクもあれば、その逆も存在するということである。

　こうした基準への対応を考える上では、その基準の背景となる考え方を知ることが重要である。社外役員の独立性基準についても「形式的すぎる」、「なぜクーリングオフ (注17) を適用しないのか」といった声がよく聞かれるが、投資家の立場から見て、開示資料のみで実態を把握できない

(注15)　助言会社の基準は機関投資家の「コンセンサス」として設定されていることから、仮に助言会社推奨を利用していない投資家でも、結果的に助言会社と近い判断をするケースは必然的に多くなる。【図表 2-5-1】であれば、連動度が 90％を下回る場合、相応に ISS とは異なる独自の判断をしていると考えられる。
(注16)　ISS「2024 年版　日本向け議決権行使助言基準」(2024 年 2 月 1 日)。
(注17)　クーリングオフ：例えば企業の取引先出身者を社外役員として選任するケースにおいて、当該候補者がその取引先から退職した後一定期間が経過していれば、独立性に影響を与えないと判断する基準適用手法のこと。

85

第2部　機関投資家との対話

ケースが多いのもまた事実である。企業にとっては、こうした投資家の懸念を理解しつつ、（主に招集通知における）開示内容を工夫・充実化していくことが必要となっている。投資家から見て納得感のある開示を行うためのヒントが、助言会社の助言基準に潜んでいると前向きに捉えることも可能である。

(2)　招集通知開示後

　一方で、会社側が工夫して開示を行い、対話可能な投資家には十分理解を得られた議案にもかかわらず、助言会社から反対推奨を受けるケースがあることは否定できない。助言基準を充足する開示が実務上困難なケースが存在することも事実であろう。こうした場合、どのように対応したらよいか。

　企業側の本音としては、助言会社と直接対話し説得したいと考えるのが自然であろう。ただし、実際には明らかな事実誤認等の場合を除き、推奨内容の変更はなされないことが多い。

　また、特に2020年のコロナ禍以降、ISSはほとんど通常議案関連の情報提供や意見交換型の平時のエンゲージメントを遮断している。グラスルイスはむしろ日本事務所の陣容を拡大し、多くのエンゲージメント機会を提供しているとも言えるが、それは企業向けの同社プラットフォームビジネスの成長戦略の一環とも見てとれそうである。助言会社としては、策定している基準で判断しかねる議案に関する情報を確認するための対話は一定程度必要としているが、言い分を伝えて汲み取ってもらいたい企業側の願望とはあまり合致していないのが現状である。このことは実務編の冒頭で述べている「適切な距離感」の認識とも通じるところである。

　こうした助言会社側のスタンスの是非は中長期的な論点として重要である。一方で現状、企業側に出来る残された実務対応は、助言会社そのものではなく、上位機関投資家に会社側の主張のよき理解者となってもらうことに重きを置くということであろう。

　第1に、形式基準で助言会社からの反対推奨が想定され、招集通知等における情報開示で対応を検討した後、開示できる内容に限界があってやは

86

第 5 章　議決権行使助言会社

り反対推奨が予想される場合は、事前に社内で十分に反駁ロジックを検討しておくべきである。その後、予想どおりの内容でレポートが発行されたら、速やかに反駁の開示を行うことが定石となっているが、議案によってはISSの評価が出される前に上位株主に対して会社提案の理解を働きかけるアクションが奏功する場合もある。なお、グラスルイスでは、前述の企業向け有償サービス（RFS）を利用することで、推奨内容そのものを変更しない場合でも、グラスルイスのレポートを参照する機関投資家顧客に対し、同社のプラットフォーム経由で反駁文書や補足説明等を配信してもらうことを可能にしている。助言会社の推奨に対する反駁文書や会社からの補足説明を株主に伝達する方法には、議決権行使勧誘サービスを展開する支援会社の活用やICJのプラットフォームを経由する方法などもあるが、ここでは詳述しない。

　第2に、上位の機関投資家株主との信頼関係を構築しておくことが重要である。アクティブ運用の上位株主であればIR活動を通じてファンドマネージャーやアナリストとの接触がすでにあるケースが多いので、それを活用して会社側のメッセージを議決権行使担当チームまで伝えることを検討したい。通常IRコンタクトのないパッシブ運用の株主には彼らのスチュワードシップ担当チームにSR活動としてアプローチする手もある。

　なお、本節冒頭記載のとおり、助言会社のガイドラインは機関投資家の最低限の「コンセンサス」として合意されたものであるという点は念頭に置いておく必要がある。どうしても譲れない点、明らかな事実誤認等は積極的に発信・反駁すべきだが、市場から見て自社に改善すべき点がないか、真摯に検証していく姿勢もまた重要なのである。

3　今後の助言会社と企業の関係

　助言会社について語る際、「集合行為の問題」が採り上げられることがある[注18]。ここでいう「集合行為の問題」は、少数株主が全体としては

[注18]　日本取引所グループ金融商品取引法研究会「わが国の議決権行使助言会社の規制」（2021年12月24日）。

第2部　機関投資家との対話

〈ご参考〉ISS・グラスルイスの現在の主要な助言基準（2024年11月現在）

	ISS	グラスルイス
剰余金処分	【反対要件】 ・十分な説明がなく、配当性向が継続的に低い（目安：15％未満） ・配当性向があまりに高く（目安：100％超）、財務の健全性に悪影響を与え得る	【考え方】 ・企業の配当方針に加え、過去数年間における現金の保有状況、資本構成、業績、株主還元などを考慮し、上程されている配当金の妥当性を判断する
取締役選任	【反対要件】 ・過去5期平均のROEおよび直近ROEがいずれも5％未満 ・取締役会に占める社外取締役の割合が3分の1未満 ・政策保有株式の保有額が純資産の20％以上 ・女性取締役不在 ・取締役会の出席率が75％未満（社外取締役） ・独立性基準を満たさない監査等委員である社外取締役	【反対要件】 ・取締役会に占める独立社外取締役が3分の1未満 ・政策保有株式の保有額が純資産の10％以上 ・取締役会に占める女性取締役の割合が10％未満 ・取締役会の出席率が75％未満 ・兼任数が過剰
社外役員の独立性	【非独立判断につながる例】 ・大株主出身者 ・主要な借入先出身者 ・主幹事証券出身者 ・主要取引先出身者 ・会社の監査法人出身者 ・コンサルティングや顧問契約等の重要な契約がある、もしくはあった ・政策保有先出身者	【非独立判断につながる例】 ・当該会社または子会社・関連会社との間で重要な取引関係あり ・主要借入先関係者 ・10％以上の株式保有者またはその関係者 ・株式持ち合い先関係者
株式報酬・ストックオプション	【反対要件】 ・希薄化（発行済ストックオプション残高を含む）が成熟企業で5％、成長企業で10％を超える ・社外の第三者への交付 ・上限株数の開示なし ・業績条件なし（付与後3年間未満あるいは退職前の行使が禁止されている場合を除く）	【反対要件】 ・希薄化が既存株主にとって合理的でない ・過去3期の交付株式数が適度でない ・業績連動型の交付対象に監査等委員・監査役・社外取締役が含まれる ・社外協力者への交付 ・行使・譲渡制限期間が2年未満（退職前の行使が禁止されている場合を除く）

（出所）ISS「2024年版　日本向け議決権行使助言基準」／グラスルイス「2024 Benchmark Policy Guidelines」。なお、親会社・支配株主を持たない東証プライム市場上場企業を想定し、各基準の主要項目を抜粋したものであり、基準内容を網羅したものではない。

88

企業経営に影響を及ぼし得るにもかかわらず、エンゲージメントや議決権行使により企業経営が改善した場合、それらを行っていない株主も利益を享受できるため、結果としてどの主体もそういった行動をとらず、企業経営に影響を及ぼせないという問題のことである。助言会社は、助言基準の形で投資家の一定のコンセンサスをまとめ、投資家に代わって調査し賛否推奨を行うことで、集合行為の問題の解消に寄与しているというロジックが成り立つ。

言い換えれば、少数株主の力を強め、会社側からすれば経営の自由度を制約する性質が助言会社のビジネスモデルに本質的に備わっているともいえる。助言会社に対し、その影響力・組織体制・推奨プロセス等を問題視する意見が多数聞かれる昨今ではあるが、そもそも、会社側と一定程度の対立が生じるのはやむを得ないのかもしれない。

助言会社をめぐるこうした課題の一部が将来的に解決されるべき状況である一方、助言会社というビジネスモデルも成立後40年が過ぎ、インベストメント・チェーンの一員として資本市場と企業をつなぐ重要な役割の一部を担っている点に疑いの余地はない。助言会社に迎合する必要はないが、過度に対立することも得策ではない。「適切な距離感」を保ちつつ、自社の企業価値向上に賢く活用していくことが期待される。

第2部　機関投資家との対話

第6章

企業価値とファイナンス理論

宮 川 壽 夫　大阪公立大学大学院経営学研究科　教授

大 串　彩　（聞き手）日本シェアホルダーサービス

宮川壽夫	大阪公立大学大学院経営学研究科教授

筑波大学大学院博士後期課程修了　博士（経営学）
1985年野村證券入社後、米国トムソンファイナンシャルを経て2010年より大阪市立大学（現大阪公立大学）に専任。専門はコーポレート・ファイナンス理論の実証研究。

　本章は、資本市場における実務経験があり、ファイナンス理論やコーポレート・ガバナンス研究を専門とする大阪公立大学宮川教授へのインタビューからなる。

1 「資本コストを意識した経営」とは何か

Q：東証や投資家が求める「資本コストを意識した経営」では、特に指定はされていませんが、多くの企業がCAPM理論（Capital Asset Pricing Model：資本資産価格モデル）を使って資本コストを試算しているようです。株主資本コストの計算方法では、金利はもちろんのこと、株式リスクプレミアムやベータ値というのは条件次第で可変なので、資本コストの計算結果は各企業によって異なってくるのではないかという認識があるのですが、どのように考えたらよいでしょうか。また、「資本コストを意識した経営」とはどういうものであるべきとお考えでしょうか？

　株主資本コストは株式市場が企業に求める期待リターンであって同時にリスクの大きさを表すものです。現在の標準的なファイナンス理論では完全市場を前提としたときにCAPM理論によって市場価格が均衡するとしているので、実務においてもCAPM理論に従って株主資本コストを計測

90

第6章　企業価値とファイナンス理論

することが一般的です。しかし、その場合は通常過去のデータを用いて計算することになりますので、計算過程において前提とする条件（例えば計算期間など）が異なれば当然同じ企業の資本コストでも結果は異なります。ファイナンス学者の中にも正確な資本コストを計算することは不可能だという立場をとる人もいます。

　私は「資本コストを意識した経営」というのは企業が資本コストを正確に計算することではなく、企業が資本コストの根本的な意味をあらためて考え直して理論整合的な行動をとることだと思っています。

　資本は事業が何らかのリターンを生むと期待するため投資されます。しかし、実際に事業が収益化するまでには資本が投下されてから時間とリスクを要します。例えば土地を買って、工場を建てて、機械を入れて、製品を作って、商品として販売するまで、これにはまず時間がかかります。資本はそれまでの時間を待ってくれている立場です。さらに、ようやく商品として販売しようとしたらライバル企業が同じ商品を売り始めるかもしれません。資本はこの事業にまつわるリスクも負うことになります。つまり時間とリスクが事業のコストとなり、このコストを負うのが資本です。だから資本にはコストがかかっています。資本は当該事業に一旦投資されると他の投資機会を失います。そこで企業は自社に投下される資本のために自社固有の競争優位を発揮する戦略を練り、組織化して戦略を実行し、資本のコストに見合うリターンを資本に配分しなければなりません。こうして資本の機会費用を補うわけです。それが株式会社という仕組みであり、株式会社の存在意義となります。

　一方、企業に投下される資本は生損保、銀行、投資顧問会社を通じて家計から拠出されたものです。年金などいわば国民の将来生活を担保するものが資本として企業に投資されているわけです。ですから企業はこの資本を最大限に活用して、資本が負うコストに見合うリターンを配分できるよう努力をしなければなりません。こうして厚生経済が成り立ち、社会全体のウェルフェアが実現する、ということになります。そこで、企業は将来どのように自社の独自の競争優位を発揮して資本が負うコストに報いるのか、これを四六時中とことん考えて株主と投資家に理解してもらうという

91

第2部　機関投資家との対話

成り行きです。本来これが資本コストを意識した経営ではないでしょうか？決して資本コストを計算して投資家に開示することではありません。

　私の知る限りではありますが、欧米の企業で資本コストを企業自ら算出して公に開示するという習慣はあまり聞いたことがありません。

2　財務指標の改善と株主価値拡大との関係

Q：試算して認識した資本コストを上回る ROE を中期経営計画等の目標にする企業が増えています。ご著書（宮川 [2022]）の中で「ROE 崇拝の迷宮」というサブタイトルの章があって、ROE が日本的宗教観に合わないことや、資本コストと ROE の時制の違いを説かれていますが、日本企業が ROE 向上の大号令に従う現在の状況はこのままでよいでしょうか？また、機関投資家が保有株式の議決権行使をする際にROE や PBR によって経営者再任への賛否を決める傾向が強まっていますが、それについてはいかがでしょうか？

　機関投資家が議決権行使を行う際に一律の指標に依存せざるを得ない実務の現実はよく理解しています。もちろん決して喜ばしいこととは思いませんが、これに対する解決策は私としても今のところわかりません。もちろん企業にとって資本効率を改善する努力は常に必要です。ただし、ROE や PBR という指標が何を意味するものなのか、あらためて考えてみる必要があります。

　例えば PBR は今になって突然重要な指標になったわけではありません。ずっと昔から株価の割高割安などを判断する目安として投資家の間では伝統的に使われてきた指標だし、海外の市場に比べて日本の上場企業にはPBR1 倍割れの企業が圧倒的に多いというのも以前から指摘されてきたことです。

　しかし、PBR の分子は株価すなわち将来キャッシュフローの割引現在価値であり、分母の自己資本は原理的には会計規則に従って計上された簿価です。株価を見る目安の1つとしては使い勝手がよくてとてもわかりやすいのですが、考えてみるとそもそもこの分母と分子は理論として比較の対象ではありません。

92

第6章　企業価値とファイナンス理論

　また、ROE が資本コストを上回れば株主価値が拡大するという考え方は残余利益モデルという数理モデルを展開して得られる帰結です。しかし、これもよく考えてみると、まず ROE は過去の実績ですが、資本コストは将来の予想です。これも本来合理的な比較対象ではありません。また ROE は会計上の利益であって資本コストが割り引く対象は将来キャッシュフローです。割り引く対象が異なります。さらに、ROE は計画が可能かもしれませんが、資本コストは常に市場で変動するので厳密には経営努力にとって制御不能な数値です。もっと言えば、ROE は総資産から負債を引いた自己資本が分母なのでもともと資産全体を一律に評価した結果ですが、資本コストは個別資産の投資リスクを推計するための指標です。ファイナンスの分野から見れば、そもそも ROE と資本コストを単純に比較することは多くの人が思っているほど容易な理屈では成り立ちません。

　加えてですが、現在の環境からすると ROE は改善しにくくなっているのが現状です。包括利益の導入以降、ROE の分母である自己資本は変動するようになり、経営者が制御できない指標になりつつあります。昨今のように海外の株高や円安が常態化すると ROE の分母は自然に大きくなるので、その分だけ利益を獲得しなければ ROE は宿命的に低下していきます。私が分析したデータによれば（宮川［2023］B）、為替換算調整勘定の資本化によって自己資本に占める包括利益の割合はここ数年大きくなっています。これまで自己資本は安定的と考えられていましたが、これが意外とボラタイルになっているとすれば、ROE という財務指標の使い方もそろそろ見直す必要があると考えています。また、PBR が従来に比べると上昇しにくくなっていることもこれと同じ理由だと思います。

　少なくとも ROE という単純な指標のみで経営責任を問うというのは、機関投資家にとって致し方ないこととはいえ、かなり乱暴な気がします。ROE と株主価値はおそらく相関しますが、それは ROE が改善すれば株主価値が拡大するという因果関係とはまた別の話です。

3　「資本コストを上回る」という呪縛

Q：2023 年 9 月に経済産業省が「企業買収における行動指針」において、

第2部　機関投資家との対話

企業価値を「企業が将来にわたって生み出すキャッシュフローの割引現在価値の総和」と定義したことで、企業価値評価方法はDCF（Discounted Cash Flow）法に収斂したという単純な理解でよいのでしょうか？　実務でDCF法を用いる場合の留意点はあるでしょうか？

経済産業省の考えなので、どのように理解したか私にはわかりません。ただ、実務的にはDCF法に加えてマルチプルなど多様な組み合わせによって企業価値を評価することが一般的だと思います。

ファイナンス理論において、企業価値とは企業が将来獲得すると予想されるキャッシュフローを資本コストで割り引いた現在価値と定義されます。肝心なことは、価値は過去の実績が作るのではなく、将来の予想によって形成されるということ、そして予想する対象は会計上の利益ではなく、企業が獲得する現金（キャッシュフロー）という点です。

分子のキャッシュフローが大きく予想されるか、もしくは分母のリスクが小さく推計されれば価値は拡大するという仕組みになっています。考え方としては極めて合理的でわかりやすく、そしてエレガントです。

この割引現在価値の原理的モデルは1959年にゴードンが初めて提唱したことでゴードンモデルと呼ばれています（Gordon［1959］）。ところが、ゴードンがこのモデルを発表した当時はまだ資本コスト（キャッシュフローを現在価値に割り引くための割引率）の概念が何なのかよくわかっていませんでした。資本コストはゴードンの論文の後、少なくとも5年後のウィリアム・シャープなどによって発見され、1960年後半にようやくCAPM理論として完成します（Sharp［1964］など）。ここでようやく資本コスト、つまりは株主価値の計算に用いるための適切な割引率が明らかになったわけです。ところが、ゴードンモデルは当然企業が永続することを前提とした長期モデルだったのですが、CAPM理論はもともとポートフォリオ理論から派生したもので二期間モデルといって、時点1で投資したものが時点2で回収される短期モデルが前提になっているのです。

つまり、「企業価値を高めるためには資本コストを意識した経営を」と言われるのですが、実は資本コストはもともと企業価値を計算するために最初から準備されたものではありません（詳細は宮川［2023］A参照）。

第6章　企業価値とファイナンス理論

　ここに理論をそのまま現実に応用することの不突合が生じています。資本コストは ROE などの会計数値とは本来は何の関係もないミクロ経済モデルを背景としたものです。現実の経営における企業価値拡大の意思決定は長期的視点で行われるはずですが、そこで考慮されるリスクと期待されるリターンは理論的には短期モデルを使用することになっているわけです。このことが ROE や ROIC のみで企業価値を語ってしまうときに経営の現場で起きている違和感ではないかと思います。

4　株主との対話に関する今後の展望

Q：先ほどのお話が典型的ですが、企業は機関投資家との対話においても、投資家が学び業務で使っているファイナンス理論と実際の経営の板挟みについて悩ましいと感じることが多いようです。株主との対話や非財務情報の開示が投資家の安心感を高め、その結果として資本コストを引き下げるという効果は大きいとお考えでしょうか？また、どのような対話、情報開示であれば両者の目的は果たせるでしょうか？

　企業が自分で資本コストを計算してそれを上回る ROE の目標を掲げたとしても、投資家が求める水準とはなかなか整合しないと思います。なぜなら投資家が果たさなければならないのはアセットオーナーが求める IRR（内部収益率）であって、通常その水準はもっと高いからです。このような数値のみで会話が終始している限り企業と投資家はコミュニケーションの接点が見出せません。だから先ほど述べたように海外では企業が資本コストを計算して開示するという習慣がないのだろうと思います。

　ROE は企業の資本効率を測る上で有効であり、経営においても株主にとっても重要な指標です。しかし、企業が意識すべき経営指標は、事業によって、または企業の外部環境や内部の成長ステージによって異なり、次々に変化すべきものだと思います。それを考えるのが経営者の役割であり、その変化を評価するのが投資家です。

　現在、株式市場であたかもマントラのように提唱されている一連の内容は（それらが間違っているとは言いませんが）、株価水準や経営成果といった本来さまざまな変数によって成り立っている極めて複雑なテーマを過度に

95

第2部　機関投資家との対話

単純化していると思います。その単純化された定量的な指標を追うことよりも、むしろ今後は豊富な言葉を尽くして企業が伝える定性的な情報のわかりやすさと説得力の方が重要になってくるのではないでしょうか。なぜなら株主価値を拡大するものは企業の競争優位にしかなく、その競争優位は他社との差別化によってしか生まれないからです。企業固有の競争優位は共通に並べられた数値を比較して現れてくるものではありません。

　自社の顧客は誰か、事業マーケットは拡大しているのか縮小しているのか、マーケットでのプレイヤーは誰なのか、その中で顧客が自社を選ぶ理由は何か、そして自社のみがキャッシュを獲得するメカニズムはどこにあるのか。もちろんROEを改善する努力は大事ですが、結局のところ企業価値は将来キャッシュフローの予見可能性にかかっています。キャッシュを稼ぐために企業がどのような独創的な戦略をとれるかが鍵になるわけです。しかもその道すじは各企業が置かれた状況の中に特殊解として複雑に埋め込まれています。単純化とは複雑な変数を減らすことを意味します。単純化して説明することとわかりやすい説明をすることとは異なります。以上のことは企業にとって単に数値目標を開示することよりずっと思考力を求められることになります

　「資本コストを意識した経営」を意味のあるものにするのであれば、自社が儲かる仕組み、自社の事業が将来キャッシュフローを獲得するメカニズムとは一体なにかについて企業があらためて根本から考え直すきっかけにすることだと思います。むしろ開示の手順として、自社が意識すべき経営指標は何か、なぜそれでなければならないのか、その目標を達成したら何が変わるのか、そのことを堂々と投資家と議論する企業が現れてほしいと思います。

5　コーポレート・ファイナンス理論を実務に生かすために

Q：宮川先生は現在大阪公立大学でこれからの日本を担っていく若者を育成していらっしゃるのですが、最後に、これからのコーポレート・ファイナンス理論を実際の現場で活用していく上でわれわれが考えるべきこ

第6章　企業価値とファイナンス理論

とについて実務者へのメッセージをお願いできますか？

　コーポレート・ファイナンス理論はあくまで現実を極限まで抽象化した科学的理論であり、だからこそ限界が存在するということをあらためて考えていただきたいと思います。科学の理論を理論としてあらしめているもっとも重要なこと、言い換えると実務の現場と最も異なることなのですが、それはあらかじめ決められた条件のもとで成り立つ法則は、だれがやっても必ず成り立つことが保証されているという点にあります。これを科学の再現可能性と呼んでいます。再現可能性が意味することは、科学の理論が一定の厳しい条件のもとでのみ成り立っているということです。実際には一般論としてそのまま応用することが必ずしも容易ではありません。

　明日東京23区に線状降水帯が発生することはおそらく科学的に説明できますが、あなたの家が浸水してしまうかどうかについて科学は答えることができません。家の周りに土嚢を積むべきかどうかは自分自身で考えて判断するしかありません。それと同じで、ROEが資本コストを上回れば株主価値が拡大することは残余利益モデルという完全無欠の数学理論によって説明ができますが、あなたの会社の株価がそれによっていくらになるかは説明できません。今すぐ自己株取得をしてROEを改善しなければならない企業もあれば、そうしてはいけない企業もあります。資本コストとROEの関係を理解した上で、自分の会社が具体的に何を優先すべきかは自分の会社で考えるしかありません。

　抽象化した科学的理論というものは、要するに本来あるべき複雑な変数を、ないものとして単純化したものです。自社では何がより重要な変数になるのかそれを考える必要があります。全ての企業が単純化した指標のみを一斉に追いかけることは株式市場が目指すことと矛盾します。

　資本主義における株式市場というものは多様なアイデアが持ち寄られるから正しい答えを出す、つまり企業の固有性と差別化が明確であれば市場で交換が行われるため市場の機能が発揮され、それが一律になってしまうとき市場は機能不全に陥るように設計されています。これはかなり重要なことで、企業が同じような指標を目指して同じような経営計画を開示し

97

第2部　機関投資家との対話

て、投資家が同じような指標で一律に評価するというようなことが起きてしまうと株式市場における価格発見機能が失われます。面倒なことですが、個別に独立したり相互に影響し合うさまざまな複雑な変数を複雑なまま受け入れて、手間暇かけて評価しなければなりません。そういう場数を踏んでいくことによってしか成り立たないのが株式市場のシステムです。決して1つの目標に向かって皆で一緒に頑張れば解決するという問題はそこには存在しません。

　企業が独自のアイデアを提示し、投資家が独自の視点でそれを評価する。そのようにしてお互いが脳みそに汗をかくほど考えることが大事だと私は思います。考えるきっかけとパワーを実務の現場に提供しているのがコーポレート・ファイナンス理論という科学です。他社がやっているから自社もそれに倣えばいいというような真理は上場企業の現場には存在しません。

【参考文献】

・宮川壽夫［2022］『新解釈コーポレートファイナンス理論：「企業価値を拡大すべき」って本当ですか？』（ダイヤモンド社、2022）
・宮川壽夫［2023A］「ファイナンス理論からみた PBR と ROE の関係——単純化されすぎた数値から定性情報の開示へ」企業会計 75 巻 8 号（2023）33 頁〜40 頁
・宮川壽夫［2023B］「長期データから見る日本企業の資本効率と株主価値との関係」資本市場 456 号（2023）44 頁〜 53 頁
・Gordon, M.J.（1959）Dividends, Earnings, and Stock Prices, *The Review of Economics and Statistics*, pp. 99-105.
・Sharpe, W.F.（1964）Capital asset prices: A theory of market equilibrium under conditions of risk," *Journal of Finance*（19）, pp. 425-442.

第3部 株主アクティビズムと企業支配権

　第3部では上場企業にとって近年急速に重要性が高まっている株主アクティビズム対応と企業支配権をめぐるトピックを取り上げ、読者の知識と実務に役立つと思われる段階的整理を行う。

　はじめに、現在上場企業多数が直面しているファンド・アクティビズムについての理解を深めるため、いわゆる「アクティビスト」と認知されているファンドを多く擁する「ヘッジファンド」業界とその投資戦略等について、専門家の知見を紹介しながら概説する。

　次にファンド・アクティビズム隆盛の背景や手法の変化を、実例を踏まえながら概説し、上場企業として留意すべき点、対応上の準備などに触れ、政策推進の要として急速に拡大する企業支配権市場について理解を進め、その活用のされ方、今後の見通しなどについて、主に企業側の視点から概説する。

第3部　株主アクティビズムと企業支配権

第1章

ヘッジファンドの理解と
アクティビズム

眞保二朗　タスク・アドバイザーズ㈱代表取締役社長

原　英敬　（監修・聞き手）日本シェアホルダーサービス

眞保二朗（Jiro Shimpo）

年金、保険を始めとする機関投資家向け資産運用業務で長年の経験を積み、オルタナティブ投資の実務とコンサルティングでの専門性を活かして2018年に自社を設立。早稲田大学政治経済学部卒業、シカゴ大学経営大学院修了。

　本章では主に、オルタナティブ投資の専門家であるタスク・アドバイザーズ社の眞保二朗代表に執筆／解説を求めた。

　まず、その一部がファンド・アクティビズムの主役ともなっているヘッジファンドの全体像とその特徴について知識を深めたい。

1　ヘッジファンドとは

　今日、ヘッジファンドがその投資スタイルにより投資家としてIR・SR活動の重要な相手先になり得ることは論を俟たない。各国の法令上「ヘッジファンド」を特定する定義はないため、企業は実際のIR活動で伝統的な運用会社の場合と同じようにヘッジファンドの運用会社と対話を行うことになる。

　その際、伝統的運用会社との違いとして念頭に置く必要があるのは、第1にヘッジファンドの運用の自由度であり、第2に短期のトレーディング型から長期のバリュー投資型までさまざまなヘッジファンドの投資スタイルであり、第3に近年増加の一途をたどるヘッジファンドのアクティビズム手法である。

　以上を踏まえ、本章では以下の特徴のうちいくつかを併せ持つものを（株式運用を主体とする）ヘッジファンドと考えて解説を進める。

100

① 公募により不特定多数の投資家から広く資金を集める通常の投資信託と異なり、大半は私募により機関投資家や富裕層等から資金を募るため、開示義務が少なく、公開情報が限られる。

② 通常の投資信託が株価指数などのベンチマークを基準としたリターンの上乗せ（相対収益）を目標とすることが多いのに対し、ヘッジファンドは制約なく常にプラスの収益（絶対収益）を目指す。

③ 空売り、レバレッジ、その他デリバティブの活用等、幅広い裁量の下でさまざまな手法で運用する。

④ ガバナンスが簡素なリミテッド・パートナーシップやオフショア会社型投信信託（ケイマン諸島等）の形態をとることが多い。

⑤ 運用報酬に加え、目標とする絶対収益が実現できた場合には成功報酬として当該収益の10%〜30%の成功報酬を得る。

⑥ 前歴としてトレーディングなどの証券業務、M&Aなどの投資銀行業務、プライベート・エクイティ、弁護士、戦略コンサルタントなどの背景を持つ投資・運用担当者が多く、伝統的運用会社の出身者は比較的少ない。

　ヘッジファンドの起源は古く、戦後間もなく米国の雑誌記者アルフレッド・ジョーンズが考案した「ロング・ショート」運用が最初とする説もあれば、ウォーレン・バフェットが私淑したバリュー投資の祖ベンジャミン・グレアムが戦前に設立したパートナーシップを起点に置く者もいる。いずれも割安銘柄の買い（ロング）に割高銘柄の空売り（ショート）を組み合わせることで、市場変動の影響を一定程度緩和しつつ銘柄本位のリターンを上げる手法であり、今日に至るまでヘッジファンドの基本形となっている。

　これとは別に、M&A、会社分割や事業売却、資本構造の変更、経営陣や株主の大幅な入れ替わり、債務不履行や企業破綻・再生など、企業に生じるさまざまな「イベント」によって企業価値が不連続的に変化することに着目して投資を行うイベント・ドリブン戦略がある。こちらも近代的な投資銀行の歴史と同じくらい古くから存在し、ロング・ショート戦略と合

第3部　株主アクティビズムと企業支配権

【図表3-1-1】全世界のヘッジファンド運用資産の推移（1997年以降）

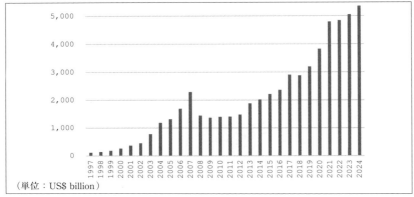

（単位：US$ billion）

（出所）BarclayHedge.

わせてヘッジファンド業界の残高の過半を占める。

　企業が接する株主としてのヘッジファンドの多くはこの2つの戦略を背景としていることが多い。両者は何らかの割安さを露呈する銘柄に着目する点で共通しており、広義にはバリュー投資と通底する。伝統的なバリュー投資と異なるのは、一旦銘柄の割安さに確信を持てば大きくリスクを取り、割安状況の早期解消に向けて時に企業に直接働きかけることも辞さない点である。その極端な形がヘッジファンドによるアクティビズムである。

　今日、ヘッジファンドの資金の出し手の主力は財団や大学寄付金基金、年金基金、政府系ファンド、あるいは個人富裕層を背景としたプライベート・バンクやファミリー・オフィスなどの機関投資家であり、業界の資産規模は約5兆ドルに達し安定期にある。こうしたファンドの投資家の中には自ら株主としてエンゲージメントを行う海外の巨大公的年金基金なども多く含まれるため、欧米ではヘッジファンドが行うアクティビズムについてかなり理解が進んでいると考えられる。

第1章　ヘッジファンドの理解とアクティビズム

【図表3-1-2】ヘッジファンド運用資産の戦略別割合（2024年5月）

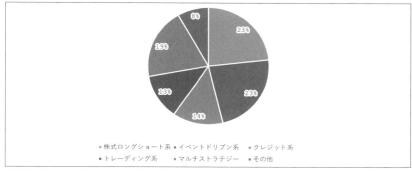

（出所）Nasdaq eVestment などから作成。

【図表3-1-3】アクティビズムを行うヘッジファンドの背景・特徴

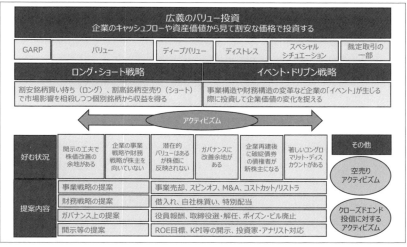

（出所）タスク・アドバイザーズ作成。

103

第3部 株主アクティビズムと企業支配権

コラム1：企業観の変遷

　米国発のイメージが強い「所有と経営」、「監督と執行」の分離という考え方は、今や我が国でも当たり前のこととして受け止められています。米国では昔からこうした考えに基づいて株主が企業活動に影響力をふるう「株主資本主義」が続いているかというとそうではなく、過去には経営・執行側が会社を自由に操る「CEO資本主義」の時代もあったようです。「株主資本主義」が支配的な考え方となった背景にはもちろん種々の法制度の変化がありますが、更なる下部構造として、「企業とは何か」を問う学術的理論の進展も重要だと考えられます。ノーベル経済学賞を受賞したロナルド・コースが1937年に発表したその名も「企業の理論」は、生産要素を内部化した方が市場で調達するより安くなることがあり、それが企業の存在意義であると喝破しました。逆に言えば、外部調達の方が安ければ内部部門を切り離して外に出すことが合理的となります。経営学者のアーメン・アルチャンとハロルド・デムゼッツが1972年に唱えた説では、共同作業による生産量の増大が企業設立のメリットであり、反面、サボっている人を監視しなければならない点がコストであると言います。これは現場の問題にとどまらず、続くマイケル・ジェンセンとウィリアム・メクリングによる「エージェンシー・コスト」の議論まで射程が伸びる話です。この2人が1976年に公表した「企業の理論」は、株主価値の最大化を目指して株主が経営陣（エージェント）に執行を委任したとしても、その期待通りに経営が動かないのはなぜかという問題を取り上げました。株主より経営の方が多くの情報を持つという「情報の非対称性」を前提として、経営側が利己的に行動するならば、両者の思惑には当然ズレが生じる。これをすり合わせるには適切なインセンティブを与える必要があり、それはもっぱら株主が負担するコストだと捉えられました。現在受け入れられている株主と経営の関係、また役職員に対する様々なインセンティブ報酬制度は、この頃から標準的な枠組みとして浸透し始めたのかもしれません。

第1章　ヘッジファンドの理解とアクティビズム

　以上の説明を踏まえ、ここからは主にアクティビズムにいたるヘッジファンドについて、インタビュー形式で質問への回答を求めた。

2　ヘッジファンドのアクティビズム手法

(1)　アクティビズム戦略台頭の背景

Q：ヘッジファンドはロング・ショート戦略を端緒として徐々に多様な投資スタイルが勃興し、その中でも大きな潮流となったイベント・ドリブン戦略の一環として必然的にアクティビズムに至るケースが見られるようになり、その傾向が米国から欧州へ、そして日本等へ、という広がりを見せたのですね。ただ日本では、あまり機関投資家や公的年金基金の資金は入っていない印象もありますが、欧米とは何か異なるのでしょうか。

　受託者責任の捉え方の違いではないでしょうか。メディアの取り上げ方などを見れば、公然と物申すアクティビズムと関わるのは国を問わず誰しも気が引けるものです。米国では 1970 年代のエリサ法[注1]制定以降、年金基金などの受託者は資産の管理者として投資先企業にエンゲージすべきという機運が生まれたのだと推測します。その後、80 年代の LBO ブームなどもあり CEO 資本主義から株主資本主義への転換が進んだわけですが、アクティビストへの抵抗感が薄れたのはかなり後になってからです。欧州は 2000 年代まで米国的な株主アクティビズムへの抵抗感が強かったと記憶しますが、世界金融危機後に株主の責任や役割にさまざまな光が当てられたことをきっかけに雪解けが生じた印象です。日本でも約 10 年前に SS コードや CG コードが制定され、また 2024 年 11 月施行の改正金融サービス提供法の対象に年金受託者が入った[注2]ことなどから、今後長い時間をかけて、アクティビズムの理性的な受容が進むのではないでしょ

[注1]　エリサ法：企業年金連合会（https://www.pfa.or.jp/yogoshu/ae/ae04.html）。
[注2]　金融庁報道関係資料（https://www.fsa.go.jp/news/r6/shouken/20241030-2/20241030.html）（別紙 38）の改正により（金融機関に加え）企業年金にも加入者の最善の利益を勘案した誠実公正義務が課された。

第3部　株主アクティビズムと企業支配権

うか。

(2)　大手アクティビストの特徴

Q：欧米における主なアクティビストの出自や特徴を教えてください。

　もともと運用会社で株式のファンドマネージャーをしていた人というイメージを抱きがちですが、名だたるところで言えば、意外にこのタイプは少ないという印象です。日本企業にも投資するバリューアクト（ValueAct）[注3] の創業者は株式運用の人ですが、引き継いだ現在のCEOはバリューアクトでアクティビストとしてのキャリアを始めた生え抜きで、それ以前にファンドマネージャーとしての経歴はありません。米国の大手トライアン（Trian）[注4] の創業者は実家の食品卸業を継ぎ、M&Aなどで拡張していく過程で買収ファンドに展開していったのが成り立ちです。物言う株主として企業から外国政府までを相手にする米国のエリオット（Elliott）[注5] は弁護士、欧州の古参セヴィアン（Cevian）[注6] は戦略コンサルタントの出自です。結局、株式運用プロパーでなくても、企業経営、ガバナンス、株主の権利などを熟知し、資金を集める才覚があればアクティビストになれますから、「株主のプロ」というのが共通点です。

Q：アクティビスト・ファンドによって、発行企業への攻め口やアプローチの仕方にどのような特徴が見られますか。具体的にどのような提案のパターンが見られますか。

　企業へのアプローチは「オペレーショナル」か「フィナンシャル」か、対話が「クローズド」か「オープン」という2軸で分類できるように思います。「オペレーショナル」は事業の細部まで研究して経営戦略の提案をするタイプで、極端な場合にはその事業の経験者を取締役候補として推してきます。「フィナンシャル」は財務面の改善余地を指摘するタイプで、

（注3）　ValueAct Capital Advisors:（本拠地：米国）https://valueact.com/.
（注4）　Trian Partners:（本拠地：米国）https://trianpartners.com/about/.
（注5）　Elliot Management:（本拠地：米国）https://www.elliottmgmt.com/.
（注6）　Cevian Capital:（本拠地：スウェーデン）https://cevian.com/.

106

第 1 章　ヘッジファンドの理解とアクティビズム

現金の余剰や非効率な多角化、日本なら持ち合い株や親子上場などの状況改善を求める例があります。改善で捻出した現金は成長投資に向けるより自社株買いや特別配当に充てることを好むのは周知のとおりです。

　対話が「クローズド」というのは経営陣と非公開で話し合うタイプ、「オープン」というのは公開書簡を送る、メディアに訴える、大々的にキャンペーンを張るといったタイプです。典型的な「アクティビスト」は「フィナンシャル」で「オープン」のイメージで捉えられていますが、実際にはさまざまな濃淡があります。

Q：保有に至るタイミングやエグジットのパターンなど、どのような投資行動をとることが多いですか。

　一定の影響力を行使できる株数を握るまで、あるいは公的開示が必要になる5％までは表に出ないように買い進めることが多いようです。中長期的な視野のバリュー投資と同様に、対象企業に短期的な課題が生じて株価が下落するタイミングなどで入るケースも多く見られます。また、他の機関投資家株主に対象企業の改善を訴えることで多数派を形成する戦略では、1％程度を買った後に比較的早く表に浮上することもあります。

　エグジットについては、ポートフォリオ運用ですからある銘柄で要求が一定の成果を上げれば徐々に売却して次の銘柄に向かいます。逆に、成果が上がりそうにないと見ればいずれは売却するはずですが、それがいつ、どのようなパターンをとるかは完全にケース・バイ・ケースで、株価が上昇基調であればエグジットしやすいということくらいしかわかりません。加えて、そのヘッジファンドが他にどのような案件を抱え、どういった状況にあるのか、また、ファンドのパフォーマンスや解約条件はどうなっているのか、といった情報の収集は、アクティビズムの対象になった当事者企業には有益かもしれません。ごく単純化すれば、ファンドのパフォーマンスが悪いとファンド投資家から解約が出て、ヘッジファンドが投資を少し縮小しなければならないということもあり得るからです。

107

第3部　株主アクティビズムと企業支配権

コラム2：与党アクティビスト

　アクティビズムというと敵対的事例が頭に浮かびますが、最近では企業側がアクティビストを招き入れる事例も少なからず見られます。例えば、2017年に米国の大企業ゼネラル・エレクトリック社は、長らく続く事業リストラを加速させるべく、アクティビストとして知られるヘッジファンドのトライアンを取締役会に入れました。トライアンは米資産運用大手のレッグ・メイソンにも2010年と2019年の2度にわたり取締役を出し、1度目は事業構造の変革と業績の立て直しを、2度目は他社との合併を進める後押しをしました。また、比較的穏健なアクティビストとして日本でも名の知られたバリューアクトは、米マイクロソフトがオペレーティング・システムの販売からサブスクリプションに事業モデルを転換する際に取締役会で背中を押したと言われています。そのバリューアクトの創業者ジェフリー・アッベンは、一線から退いた後に気候変動問題などを念頭に置いて新たに自社を立ち上げました。2022年に米エクソンモービル社に別のアクティビストが入り、ESG関連で抜本的な課題解決を迫った際、アッベンは会社側から取締役として招かれ、さしずめ野党と与党のアクティビスト対決といった構図となりました。この時には会社側が敗れたのですが、その後、米国の複数の州がESG推進に反旗を翻すなど情勢に変化が生じると、両者のかつての対立軸も曖昧になりました。今では野党アクティビストの会社は事業戦略が様変わりし、与党だったアッベンは会社を閉じるといった皮肉な結末を迎えました。

Q：アクティビズムを仕掛ける企業の対象地域はどのように定めているのでしょうか。アクティビストの弱みがあるとすればどんな面と言えますか。

　企業へのエンゲージメントは財務データにとどまらず広く企業の戦略を議論します。株主の側でも背景にある法制、歴史、企業文化などの理解が必須です。その多くは地域の言語で表現されますから、言葉の壁も少ない方が良い。欧米の大手ヘッジファンドが日本で株主アクティビズムを考える際、この点については姿勢が分かれており、自国のように巧みに交渉が

第1章　ヘッジファンドの理解とアクティビズム

できないと見て進出を躊躇することも多くあります。これは弱みと言えば弱みです。

　また、企業が株主に対するように、ヘッジファンドも投資家にリターンを届ける使命がありますから、十分なリターンを出し、投資行動についてファンド投資家を納得させなければアクティビズムはできません。特に近年は投資案件の大型化に伴い資金募集も重要な活動の１つになっていますから、潜在的な資金の出し手も含め、投資家への説明は非常に熱心になっている印象があります。理解ある投資家のところには多くのヘッジファンドが説明に行きますから、企業側でもこうした投資家との接点を持ち、投資家側から見たアクティビストの実像を聞くと役立つかもしれません。

　時価総額の大きな企業を相手にする場合、ファンド投資家から十分な資金を集めたとしても数％しか株式を買えないことがありますから、他の株主やステークホルダーを納得させることも重要な戦略の１つです。そうなると極端な要求を突き付けて騒ぎ立てるだけでは事が進まず、企業、株主、ステークホルダーと同じ土俵に乗って議論を進める必要があります。現在の環境では、これがうまくできないファンドは弱点を持つと言えるのではないでしょうか。近年、大手ヘッジファンドはこの辺りを心得ており、分析力、提案力、交渉力といった自社のリソースに加え、これまでの案件の実績や業界での評判を喧伝することが多くなっています。

3　企業がヘッジファンドと向き合う上での姿勢

Q：企業は株主としてのヘッジファンドにどのような姿勢で向き合うべきでしょうか。

　典型的な短期筋、あるいは大株主として声を荒げ衆目を集めることで企業の「イベント」を自ら作り出すタイプのアクティビストを除けば、ヘッジファンドの投資行動は企業経営を映す鏡として参考になることが多いと言えるでしょう。株価指数を上回ることが使命である伝統的運用会社と異なり、株価そのものの上昇に賭けるヘッジファンドは、株式型報酬を得る経営陣と同じ方向を向いていると考えることもできます。こうした株主との対話から得られる情報や分析を吸収し、うまく使いこなすことも今日の

109

第3部　株主アクティビズムと企業支配権

IR・SR 活動の重要な一側面となりつつあります。批判だけでなく現実的な提案を出すタイプのヘッジファンドは、自身の行動をよく「建設的アクティビズム」という言葉で表します。仮にその提案が耳に痛くても、使えるアイデアだと企業側が捉えるのであれば、SS コードの理念が唱えるような真の「対話」がそこから始まるかもしれません。

Q：ということは、企業はアクティビストの到来をプラスに転じられるということですか。

（IR・SR 活動にとどまらず）本業の改善につなげられるかという意味であれば、これは企業によりけりだと思います。A. アルチャンと H. デムゼッツ（ コラム1 参照）は、経営の怠慢を正すには会社の内外に次の経営者候補がいて競争を促すこと、そして株主がいつでも議決権を一塊にまとめて会社の方針や経営陣の去就に物を言えること、この 2 つが重要だと言います。ただし、経営が気に入らなければ株主には株を売るという選択肢もありますから、議決権を一塊にするには誰かが買い集めるか音頭を取る必要がある。なぜそんな面倒なことをやるかというと、当たり前の話ですが、変革による株価上昇を見込むからです。では実際にアクティビズムと株価の関係はどうかというと、米国では概ねプラスという研究結果が多い。一方、他国ではまちまちという印象です。これは、国によってはアルチャン／デムゼッツが言う 2 つの要素が整っていないか、形はあっても企業文化やステークホルダーの意識の上で実を結んでいないといった原因によるかもしれません。

例えば、成熟産業でネット・キャッシュが多いといってアクティビストが株主還元を要求する際、特別配当を出してお引き取り願うというだけでは、株価は短期では上昇しても中長期の影響は限られます。社外流出させる代わりに変革と再成長に向けた投資に使うのだと確信を持って言える経営陣がいれば、建設的な対話が生じるかもしれません。2 つのケースの違いは経営陣の交代可能性、緊張感の有無かもしれません。

国内の一連の資本市場改革では「インベストメント・チェーン」という言葉が使われます。家計、金融機関や受託者、企業、そしてまた家計へと

第1章　ヘッジファンドの理解とアクティビズム

投資資金の好循環を促して成長につなげるといった考え方だと思います。ステークホルダーの意識を一斉に変えるに等しいですから、当初この言葉が出てきた時には個人的にはフィクション、うまくいくとしてもオペレーティング・システムの入替えに相当する大事業だと思いました。ただ、曲がりなりにも成果が出始めているようですから、マジョリティの意識が変わった暁には、アクティビストの到来すら企業にとってプラスと言える時代になるかもしれません。

第3部　株主アクティビズムと企業支配権

第2章

わが国におけるファンド・アクティビズムとその対応

斎藤　輝貢　　日本シェアホルダーサービス

　本章では、日本市場でここ数年特に大きなうねりとなっているファンド・アクティビズムについて、事例を検証しながら考えてみたい。

1　ファンド・アクティビズムとは？

　株主アクティビズムの実行主体として近年影響力が増しているのは、
① 投資戦略としてアクティビズム戦略を活用するヘッジファンド
② 一族の自己資金を運用するファミリー・オフィス型投資家
③ 環境問題などに対する意識が高く、株主提案など企業に直接働きかけることを重視する個人やNGO、NPO
などであろう。

　上記①と②には重複もあり、②は自家運用していない資金を主に①に預けて運用させていることが多い。本書第2部の主体として取り上げているメインストリームの機関投資家＝資産運用会社が、エンゲージメントの一環として投資先企業の経営財務戦略に提言を行うこともあるが、本章においては、ファンド・アクティビズムの担い手として、前章でも解説されている①のヘッジファンドを主に取り上げて議論を進めていく。基本的には、ファンドに運用委託された資金を、アクティビズム戦略を駆使して高いリターンで回していく役割を担っているのがファンド・アクティビストであると区分する。なお、一般的な機関投資家が複数のファンドを運用している場合に、特定のファンドによるエンゲージメントがその戦略によってアクティビズムへとエスカレートしていても、別のファンドは伝統的な運用に徹している場合もあることに留意しておきたい。

第2章　わが国におけるファンド・アクティビズムとその対応

(1)　ファンド・アクティビストの基本戦略

　ヘッジファンドの本質に投資対象企業の未実現価値の顕在化を目的とするバリュー投資戦略があることは前章で解説されているが、ファンド・アクティビストは、企業の側に現状変更を通じた株式価値向上の余地があると分析し、実現可能な価値と現状の市場価値が大幅に乖離していると判断するときに株主となり、企業への要求や株主権の行使で価値を顕在化させることで当該企業株式の取得コストを大幅に上回る投資リターンを実現することを目指す。市場価値が過大評価されているというシナリオで会社を攻撃するレポートを公表して空売りのポジションで儲けようとするファンドもあるが、それらについては省略する。アクティビズムによる現状変更結果の代表的なものはコーポレート・イベント（企業に生じるイベント、具体的には事業の買収や売却、企業合併、資産売却や資本負債構造（借入れ、自己株買い、配当政策なども含む）の変更、非公開化に代表される企業形態の変更など多岐にわたる）である。これらのイベントを株主行動によって誘引する手法が、アクティビストによるイベント・ドリブン戦略の応用として近年ヘッジファンド戦略の中でも運用資産、成績ともに伸びてきた戦略となっている。この戦略での投資を受けた場合、アクティビストが出口シナリオ化する高リターン実現のイベントが起こるまで、平凡な株価上昇時の株式売却で退出することはほとんどない。相関性のある株価純資産倍率（PBR）、株価収益率（PER）、株主資本利益率（ROE）が低位に留まる上場株式が多い中、法的な株主権が強く、政策主導でコーポレート・ガバナンス改革が進行する日本市場でのバリュー投資とイベント・ドリブン戦略の組み合わせがファンド・アクティビストに常勝パターンを提供しているのが現在の日本市場であると言える。

(2)　アクティビズム戦略の広がり

　最近のアクティビストの戦略には、前述のような基本戦略に加えて事業自体の収益性改善や事業ポートフォリオの整理について細かく提案していく、いわゆるオペレーショナル・アクティビズムを展開するケースが増え

第3部　株主アクティビズムと企業支配権

【図表 3-2-1】株主提案の社数と総議案数の推移

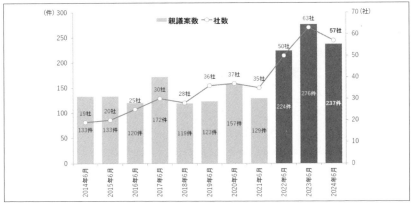

（出所）JSS 作成。集計対象は 2021 年 6 月までは東証 1 部上場企業、2022 年 6 月以降プライム上場企業、実質的な動向をつかむため親議案数で集計。例えば取締役選任議案（候補者 10 名）の場合は親議案数 1 とカウント）。

ている。この提案をするためには、アクティビスト側に事業や業界に対する知見が必要となるが、これを可能とするアクティビストが増えてきている背景として、コンサルティングファームで上場企業の経営戦略策定支援や事業部門の改善に関与した者や、投資銀行で M&A に携わった人材、法律に精通する弁護士などが幹部に加わったり、ファンド側が外部のコンサルタントを雇ったりという状況があろう。このような動きは日本企業の稼ぐ力の再興を目指す政策との親和性があるため、今後も続くと見られる。

2　アクティビズム隆盛の背景

　株主アクティビズムの隆盛については、株主提案数の推移においても観測が可能である。株主提案の増加の背景には環境面や制度面の要因が絡んでいると考えられるが、以下ではその背景について整理する。

　【図表 3-2-1】のグラフは JSS 作成の株主提案の推移である。2022 年 6 月株主総会から社数、件数とも顕著な増加を見せ、2023 年 6 月株主総会では過去最高を記録、2024 年も高水準を維持しているが、今後もこの傾

第2章　わが国におけるファンド・アクティビズムとその対応

向は続くと思われる。以下でその背景を考察してみたい。

(1) コーポレート・ガバナンス改革

　本書前半においても詳述されている2つのコードを柱とした日本企業の
コーポレート・ガバナンスの改革は、株主（主にSSコードを受け入れる機
関投資家）が企業に対して「エンゲージメント」を通じて現状を改善する
ための建設的対話を促している。企業が対話を敬遠したり、エンゲージメ
ントが何の成果も見い出せない場合のエスカレーションとしてアクティビ
ズム・キャンペーンや株主提案が正当化される環境が整った。伝統的メイ
ンストリームの投資家によるスチュワードシップ活動は安易なアクティビ
ズムとは異なり、より忍耐強く実践されるが、ファンド・アクティビスト
がメインストリーム投資家の要望を代弁するような要求や提案をした場
合、メインストリーム投資家はそれに反対しづらくなるという状況が展開
している。

　2つのコードだけではない。2023年3月に東証が「資本コストや株価を
意識した経営の実現に向けた対応について」を公表し、PBRが低迷する
企業に改善策を開示・実行するよう要請したことで、メインストリーム投
資家が長年にわたり問題視してきたPBR一倍割れという大変わかりやす
い喫緊の改善課題として認知され、多くのファンド・アクティビストが
PBR一倍割れ企業をターゲットとしている中で、その要求にお墨付きを
与えたような形となった。

　さらに、2023年8月に経済産業省によって策定された「企業買収にお
ける行動指針」で、対象会社の経営陣からの事前の同意がない「同意なき
買収提案」（以前はこれを「敵対的買収提案」と称した）の場合でも、「真摯
な買収提案」（具体性・目的の正当性・実現可能性のある買収提案）に対して
は取締役会での「真摯な検討」が求められたことで、ファンド・アクティ
ビズムがプライベート・エクイティ・ファンド（以下、「PEファンド」と
いう）によるMBO等による非公開化の買収提案を誘引するようなケース
が急増している。

第3部　株主アクティビズムと企業支配権

(2)　株主構成の変化

　機関投資家による株式保有の増加を機関化現象と称し、米国では1970
年代から進展したその現象は、日本でもアベノミクス以降顕著になった。
海外機関投資家による日本株全体への投資復活、GPIFなど国内年金基金
による日本株への資金配分増、NISAなどを通じた投資信託経由の保有増
に加え、極めてユニークな日銀による日本株ETF投資など、機関化現象
は政策的にも推進され、多くの企業で内外機関投資家による株式保有割合
が過半数を超える状況となっている。コーポレート・ガバナンス推進論者
や機関投資家から悪評が長く続いた株式持ち合いの慣行も「政策保有株
式」縮減キャンペーンにより、減少が急速に進み、株主構成変化に拍車を
かけている。

　ファンド・アクティビストにとっては、一般の機関投資家も、広義の投
資リターンという目的を共有し、資本効率、株主還元、事業ポートフォリ
オ整理など、自分たちの主張に同調してくれる可能性が高い仲間であり、
年々アクティビズムのゲームはやりやすくなってきている。

(3)　国内機関投資家の変化

　株式ポートフォリオを運用する国内機関投資家は、日本市場の動向と運
命をともにしているといっても概ね過言ではない。世界最大のアセット
オーナーとして世界中に資産配分を行うGPIFも、アベノミクス以降国内
株式への資産配分を大幅に拡大し、2014年にSSコードを受け入れ、2015
年の国連責任投資原則の署名を経て、国内株式運用を委託する資産運用会
社のスチュワードシップ・エンゲージメント活動と議決権行使の監督を効
果的に行い、政策の実効性を高めてきた。その大きな影響もあって、国内
機関投資家による企業とのエンゲージメントは深化、本格化し、以前より
格段に会社側に対して厳しくなった議決権行使方針の適用によって、アク
ティビストによる株主提案について、仮に手法や各論に多少の疑問があっ
ても総論に説得力があれば賛成票を投ずる方向に変化してきたように見え
る。

第2章　わが国におけるファンド・アクティビズムとその対応

3　ファンド・アクティビズム事例の検証と考察

　上述のような環境を背景に、ファンド・アクティビズムを契機として最終的にPEファンドによる公開買付による非公開化を実現させてイグジットするという、東芝事案を想起させるような事例が増えつつあるように思われる。ここでは、まずゼネコン業界各社に対するアクティビズムをまとめ、同一業界に多くのアクティビストが群がるというアクティビズムの1つの特徴的な動きを見た上で、「企業買収における行動指針」による真摯な検討を行うよう迫るケースとして3Dインベストメント・パートナーズ（以下、「3D」という）による富士ソフト株式会社（以下、「富士ソフト」という）に対するアクティビズムの流れを時系列で確認することとする。

（1）　ゼネコン業界に対するアクティビズム事例

　ファンド・アクティビストはバリュー投資とイベント・ドリブン戦略の2つの側面を持つと書いたが、見方が共通するということは、投資する対象も近くなっていることを意味する。それが表れたのがゼネコン業界に対するアクティビズムだと言える。

　ゼネコン業界が抱える特徴としては、①ビジネス上のつながりから政策保有株式を多く保有している一方で、そのつながりが施主であり力関係が相対的に弱いことからゼネコンが一方的に保有するケースが多く、安定株主割合が比較的低い、②東京オリンピックによる建設ブームがあり、業績が比較的好調だったにもかかわらずPBRが低い水準で放置されていた、というバリュー投資的な妙味があった中で、③業界の企業数が多いため競争が激しく、業界再編の余地があると見られていたため、イベント・ドリブン戦略の観点からも注目を集めやすい点があったこと等が挙げられる。

　【図表3-2-2】からもわかるようにゼネコン業界に対して株主提案が本格的に増加したのは2023年である。それまではストラテジックキャピタル等、一部のアクティビストからのアクティビズムが多かったものの、コロナ禍が明けつつあった2023年にアクティビストの活動が本格化し、ゼネコン業界がそのターゲットの1つとなったことも興味深い。提案内容も

117

第3部　株主アクティビズムと企業支配権

【図表 3-2-2】2020 年以降のゼネコン業界に対する主な株主提案一覧

株主総会の時期	アクティビスト名	ターゲットとなった会社名	提案内容等
2020年6月	オアシス・マネジメント	安藤・間	自己株式の取得（発行済株式数の10.4%相当）
			定款変更（安全衛生管理の徹底）
	ストラテジック・キャピタル	淺沼組	剰余金処分（配当性向100%相当）
	ストラテジック・キャピタル	世紀東急工業	剰余金処分（配当性向100%相当）
			定款変更（資本コストの開示）
2021年6月	ストラテジック・キャピタル	世紀東急工業	剰余金処分（配当性向100%相当）
	ストラテジック・キャピタル	淺沼組	剰余金処分（配当性向100%相当）
			定款変更（政策保有株式の売却）
	ストラテジック・キャピタル	世紀東急工業	剰余金処分（配当性向100%相当）
			定款変更（資本コストの開示）
2022年6月	ストラテジック・キャピタル	世紀東急工業	剰余金処分（配当性向100%相当）
			定款変更（相談役の廃止）
			定款変更（相談役の報酬個別開示）
	ダルトン（NAVF）	第一建設工業	役員報酬（譲渡制限付株式報酬制度導入）
			自己株式の取得（発行済株式数の9.6%相当）
2023年6月	ダルトン（NAVF）	第一建設工業	役員報酬（譲渡制限付株式報酬制度導入）
			自己株式の取得（発行済株式数の9.6%相当）
			定款変更（取締役の過半数を社外取締役とする）
	Yamauchi-No.10 Family Office	東洋建設	取締役選任（9名）
			監査役選任（1名）
			役員報酬（取締役の員数変更に伴うもの）
	シルチェスター	大林組	剰余金処分（コア事業からの純利益の50%、受取配当金の100%相当）
	ダルトン	戸田建設	自己株式の取得（発行済株式数の9.6%相当）
	オアシス・マネジメント	熊谷組	自己株式の取得（発行済株式数の20%相当）
			剰余金処分（配当性向75%相当）
			定款変更（戦略委員会の設置）
2024年6月	ダルトン	戸田建設	自己株式の取得（発行済株式数の10.5%相当）
	オアシス	熊谷組	剰余金処分（配当性向50%またはDOE4%の高い方）
	ストラテジック・キャピタル	東亜道路工業	剰余金処分（DOE8%相当）

（注）株主提案のうち取下げは除く。
　　　NAVF：Nippon Active Value Fund
（出所）JSS 作成。

剰余金処分（増配）や自己株式の取得提案が多く、バリュー投資の観点からゼネコン業界に注目していたことがうかがえる。

　これらのアクティビズム戦略に対して、各社がどういう対応をとったのかを【図表 3-2-3】にまとめた。株主提案に対して会社提案として一時的な対応に走ることは稀で、中期経営計画などでキャッシュアロケーションを含む資本政策や資本収益性の向上といった総合的な計画の中で株主還元を見直すことが多く、東証が「資本コストや株価を意識した経営の実現に向けた対応について」を要請するような市場環境が大きく影響したと考えられる。

　ゼネコン業界に対する株主提案は 2023 年に急増した後、2024 年は件数を大きく減らしている。バリュー投資の観点からゼネコン業界に引き続き

第2章　わが国におけるファンド・アクティビズムとその対応

【図表 3-2-3】各社の株主提案に対する主な対応策

ターゲットとなった会社名	公表年	公表内容
安藤・間	2020年	自己株式の取得（発行済株式数の3.5%相当）
大林組	2023年	シルチェスターの株主提案に対して、従来までの32円／年から42円／年に増配
	2024年	配当方針を変更、DOE5%程度を目安とした（従来は3%程度を目安）
淺沼組	2021年	配当性向を70%以上を目指すとした（従来は50%以上を継続）
世紀東急工業	2021年	配当性向30%程度、総還元性向50%以上を目標水準とした（従来までは配当性向30%程度のみ）
東亜道路工業	2024年	配当性向を50%以上に引き上げ
第一建設工業	2022年	総還元性向を42.9%まで引き上げ（中期計画での目標は30%以上）
	2023年	総還元性向を80.8%まで引き上げ（中期計画での目標は30%以上）
戸田建設	2024年	DOE2.5%以上、総還元性向40%以上の中期計画目標は変えず、適時適切な自己株式取得を機動的に実施と追加

（出所）JSS 作成。

大きな魅力があるのか、2025 年以降もゼネコン業界にアクティビストからのアプローチが継続するかで見方が分かれると考えられる。

特定の業界にアクティビストの注目が集まり投資が集中すると、1 社の株式を複数のアクティビストが同時に保有するという会社にとって頭の痛い問題が生じる。ゼネコン業界に対するアクティビストのアプローチは、自社がアクティビストに狙われやすい株価バリエーションや財務体質なのかを常日頃から把握することも勿論だが、業界としてどう見られているのかにも留意することが必要だということを示唆しているといえるだろう。

(2) 3D による富士ソフトに対するアクティビズム事例

① ファンド・アクティビスト 3D の登場と最初の株主提案

富士ソフトは 1970 年に通信機器の制御ソフトの開発受託からスタートし、創業家の野澤宏氏の強力なリーダーシップの下で M&A などを通じて業容を拡大した。M&A を積極的に実施してきたこともあって、1 人当たり売上高は競合に劣り、アクティビストに付け入る隙を与えていたともいえる。これに加えて、秋葉原や横浜などの好立地に複数の大型自社ビルを持つなど、資産的にみてもアクティビストにとって魅力のあるターゲットであったとも言える[注7]。

事業的に見ても、「2025 年の崖」を控え企業のシステム刷新やデジタル化の需要は旺盛と見られる中、業績拡大の可能性を秘めていたといえよう。

119

【図表3-2-4】富士ソフトの株価とアクティビストの保有比率の推移

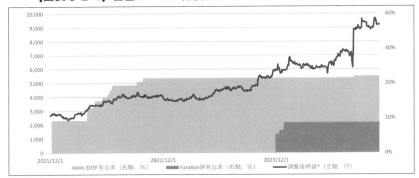

(出所)：JSS作成（2023年7月1日の株式分割調整後）。

　3Dは2020年3月以降、書簡や面談でMEBOによる非公開化や私募REIT組成、事業の選択と集中などを提案してきたとされるが、最初に大量保有報告書を提出し、富士ソフトの保有が明らかになったのは2021年12月のことである。

　この頃の3Dは、東芝に対するアクティビズムを活発化させていたが、富士ソフトは東芝の次にアクティビズム戦略のターゲットとなり、3Dが東芝で得たノウハウが活かされたケースともいえる（後に3Dが提案し、富士ソフトの社外取締役になるHibiki Path Advisors CIOの清水雄也氏は、2020年7月に開催された東芝の臨時株主総会に3Dの株主提案として上程された社外取締役選任議案の候補者であった）。

　3Dのアクティビズムが最初に表面化したのは、2022年3月の定時株主総会である。3DのCEOである長谷川寛家氏と、3D特別顧問の鳥居敬司氏を社外取締役候補者として株主提案を実施した。

(注7)　3Dは、2022年9月のWP（ホワイトペーパー）で、営業利益率は同業他社平均が11.4％である一方で富士ソフトは6.5％に留まり、従業員1名当たりの営業利益も競合平均の半分にも満たず、不動産の売却益も1,900億円に上ると主張。バリエーションで見ても、2021年末時点でPBR、予想PERともTOPIXと同程度と、高いバリエーションが特徴のシステム関連会社の中では相対的な割安感が目立っていた。

【図表3-2-5】富士ソフトの所有者別状況表

2021年12月31日現在

区分	株式の状況（1単元の株式数100株）								単元未満株式の状況（株）
	政府及び地方公共団体	金融機関	金融商品取引業者	その他の法人	外国法人等		個人その他	計	
					個人以外	個人			
株主数（人）	－	31	28	66	177	11	7,454	7,767	－
所有株式数（単元）	－	65,786	41,974	48,183	103,215	9	77,427	336,594	40,600
所有株式数の割合（%）	－	19.55	12.47	14.31	30.67		23.00	100.00	－

（出所）富士ソフト 2021 年 12 月期有価証券報告書。

　結果として、3D の株主提案は否決されたが、会社提案・株主提案それぞれの賛成率を見ると、会社提案である取締役候補者のうち、再任候補者の賛成率は 80％前後、株主提案の取締役候補者に対する賛成率は約 36％と、株主総会の基準日である 2021 年 12 月末の 3D の保有比率は大量保有報告書から 9.3％程度と想定されるところ、少なからぬ株主の賛成を集めたといってもよい結果となった。

②　２回目の株主提案と社外取締役の受入れ

　2022 年 3 月の定時株主総会の結果から、3D の主張に賛成する株主が一定程度いることがわかるが、この背景を推測してみよう。

　富士ソフトは日本株の代表的な指数である TOPIX に採用されている。これはすなわち、GPIF の株式運用と日本銀行の ETF 買入れの強い影響を受けることとなり、その受託運用機関の保有が大きいことを意味する。

　2021 年 12 月末では国内機関投資家が含まれる「金融機関」の保有は 20％弱で、海外機関投資家が含まれる「外国法人等（個人以外）」が 30％強であることを考えると、国内・海外を合算した機関投資家比率は約 50％となり、株主総会における機関投資家の議決権行使の影響力が非常に高いと言える。

　その受託運用機関の議決権行使の開示からは、少なからぬ機関投資家が 3D に賛成し、会社提案の再任取締役に反対している機関投資家もいたことがわかる（【図表3-2-6】）。この株主総会での賛成率は、特に TOPIX 採

第3部　株主アクティビズムと企業支配権

【図表 3-2-6】2022 年 3 月株主総会における主要機関投資家の取締役選任議案への賛否

議案種類・候補者氏名		賛成率	三菱UFJ信託	三井住友トラスト・アセット	アセマネOne	りそなアセット	野村アセット	大和アセット	日興アセット	ブラックロック
会社提案（取締役選任）										
	野澤宏	79.32%	○	○	○	○	○	○	×	○
	坂下智保	79.21%	○	○	○	○	○	○	×	○
	森本真里	80.09%	○	○	○	○	○	○	×	○
	小山稔	81.44%	○	○	○	○	○	○	×	○
	大石健樹	81.44%	○	○	○	○	○	○	×	○
	大迫館行	92.15%	○	○	○	○	○	○	○	○
	筒井正	92.17%	○	○	○	○	○	○	○	○
	梅津雅史	97.59%	○	○	○	○	○	○	○	○
	荒牧知子	93.76%	○	○	○	○	○	○	○	○
株主提案（取締役選任）										
	長谷川寛家	36.17%	○	×	○	×	×	×	○	×
	鳥居敬司	39.17%	○	×	○	×	×	×	○	×

（出所）JSS 作成（表中の○：賛成行使、×：反対行使）。

用企業において、機関投資家の議決権行使が賛成率に強い影響を与えるという結果をあらためて示したともいえる。

　この結果を受けてか、3D は攻勢を強めていく。

　9 月 1 日に臨時株主総会の招集請求をしたことが会社から公表され、9 月末を基準日とした臨時株主総会を開催することとなったが、その間にも 3D は買い増しを進め、9 月末時点では比率を 21.5％まで増加させた。

　株主提案の議案は取締役 4 名の選任であったが、3 月の定時株主総会での株主提案の取締役候補者は 3D の関係者であり、会社に反論される余地を生み出していた。臨時株主総会の候補者には 3D の関係者はおらず、3 月定時株主総会での賛成率をみると、株主提案の可決が現実として見えてくる中で、会社側は対応を迫られることとなった。

　これに対して会社は、不動産保有意義の再検証を行うことを公表すると共に、3D が提案した取締役候補者 4 名のうち 2 名を会社側も候補者とし、会社側の独自の候補者として 3 名の選任を提案、会社提案は 3D の提案の一部を受け入れる妥協策ともとれる内容となった（一方で、会社独自で擁立した 3 名を候補者とするなど、対抗策はとっている）。

　結果として、会社提案のみの候補者 3 名、会社および株主提案候補者 2

第 2 章　わが国におけるファンド・アクティビズムとその対応

名は可決、株主提案のみの候補者 2 名は否決となったが、会社提案のみの候補者のうち仁科氏の賛成率は 55％強に留まり、株主提案の候補者は 2 名とも 40％台の賛成率に乗せ、会社側にとっても薄氷を踏む勝利であったといえよう。

③　3 回目の株主提案と非公開化提案

　2022 年 3 月の定時株主総会の賛成率からは、株主提案の可決も想定できる内容であったが、臨時株主総会は何とか会社側の勝利となった。

　3D の保有比率が高まっていく中、定時株主総会後も会社は企業価値向上委員会の活動状況を定期的に公表、収益改善に向けた施策の実施に加えて、時価収益率がハードルレートを下回っている保有不動産の売却方針を打ち出し、従来までの経営方針を大きく変更していく。更に、上場子会社 4 社の完全子会社化を実施するなど、企業価値向上策を次々に実行に移していった。

　ところで、3D は会社側の動きに満足していたかというと、そうではなかった。2024 年 3 月の定時株主総会で自己株式の取得とともに、社外監査役の選任を提案、自ら複数の PE ファンドに働きかけて非公開化に関する提案を提出していたことが明らかになったのである。

　3D が富士ソフトの企業価値向上を主張し、一見すると上場会社であり続けることを前提として株主提案を続けていた一方で、非公開化提案をPE ファンドに働きかけて具体化していた狙いについては後ほど触れていきたいが、定時株主総会の基準日である 2023 年 12 月末には 3D の保有比率は 21.5％に、更に別のファンド・アクティビストであるファラロン・キャピタル・マネジメント（以下、「ファラロン」という）が 8.7％を保有していることが明らかになり、アクティビストの保有が公表されているだけでも 30％を超えることとなった。

　アクティビストの保有比率から見ると、いよいよ株主提案も可決か……と思われたが、実際には社外監査役選任議案の賛成率は 40.26％に留まり、2022 年 12 月の臨時株主総会で株主提案のみであった 2 名の取締役候補者の賛成率を下回る結果となった。

第3部　株主アクティビズムと企業支配権

【図表 3-2-7】2024 年 3 月株主総会における主要機関投資家の取締役選任議案
　　への賛否

議案種類・候補者氏名	賛成率	三菱UFJ信託銀行	三井住友トラスト・アセットマネジメント	アセットマネジメントOne	りそなアセットマネジメント	野村アセットマネジメント	大和アセットマネジメント	日興アセットマネジメント	ブラックロック・ジャパン
会社提案（取締役選任）									
坂下智保	63.01%	○	○	○	○	○	○	○	○
大迫館行	63.27%	○	○	○	○	○	○	○	○
筒井正	63.26%	○	○	○	○	○	○	○	○
森本真里	63.26%	○	○	○	○	○	○	○	○
梅津雅史	73.56%	○	○	○	○	○	○	○	○
大石健樹	63.30%	○	○	○	○	○	○	○	○
荒牧知子	63.19%	○	○	○	○	○	○	○	○
辻孝夫	62.98%	○	○	○	○	○	○	○	○
仁科秀隆	63.17%	○	○	○	○	○	○	○	○
今井光	73.36%	○	○	○	○	○	○	○	○
清水雄也	99.43%	○	○	○	○	○	○	○	○
石丸慎太郎	99.43%	○	○	○	○	○	○	○	○
株主提案（監査役選任）									
スティーブン・ギブンズ	40.26%	×	×	×	×	×	×	×	×

（出所）JSS 作成（表中の○：賛成行使、×：反対行使）。

　この株主総会での主な機関投資家株主の議決権行使を見ると、いずれも会社提案の取締役候補者全員に賛成、株主提案には反対をしている。この議決権行使からすべてが読み取れるわけではないが、機関投資家は富士ソフトの企業価値向上への歩みを支持し、3D による非公開化には反対するスタンスが明確になったともいえよう。

④　PE ファンドによる公開買付け

　株主提案が否決された後も 3D による非公開化提案の検討は継続されていく。そして、2024 年 8 月 8 日には、PE ファンドである Kohlberg Kravis Roberts（以下、「KKR」という）がスポンサーとなり非公開化を目指していく方針が公表されるに至った。

　企業価値の向上を目指してさまざまな施策を矢継ぎ早に具体化させていく中、非公開化を目指すことに対しては意外感も感じられるが、この背景

124

には「対象者の経営推進上の課題である株主構成を整備することが最重要」（「FK 株式会社による当社株券等に対する公開買付けの開始予定に関する賛同の意見表明及び応募推奨のお知らせ（2024 年 8 月 8 日）」）という会社の考えがあり、3D 対応に相当の経営コストを払ってきており、それが限界に近づいていたことがうかがえる。

　しかしながら、非公開化は順調には進まなかった。

　9 月 3 日に別の PE ファンドであるベインキャピタルが公開買付けに係る提案を提出したことを公表、この中で公開買付価格を KKR よりも 5% 程度上回る内容での提案であることが明らかになり、公開買付価格の 8,800 円を大きく上回って推移したことから、KKR による非公開化に暗雲が立ち込めることとなった。

　ベインキャピタルはこのリリース中で、経営陣との面談を通じて、会社と 3D が実際には対立構造にあり、3D が主導するプロセスに参加することは避けて欲しいとの要請を受けており、会社のプレスリリースにおいても、会社はこの時点で買収提案を望んでいなかったものと理解していたとしている。

　その後、会社側は KKR による公開買付けへの応募を推奨し、ベインキャピタルによる公開買付けの開始予定に対しては反対の意見を表明している。公開買付価格が高いベインキャピタルの公開買付けに反対していることからも、会社はアクティビストによる保有を「経営推進上の課題である株主構成」と認識しており、これを整備することを非公開化の最大の動機とし、その可能性が最も高い選択肢を推奨したとも考えられる。

⑤　得られる示唆

　富士ソフトのケースを振り返ってみると、アクティビストが機関投資家の議決権行使方針が会社に対して厳しくなってきた点に着目して、事業改善を提案しつつ、「企業買収における行動指針」などの政策面での後押しを利用する形で執拗にアクティビズム戦略を継続した場合、会社は抗うことが難しくなる傾向が見てとれる。

　3D は、企業価値向上のための提案や、そのための株主提案を 2022 年 3

第3部　株主アクティビズムと企業支配権

月の定時株主総会から 2024 年 3 月の定時株主総会までの 2 年間に 3 回行い、会社はその都度、対応を迫られた。会社は企業価値向上のための具体的な施策を矢継ぎ早に公表するなど、その基礎となる企業価値向上委員会での検討も相当のスピード感で進められたと思われ、矢継ぎ早に株主提案をする 3D に対応するコストを鑑みると、相当の負荷がかかっていたと考えられる。

　会社側がかなりの経営資源を割いてアクティビズム対応をせざるを得ない状況を作り出した上で、非公開化の提案を呼び込むことで当初から想定していた比較的短期でのハイリターンのイグジットを成功させようとする高度に構築された戦略がここに見えかくれしているのではないだろうか。

　株価は 2022 年 3 月に最初の株主提案があった以降、一本調子で上昇しており、2022 年 1 月には 2,700 円前後であった株価は 2024 年 11 月の執筆時点では 9,000 円を超え 3.3 倍となった。3D は徐々に買い進めていったとはいえ、相当の売却益が見込めるものと考えられる。

　企業価値向上を積極的に提案し、それを会社が具体化していくことで株価を上げておき、最後に非公開化を提案し、会社が受け入れざるを得ない形に持っていく。非公開化を前提とした公開買付けは通常、直近の株価にプレミアムを付して既存株主に売却の機会を与えることから、3D としては最高の形の投資となったであろう。

　この事案から見てとれるのは、アクティビストに迫られてから市場の目線にも合う企業価値向上策を進めて伝えていくことでは、アクティビズム戦略に対してタイミング的に後手に回ってしまう可能性が高いという現実であろう。

　アクティビストが敷いたレールの上を進んでいくことは、結局彼らの描くシナリオ通りに株価を上げ、自分達はアクティビスト対応で疲弊しながら、彼らに最高の出口を提供することになりかねない。

　アクティビズムが開始される前の平時からメインストリームの機関投資家と市場との継続的対話を行い、客観的な視点をもって企業価値向上のための施策を実行し、自社の企業価値を市場価値に反映させることがアクティビズム予防につながると見てよい。

第2章　わが国におけるファンド・アクティビズムとその対応

　現在の株主対応実務においては、通常のIRミーティングに加えて、ESGや議決権行使の側面で理解を求めるSRエンゲージメントの実施も定例化し、投資判断と議決権行使判断の両面から株主と向き合い、アクティビズム発生前に自社と株式市場の認識ギャップを埋めていくことが大変重要になっている。

　また、ハイレベルな経営財務戦略提案が盛り込まれたホワイトペーパーによるアクティビズムに備え、経営トップ自らが信頼関係を構築するためのIRミーティングに加え、ガバナンスの実効性に対する信頼獲得を目標に社外取締役がSRエンゲージメントに臨む機会も増えている。

　ファンド・アクティビズムに対しては、SRエンゲージメントのみならず、株主名簿における前兆の察知から、実質株主構成の把握、個々の株主の対話方針や議決権行使パターンの認識、複数の株主総会を想定したシナリオ別シミュレーションなど、高難度の複合的な課題の処理が必要となるため、平時の状態から投資家の目線で自社を分析して、アクティビストによる狙いどころが少なくなるように整えていくことを推奨したい。

第3部　株主アクティビズムと企業支配権

第3章

有事対応の備え

日昔明子　日本シェアホルダーサービス
岩熊義尚　日本シェアホルダーサービス

　本章では企業にとって有事として認識されている株主アクティビズム
と、それに関連することも多い「同意なき買収提案」に焦点を当て、その
備えと実務対応について主に考える。

1　最近のアクティビズムと企業の対応

　前章にもあるように、わが国ではここ数年、アクティビズムの活動が顕
著である。かつての「事業内容への理解が浅く、経営に関心がない」とい
う悪い印象からは様変わりし、アクティビストの提案が経営を改善する
きっかけとなって企業価値を高めたケースも少なくない。現経営陣が望ま
ない相手からの提案であっても、企業価値・株主利益向上の観点から適切
な提案であれば真摯に検討すべきということに異を唱えることは難しく
なってきている。

　一方で、自らの目先の経済的利益を他の少数株主やステークホルダーの
長期的利益を犠牲にすることを厭わずに実現しようとするアクティビズム
も存在する。そういった相手に対して、ノウハウがないばかりに対応を誤
り、結果として会社の基盤が揺らぐような事態に陥ってしまう事例も見受
けられるが、これは企業にとっても株主にとっても望ましいことではな
い。アクティビズムに対して何の備えもないというのは、企業にとっても
株主にとっても大きなリスクとなり得る。

　こうした状況の下、突然の有事発生に上場企業がどう備えておくべきか
という、いわゆる「コンティンジェンシー・プラン」について以下に概説

128

第3章 有事対応の備え

【図表3-3-1】買収防衛策の導入企業数推移

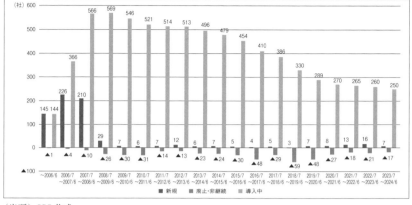

(出所) JSS作成。

する。

2 具体的な対応

(1) アクティビスト登場初期の対応とその後の変遷

　アクティビストが日本市場に登場し始めた2000年代初頭においては、アクティビストはターゲットとなる企業の株式を大量に保有し、その影響力を背景に増配や自社株買いなどを迫る、という手法が多かった。企業側からすると大量に保有されることが最大の懸念であり、その対応策として、いわゆる"事前警告型買収防衛策"が多く導入されることとなった。
　事前警告型買収防衛策は、買付けの保有水準に一旦歯止めをかけることができることや（例えば20％）、買付者と情報のやり取りをする期間を一定程度確保できるという効果もあり、一時は550社を超える企業が導入した。しかし、これは経営陣の保身につながりかねないとの懸念が根強く、また、日本市場にCGコードやSSコードが導入され、機関投資家の買収防衛策に対する姿勢の厳格化が急速に進んだことで株主総会での賛成票確保が難しくなり、導入企業数は減少の一途を辿ることとなった。

129

第3部　株主アクティビズムと企業支配権

　加えて、最近ではアクティビストの手法も多様化かつ高度化し、大規模買付けのみ警戒するだけでは不十分となってきており、目先の対応策を検討する以前に、アクティビズムに対してどういう準備をし、どういうプロセスで対応するか、という体制を構築しておく重要性が高まっている。

　以下、そのための対策について簡記することとする。

(2)　体制構築

　アクティビスト対応は単独の部署で完結できるものではない。株主・投資家に関する対応であることからIRや総務部門の対応事項とされがちだが、場合によっては経営企画、財務経理などの部署も関与することになる。したがって、平時の段階において部門横断型のプロジェクトチームを構築し、経営層の承認を得ておくことが望ましい。同時にアクティビズムに関する知識や具体的な対応方法をメンバー全員が共有し、等しく危機感を醸成しておくことも重要といえる。併せて、有事の際に必要とされる社外の専門家として、フィナンシャル・アドバイザー（FA）、リーガル・アドバイザー（LA）など、複数社に目処をつけておくことも有用である。

コラム3：敵は社内にも？

　アクティビスト対応に慣れている会社は多くないと思われるため、いざアプローチを受けた際には、株式もしくはIRの担当者が窓口を任されることになる。アクティビストからはさまざまな提言や質問を受け、他部署に協力を求めるも中々動いてくれず、経営層からは報告をせっつかれ……と、担当者が社内で孤軍奮闘するケースも目にする。しかし、アクティビストから目を付けられたそもそもの原因は経営自体にあることが大半であるため、本来は経営層の事項として対応する必要があろう。もしかして自分が担当する立場になるかも……と思う担当者こそ、平時の段階で他部署や経営を巻き込んだ体制を構築しておくことをお勧めしたい。

---

(3)　自社分析

　アクティビスト対応の第一歩は"アクティビストの目線で自社を見るこ

と"と言われる。以下に述べる①−④の観点で自社を分析することが重要となる。

① 買収リスクのスクリーニング

アクティビストが投資先を選定する際、上場会社すべてを１社１社つぶさに分析するのは現実的でなく、まずはいくつかの項目で機械的にスクリーニングを行って投資先候補群を抽出するというプロセスを取る。アクティビストのスクリーニングの項目は、内部留保、資本効率、株主構成などであり、例えば「PBRが１倍未満」「利益剰余金比率が60％以上」「M&Aレシオが３年以内」といった具合である。したがって、自社の各項目がアクティビストに注目される水準に該当するか否かを定期的にチェックすることは有用である。

これらの項目は株価やバランスシートの状況で変動するため、決算時や株価が大きく変動した場合などにアップデートし、結果をプロジェクトチームで共有することが望ましい。

② アクティビストの追及ポイントの洗い出し

アクティビストが自社にアプローチしてきた場合に何を追及されるのか、具体的に考えてみたことはあるだろうか。

現在の日本市場には多様なアクティビストが活動しており、それぞれ投資スタンスに特徴はあるものの、その提案の多くは概ね分類可能である。一般の投資家の賛同を得られないような突飛な論点は基本的にない。つまり、平時の段階である程度予測可能ということである。具体的には「資本効率」「株主還元」「ガバナンス」「事業戦略」「その他」の５つのカテゴリー別に、アクティビストから追及される余地の有無を客観的に認識する。アクティビスト目線で自社のガバナンスや財務上の論点を列挙し、反論したくなる気持ちを一旦横に置いてそのリスクの高低をマークする。マーキングに当たっては資本市場の考え方を踏まえて行う。主要機関投資家の判断基準である議決権行使基準なども参考にするとよい。例えば、高い自己資本比率は安定した財務基盤という強みである反面、アクティビスト（資本

【図表3-3-2】アクティビストの追及ポイント

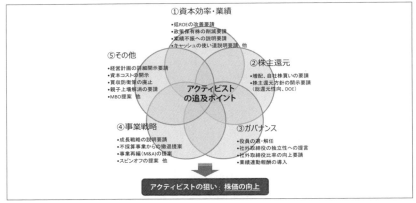

(出所) JSS 作成。

市場)側からは成長投資余地や株主還元の不十分さを追及するポイントとなり得る。リスクが高いとマークした項目については、追及された場合の回答(反論)案を策定しておくことが望ましい。反論構築に当たっては、CGコードや各種指針で示されている資本市場の基本的な考え方を把握しておくことも重要である。さもなければ、建設的な対話ができないとして要求がエスカレーションする可能性があるばかりか、経営陣の認識の低さを問うネガティブキャンペーンに利用される可能性がある。

なお、アクティビストは種々の提案を行ってくるが、彼らの真の目的は提案の文言どおりのもの……例えば経営陣の解任や、資本効率の向上や、報酬制度の導入自体……ではなく、あくまで売却時の株価である。各種提案によって企業側に変革を促し、結果として目標とする株価またはそれ以上で売却することが最終的な目的であることは常に念頭に置いておきたい。

③ 安定株主比率の把握

株主提案や買収提案がなされた際に、自社の意向に沿った判断を行ってくれる株主はその会社にとって安定株主として考えられる。大抵の企業

が、毎年の株主総会を運営する上で安定とみなせる比率を把握しているであろうが、有事の際の安定比率はこれとは異なる場合があるということについて正しく認識している会社は多くない印象である。例えば、通常の株主総会では全議案に賛成するような個人株主であっても、増配の株主提案に対しては賛成票を投じたり、取引先である法人株主が提案者側とも取引があるような場合には、必ずしも会社側の意向に沿った行動をしてくれるとは限らないなど、提案の内容や提案者によってスタンスが異なる場合があることには注意が必要である。

　手法としては株主名簿の分析が基本となる。株主名簿はそのままでは活用が難しく、例えば、一括りに「個人」といっても、中には創業家、社員、元社員などさまざまな属性の株主が存在するので、これらを会社への"親密度合"の順に、再分類する。その上で提案内容に合わせた"安定比率"を算出するのだが、通常の株主総会運営で把握している安定比率よりも相当程度低くなる場合が多く、アクティビズム対応の難しさにつながっている。

④　企業価値（適正株価）の算出

　アクティビストとの対話において議論の根幹になるのは、提案内容が何であれ、"企業価値を向上させる提案かどうか"である。つまり、現経営計画における自社の企業価値はいかほどなのかを把握しておく必要がある。

　実際に買収対象となった場合には、買収側の提案価格が適正かどうか、自社の企業価値やリスクを測るために外部の専門機関に株式価値算定を依頼することになるが、これには高額なコストを要する。平時にこれを行うのは現実的ではなく、簡易的にでも自社で企業価値を算出できるようにしておきたい。

　企業価値評価にはさまざま手法があり、買収等の局面では、複数の手法から妥当な価格のレンジを導き出してその範囲内で価格を決定する方法が一般的である。中でも、将来獲得するキャッシュフローを現在価値に割引いて算出するディスカウント・キャッシュフロー法（DCF法）が用いら

第3部　株主アクティビズムと企業支配権

れることが多い。

2023年8月に経済産業省より公表された「企業買収における行動指針」においても、「仮に買収提案が行われた際、経営陣は測定が困難な定性的な価値を強調することで企業価値の概念を不明確にしたり、保身を図ってはならない」とあり（指針2.2.2）、買収提案があった際に定性的な価値のみをもって反論することは不適切で、企業価値を定量的に把握することは重要であるとのメッセージと解釈される。

東証の要請もあり、資本コストを算出しこれを意識して経営判断を行う企業は一般的になってきたが、一歩進んで企業価値（理論株価）を算出し社内で共通認識を持っている企業はまだ多くないと感じている。アクティビズム対応のみならずIRにも活用できるため、ぜひ取り組んでいただきたい。

(4)　有事の手順の整理（マニュアル化）

上記(2)で構築したプロジェクトチームのメンバーが有事の際にどう動くかについては、各自が理解した内容をマニュアル化し、組織変更や人事異動で担当者が変更となった場合も体制を維持できるようにしておくことが望ましい。アクティビズムに関連する法令や事例の解説を主な内容とした形式のマニュアルを時々目にするが、そのような"解説書形式"では有事の際に動けない可能性もあり、具体的に"誰が"いつ"何を"するのかを、時系列にまとめた"手順書形式"の方が実用的である。

以下、アクティビストの主な動き方について要点を解説する。これらについて具体的な手順を整理したマニュアルを用意しておくことは、上場会社として必要な備えと言える。

＜アクション1：面談＞

アクティビストであっても、最初のアプローチは通常のIR面談の形をとることが多い。IRの窓口宛に面談の申込みがあるほか、証券会社等を介するケースもある。いずれの場合も面談前に相手のプロフィールを調べ、アクティビストであれば特に十分な情報収集をして臨む。かつてはアクティビストだからという理由で面談を謝絶するような企業も少なくな

第3章　有事対応の備え

【図表3-3-3】マニュアルの構成例

	手順	マニュアル記載事項（一例）
アクション1 面談	(1)面談要請	面談要請を受けた際の初動/ヒアリング事項/面談前の準備事項
	(2)面談実施	面談時における注意点/確認事項
	(3)面談後のモニタリング	提案者の面談後の動きをウォッチ
	(4)閲覧要請対応	各種書類閲覧写請求への対応方法（株主名簿、会計帳簿、取締役議事録等）
アクション2 経営改善提案対応	(1)ホワイトペーパーの受領	ホワイトペーパー受領時の初動/提案内容の分析/提案者との対話のポイント
	(2)ホワイトペーパーの公開	提案内容の再分析、対応方針の確認/対外対応（マーケット反応分析、投資家対応、マスコミ対応）
	(3)反駁	反駁ストーリーの構築/対外説明/提案者の動向確認
アクション3 株主提案	(1)株主提案の予兆	提案内容の分析/提案者との対話のポイント/安定比率の確認
	(2)株主提案書受領	法的要件の確認/提案内容の分析/議決権行使のシミュレーション
	(3)意見開示	取締役意見の表明/社会関連書類（招集通知・議決権行使書・説明資料）の作成時の留意点
	(4)勧誘	株主（個人、法人、機関投資家等）/議決権行使会社への説明
	(5)株主総会	当日の準備（会場ロジ、シナリオ作成、提案株主対応、当日集計など） 結果の開示、提案者の今後の動きの確認
アクション4 買収提案	(1)TOB開始前（打診）	提案情報の収集、提案内容の分析/取締役会での検討、アドバイザーの選任
	(2)TOB開始後の分析	「公開買付届出書」の分析/特別委員会の設置/買収提案への対抗策候補/方向性の決定
	(3)意見表明	「意見表明報告書」の開示/対外説明（記者会見、機関投資家説明会、全株主向け文書発送など）
	(4)勧誘	勧誘のスケジュール/属性別勧誘のポイント
	(5)開示	結果の開示/提案者の今後の動きの確認

（出所）JSS作成。

　かったが、これは悪手である。面談を求められたにもかかわらず、会社側が合理的な理由なく拒否した場合、CGコードに反しているとの主張を招く可能性もある。

　なお、以前は株主総会の半年ほど前がアクティビストの"仕込みの時期"でアプローチを受けることが多い傾向にあったが、最近ではそうでもなくなってきている。本年の6月の株主総会シーズン後では、7月に入るや否や10以上の企業に面談を申し出るアクティビストの動きが確認されており、株主総会を無事切り抜けたら一安心ではなく、その対応は通年行事になりつつある。面談要請へのスタンス、面談時の注意点などについて正しく理解し、初動を誤ることのないようにしたい。

＜アクション2：経営改善提案（ホワイトペーパー）対応＞

　経営改善提案（ホワイトペーパー）とは、現経営の問題点や具体的な改善策について提言する文書の総称である。形式に定めはなく、かつては数頁の比較的簡易なものもあったが、最近ではグラフや図を多用した数十頁から時には百頁を超える分量のプレゼンテーション形式のものが多く見られる。文書での提案自体は古くからある手法だが、最近はメディア等を活用してこれを公開する事例が増えている。ホワイトペーパーは株主提案な

135

どと異なり法律に基づいた行為ではないため企業側に対応義務はないものの、いざ公開されてしまうと他の株主や投資家も目にするところとなる。企業側としては、ホワイトペーパーが公開された時点から、経営層も交えて議論・検討をしておくことが不可欠である。

　ここ数年でも実に数十ものホワイトペーパーが公開されているが、この他にも水面下で提示されているホワイトペーパーが相応数あると推察され、アクティビストの主要な手法になっていると言える。

　昨今のホワイトペーパーは深い分析がなされており、説得力あるものも多い。ホワイトペーパー自体には強制力があるものではないものの、内容によっては会社として何らかの対応（増配、自己株買いなど）をとる場合があるかもしれない。その場合も、自社の経営計画に基づいて自ら対応したというスタンスの公表が多く見られる。

＜アクション3：株主提案対応＞

　企業の役員クラスの方々と株主提案の事例について議論すると、「当社は安定株主を過半確保できているから大丈夫」といったことを耳にすることがある。確かに株主提案が可決される会社は僅かである。2024年6月の株主総会では91社に対し336議案の株主提案がなされた（三菱UFJ信託銀行調べ）が、そのうち可決は1社のみ（会社と株主の共同提案の議案可決を除く）という結果からも明らかである。しかし、アクティビストの狙いは議案の可決そのものではなく、株主提案という手段を用いて自らの主張を市場に広く知らしめ、会社に揺さ振りをかけることが目的である。したがって、"株主提案を受ける可能性は安定比率の高さとは関係がない"ということは認識しておきたい。

　併せて注意すべきは、提案者以外の投資家の動向である。国内の主要機関投資家がアクティビストの株主提案に賛成しなかったのは一昔前の話であり、昨今では一定の賛成票を投じているのが実状である。彼らは提案者が誰であるかは基本的に関係なく、企業価値やガバナンス向上に資する提案かどうかという観点で提案内容について判断する。一般の機関投資家を味方と過信せず、株主提案に賛成される場合もあること、また株主構成によっては株主提案が可決される可能性があり得ることは認識しておきた

い。

　なお、株主提案がなされた場合の株主総会は、招集通知や電子提供通知の作り込み、シナリオの準備、当日投票の準備など、通常の株主総会にはない多くの特殊な対応が必要となる。もともと大変な株主総会準備にこれらの特殊対応が加わるとなると対応も難しくなるため、マニュアル化が重要である。

＜アクション４：同意なき買収提案対応＞

　前述の「企業買収における行動指針」により、"敵対的買収"すなわち経営陣の同意を得ない買収提案もM&Aの１つの手法として認知されることとなった。現に当指針発表以降、事業会社同士の同意なき買収事案が増えており、これはアクティビストにとっても活動機会が増える一因となり得る。

　公開買付けが開始されると、金融商品取引法に則った限られた期間（20〜60営業日）で対応しなくてはならない。この期間内に「意見表明報告書」などの法定開示文書に加え、提案内容の分析や対案の策定、株主への対応など、やるべきことは多数ある。したがって、対応事項や日程感を把握し、社内で役割分担を整理しておかないと、全てが後手に回ってしまう事態になりかねない。

　なお、こうした状況において、最近では有事導入型の買収防衛策が有事における対抗策の１つとして認知されてきているが、これはあくまで実際に有事になった際に相手や状況に応じてアドバイザーの支援を受けながら具体的に策定するものである。平時において行うべきは、有事に取り得る策には何があり、それぞれにどのような効果／限界があるかを正しく理解・把握しておくことである。

（5）　株主との対話

　株主との対話の重要性については既述のとおりであるが、それはアクティビスト対応においても同様である。株主提案や買収提案がなされた際には、提案者側よりも会社側の主張が企業価値を向上するものであると説明し、他の株主に賛同してもらう必要がある。そのためにも平時からの投

第3部　株主アクティビズムと企業支配権

【図表 3-3-4】TOB の流れ

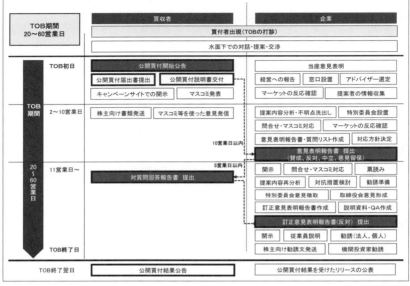

(出所) JSS 作成。

資家とのエンゲージメントは重要になってくる。

　一般の機関投資家のエンゲージメント活動は、言い回しや時間軸は違えど、アクティビストの活動と本質的には同じである。ただ、アクティビストとの対話は相手を納得させることは難しく平行線を辿ることが多いが、一般の機関投資家とは対話を踏まえて理解を得られる可能性もあるという点が異なる。資本市場の考え方やどのような議論がなされているかを踏まえて建設的な対話を行いたい。

(6) 体制の維持

　以上、(2)から(5)で述べてきたアクティビズムへの体制（コンティンジェンシー・プラン）を構築することは簡単ではない。専門的な知識が必要なうえ、外部の状況も日々変わっていくものであるため、この構築には数か月～半年程度は要すると思っておいた方が良い。重要なのは必要事項を

第3章　有事対応の備え

> **コラム4：事前警告型買収防衛策の善悪**
>
> 　前述したとおり、事前警告型買収防衛策は、良い買収提案であっても経営者の保身で拒絶されうるとして、望ましくない策と認識されている向きがある。
>
> 　だが本当にそうだろうか。買収防衛策を保身のために用いるようなことは当然あってはならないが、そのような企業は本当にあるだろうか。筆者は2007年頃より買収防衛策導入を検討する企業を数多く支援してきたが、保身のために買収防衛策を導入しようとする経営者に会ったことはない。会社の意に沿わない相手を対抗措置をもって排除しようなどと安易に考える会社も稀であり、多くは会社や株主が買収の是非について検討するのに必要な情報や時間を確保するという本来の目的や効能を理解した上で導入していると感じている。
>
> 　もちろん、買収提案に対しては買収防衛策などに頼らず企業価値向上をもって備えるべきであり、金融商品取引法上の公開買付規制下で対応するのが基本である点にも異論はない。ただ、目先の経済的利益のみを狙いとする濫用的買収者も確かに存在する中、株主構成などの影響で脅威に晒されるリスクが高い会社などにとっては、事前警告型買収防衛策の導入も1つの選択肢であると考える。「有事導入型は△だが事前警告型は×」と捉えている投資家も見られ、正しい理解の上での議論がなされていないのではないか。個社の環境、スキームなどを踏まえた上で判断してほしいと筆者は常々考えている。

"漏れなく"網羅することである。

　加えて重要なのは、この体制を"維持"することである。過去にマニュアルを備えたが今や棚で埃をかぶっている、という企業も少なくない。体制維持には定期的なメンテナンスが不可欠であり、最低でも年1回はプロジェクトチームにてミーティングを行い、認識を共有することをお勧めする。

139

第3部　株主アクティビズムと企業支配権

【図表 3-3-5】体制構築後のアップデート事項（一例）

・直近のアクティビズム関連情報の習得
　〜アクティビズムの傾向・他社事例の理解、関連法令等の変更、各種
　　見解の確認等
・自社のアクティビズムリスクのアップデート
・組織変更・プロジェクトメンバー交代への対応
・上記を踏まえたマニュアルのリバイス

（出所）JSS 作成。

3　おわりに

　アクティビストに株式を保有されている日本企業の数は数百に上る。それらの企業より「早く出ていってもらうにはどうしたらいいか」と相談を受けることがあるが、残念ながらそうしたウルトラＣのような策はない。仮に場当たり的な対応をしてそのアクティビストを追い返せたとしても、一度投資対象になった企業は問題が解決していない限り他のアクティビストからアプローチされる可能性があり、同じアクティビストが再度接触してくることさえある。

　アクティビスト側は数か月前……場合によっては数年前から周到に準備を重ねて提案に至っているため、企業側の対応が後手に回ってしまうのは避けられない。まったくの丸腰だと、初動を誤り、あれよあれよという間に事態はアクティビストが意図した方向に進み、結果として企業本来の活動がままならなくなったり、最悪の場合は会社が人手に渡ることもある。企業の経営陣は平時での体制整備にリソースを割き、適度な危機感を持って備えておくべきである。

　アクティビズム事例が相次ぐ現状において、企業側の不安は大きいと思われるが、企業価値向上のための施策を実行し、株価を適正な価値に近づけることと並行し、これまで述べてきたような体制を整備することが、平時における不安を軽減することにつながる。

第3章　有事対応の備え

コラム5：アドバイザーを使いこなせ

「有事の備え？そうなったら高名な弁護士雇って戦うからコンティンジェンシー・プランなど不要では？」、そう企業のトップからいわれたことは一度や二度ではない。確かに買収提案などに際してはフィナンシャル・アドバイザー（FA）、リーガル・アドバイザー（LA）といった外部専門家の力なしで対応するのは難しい。ただその場合もあくまで舵取りの役目は自社にある。アドバイザーも万能ではないので、アドバイザーに丸投げして事態が意図せぬ方向に進んでしまったり、別々のアドバイザーがあれこれいうことで調整が難しくなった事例もある。何をアドバイザーに依頼し、何を自社で検討するのか。自社の危機に対して主導的に対応したい。

また、これはあまり語られることがないように思うが、アドバイザーが登場するのはある程度事態が進展してからという印象がある。アクティビストが面談を要求してきた、提案文書を受領した、という段階ではアドバイザーが不在のケースが多く、採用するまでは自社で対応しなくてはならない。この期間は意外に長く、一定の知識は習得しておく必要がある。いつ、何をきっかけにどのアドバイザーと契約するか（アドバイザリー・フィーは高額である）を判断するのはあくまで会社である。アドバイザーをうまく活用するためには企業側にも相応の準備が必要である。

第3部　株主アクティビズムと企業支配権

第4章

企業支配権市場の確立

今出達也　日本シェアホルダーサービス

1　企業支配権市場とは

　一般の会話ではほとんど使われることのない「企業支配権市場」（Market for Corporate Control）という言葉がある。ちょっと怖そうな名前のそんな市場はどこにあるのか？　それは皆さんお馴染みの株式市場のことである。

　前章までで株主アクティビズムと企業支配権についての理解を進めてきたので、株式市場で株式を買い進んでいくと企業を支配できる権利が増えていく状況が既に可視化できているものと考える。

　また、市場でついている価格にプレミアムを付けた価格を提示する買収提案によって一気に支配権獲得を目指すことも可能である。通常の市場ダイナミクスでは株式を市場で買い進めば株価が上がってプレミアムがつくし、買収提案では現在保有している株主から過半の株式を売ってもらわなければならないので、買い手は買収提案の時点で支配権プレミアムを上乗せしなければならない。そして複数の買収者がいる場合はプレミアムの上乗せ合戦が生じる状態となる。健全な企業支配権市場は簡単に言えばこのように機能して既存株主はより高い株価で持株を売却しハッピーになれるわけだが、買う側としては無秩序に上乗せ合戦をすると結果的に元がとれなくなるリスクがあるのでDCF法をはじめとした企業価値算定方法を使って適正な上限価額を探ることとなる。

　本章執筆時点では、コンビニエンスストア事業を稼ぎ頭とするセブン＆アイ・ホールディングスに2024年8月にカナダの同業アリマンタシォン・クシュタールが5.6兆円規模の買収提案をして、市場株価は大きく跳

第4章　企業支配権市場の確立

ね上がった後、9月に財務省が同社を国家安全保障上重要で規制が厳しい外為法上のコア業種に認定し、その後、10月に買収提案価額が約7兆円に引き上げられ、11月には同社株の8%を保有する創業家関連法人と創業家出身の現副社長からのMBO提案を受けたというニュースが拡散した状態（注8）になっており、市場の観測ではそのMBO提案の価額は9兆円規模ではないかと言われている。今後どのような展開になるのか、日本が企業支配権市場をどのように確立させ運営したいのかがここでも試されるだろう。7兆円〜9兆円という日本史上最大規模の買収案件の行方が気になると同時に、そこに至る前の2022年〜2023年に米国のバリューアクト・キャピタルが同社に対して仕掛けたアクティビズム（注9）があったこともしっかりと記憶しておきたい。

2　企業買収ドラマのいろいろ

　比較的若い読者のために触れておくと、日本にはかつて1970年代から80年代のバブル経済に至るまでにも主に国内で株の買い占めや企業乗っ取りという企業支配権をめぐるドラマが激しく展開していた。三光汽船、ジャパンライン、蛇の目ミシンといった企業名で検索すれば当時の状況を確認できる。現役世代の記憶によく残っているのは2000年代前半のライブドア社やM&Aコンサルティング社のファンド（通称「村上ファンド」）が絡んだ一連の事案（注10）であろう。

　激しい企業支配権市場の例として80年代の米国で起こったLBO（Leveraged Buyout）ブームも憶えておきたい。象徴的な案件は米国の第4

（注8）　https://www.7andi.com/library/dbps_data/_material_/localhost/ja/release_pdf/2024_1113_ir01.pdf.

（注9）　https://valueact.com/wp-content/uploads/2022/02/Seven-i-Holdings-Public-Presentation-vF-002_Japanese_vf.pdf.

（注10）　堀江貴文氏が率いたライブドア社がストラテジックバイヤーとして数々の企業買収を経て急成長を遂げた中、元通産官僚の村上世彰氏が立ち上げたM&Aコンサルティングもまた急速な株式買付と株主アクティビズムによって複数の大型の企業支配権をめぐる事案を発生させた。その後堀江氏は有価証券報告書の虚偽記載、村上氏はニッポン放送株を巡るインサイダー取引でそれぞれ旧証券取引法違反の有罪が確定した。

第 3 部　株主アクティビズムと企業支配権

次 M&A ブーム末期に起こり、『Barbarians at the Gate/ The Fall of RJR Nabisco』（邦訳版は『野蛮な来訪者——RJR ナビスコの陥落』）と題される書籍と映画にもなった、当時史上最大の 250 億ドルの RJR ナビスコ社買収劇である。主役は自らの欲望に正直に同社を経営していたように見える社長と、LBO ファンドとして買収合戦に勝利した KKR の面々である。当時は買収先の資産を担保としたジャンク債発行などが LBO ファンドの巨額資金調達を容易にし、このように巨大企業を買収した後で解体し、従業員等が職を失うといった事案が連発し、社会的問題にもなった。「LBO ファンド」のイメージは悪化したため、現在ではプライベート・エクイティ（非公開株投資を意味）ファンド（PE ファンド）という広義の属性を呼称として、最近日本で流行っている MBO（マネージメント・バイアウト）による非公開化 (注11) などの影の立役者となっている。

3　企業支配権市場のエコシステム

　日本がアベノミクス以降進めている改革には企業支配権市場の確立が必要不可欠である。そして企業支配権市場にはファイナンス、つまり資金調達が絶対的に必要であるから、間接金融の主役たる銀行、直接金融を支える投資銀行と証券市場といったエコシステムがしっかりと機能しなければならない。企業経営には株主や債権者以外の従業員や取引先といったステークホルダーも必要であるから支配権獲得後の経営計画も必要であり、計画策定を支援する経営戦略アドバイザーや法的な側面を支える法律事務所、世論形成に有効なメディアアドバイザー、公開買付実務や株主総会実務を含む株式実務をサポートするものもエコシステムに加わることとなる。

　そして近年の日本市場においてそのエコシステム内で重要な役割を果たしているのがファンド・アクティビストと機関投資家である。最近のファンド・アクティビズムにおいては、いわゆる「ホワイトペーパー」提案で、部分的に外注されて作られているような経営戦略提案などを目にする機会

（注11）　経営陣が主導する自社買収による株式非公開化を意味する。

が多い。また前章にもあるように、ファンド・アクティビスト自体にそういった提案が作れる人材がエコシステムの中から集まりつつあるようである。

　ファンド・アクティビストがエコシステムから得られる情報を活用して、魅力があるが「資本コストや株価を意識した経営」があまり行われておらず、実際に株価が安くなっている企業に目をつけて投資を始め、議決権の重要な割合を保有する一般の機関投資家にも見栄えの良い経営戦略改善提案を公表し、メディア（SNSなども含む）を経由して世論の支持を集め、株主総会での議決権行使で経営陣と取締役会に大きな影響を及ぼすと想定される段階において、PEファンドからの共同MBO提案を受けると、経営トップの地位を保持してこれまでの歴史と戦略に基づく事業運営に集中したい経営者がそれに魅力を感じてしまうのも人情というものであろう。

　ここで留意しておきたいのは、ほぼ全てのMBOは実質的にLBOであり、買収して株式の過半から全部を保有することとなるPEファンドは最終的にそのファンドの受益者に対して資本コストを大幅に上回る絶対的リターンを提供しなければならないことである。リターン創出の手段は事業分割も含む第三者への売却、再上場などで、結果的に資本と市場の論理から乖離することはない。他方、この企業支配権市場のエコシステムには、他の事業会社による買収も含まれているから、市場のゲーム感覚で捉えれば、どのプレイヤーが先に来たとしても株価が安くなっている企業の株価が適正価格の上限を目指して上がっていくことになる。

　日本が進める改革のために必要な企業支配権市場の確立と機能を妨げるものは何か？読んで字の如くの「買収防衛策」や、株式持ち合いによってお互い株を売らずに会社提案に賛成を続ける「安定株主」はその代表と言ってよいだろう。この2つの障害物は現在、機関投資家による「事前警告型買収防衛策」廃止運動や「政策保有株」解消運動によって徐々に摘除されつつある。日本再興戦略から始まった政策のベクトルが企業再編、事業再編を指向していることは明確で、企業支配権市場の活性化が政策を成功に導く原動力となる。この戦略が成功すればおそらく日本企業の国際競

第3部　株主アクティビズムと企業支配権

【図表】企業支配権市場に関連して参照すべき国内の政策的指針等

公表年	名称	策定・作成者
2005	「企業価値・株主共同の利益の確保又は向上のための買収防衛策に関する指針」（経済産業省・法務省）	経産省・法務省
2005 2006	「企業価値報告書」 「企業価値報告書2006」	企業価値研究会
2007	「企業価値の向上及び公正な手続き確保のための経営者による企業買収（MBO）に関する指針」	経産省
2014 以降	この間に本書第1部はじめ他の章でも繰り返し触れられている2つのコード策定とその改訂が行われ、現在も改訂が検討されている。	
2019	「公正なM&Aの在り方に関する指針」	経産省
2020	「事業再編実務指針」	経産省
2023	「企業買収における行動指針」	経産省
2024	「公開買付けの開示に関する留意事項について」（公開買付開示ガイドライン）案(注12)	金融庁

（出所）各省庁の開示を基に筆者作成。

争力が強化されるという見方は間違ってはいないだろう。ただし、競争力が強化された企業の本体が日本国籍であるという保証もまたないだろう。

4　企業買収における行動指針

　2023年8月、経済産業省（以下、「経産省」という）は、「公正なM&A市場における市場機能の健全な発展により、経済社会にとって望ましい買収が生じやすくなることを目指して」（経産省）、「企業買収における行動指針——企業価値の向上と株主利益の獲得に向けて」(注13)を公表し、過去に策定された企業買収に関連する指針中の同様な内容についてもここで更新したとした。同指針には本章で概説している企業支配権市場や政策の

(注12)　金融庁（https://www.fsa.go.jp/news/r5/sonota/20240628-3/01.pdf）。
(注13)　経済産業省（https://www.meti.go.jp/press/2023/08/20230831003/20230831003. html）。

ベクトルについてわかりやすく書かれているので本書読者に幅広く熟読を
おすすめしたい。

　同指針については、前章で触れられている「同意なき買収提案」（買収
提案された側の経営陣や取締役会が事前に同意していない買収提案で、以前は
「敵対的買収提案」と呼ばれた）が企業の関心を呼んでおり、さらにその買
収提案が「真摯な提案」であれば提案を受けた企業の取締役会が「真摯な
検討」をすべきであると説明されている。

　概説すると、「真摯な買収提案」とは「具体性・目的の正当性・実現可
能性のある買収提案であり、英語の bona fide offer ^(注14) に相当する」と
のことで、真摯な検討では、「会社の企業価値を向上させるか否かの観点
から買収の是非を判断することに加えて、株主が享受すべき利益が確保さ
れる取引条件で買収が行われることを目指して合理的な努力が行われるべ
き」であり、取締役会が「真摯な検討」を進める際には、「買収提案につ
いての追加的な情報を買収者から得つつ、買収後の経営方針、買収価格等
の取引条件の妥当性、買収者の資力・トラックレコード・経営能力、買収
の実現可能性等を中心に、企業価値の向上に資するかどうかの観点から買
収の是非を検討すること」となり、「また、自社の株価が提案の価格を大
きく下回っている場合には、そもそもなぜこの乖離が生じるのかについ
て、取締役会（特に社外取締役）や経営陣が関心を持ち、検討や分析を行
う契機とすること」を提言しているようである。それによって「日本にお
いて望ましい買収がより生じやすくする」状態を目指しているとも書いて
あるので、思惑通りに進めばおそらく日本経済にとってプラスになると考
えられる。

　機関投資家関係者からは、同指針がこれまで解釈が曖昧なことで対話で
のミスマッチの原因にもなってきた「企業価値」について、「企業が将来

(注14)　bona fide とはラテン語が起源で「真摯な」や「誠実な」にも当てはまるが、「善
　　　意の」という意味もあり、bona fide third party が「善意の第三者」に該当する。
　　　その観点からは日本の民法上の「善意」の定義と若干異なるとも言える。

第3部 株主アクティビズムと企業支配権

にわたって生み出すキャッシュフローの割引現在価値の総和を表すもの」と定義したことを歓迎する声がよく聴かれる。アナリストによる企業分析やM&A取引のバリュエーション（企業価値算定）においては主流で汎用性の高いDCF法を前提に企業とエンゲージメントできれば、投資家が慣れ親しんでいるファイナンス理論の世界で認識共有ができるからだと思われる。

　同指針に「『企業価値』は定量的な概念であり、対象会社の経営陣は、測定が困難である定性的な価値を強調することで、『企業価値』の概念を不明確にしたり、経営陣が保身を図る（経営陣が従業員の雇用維持等を口実として保身を図ることも含む。）ための道具とすべきではない」とまでわざわざ明記したのは、これまでの対話におけるミスマッチを強く示唆している。ただし、同指針では企業や事業の「本源的価値（intrinsic value）」の解釈について以下のように留保しており、「企業価値」と「本源的価値」の定量評価方法が異なり得るという余地を残している。

> 本源的価値（intrinsic value）については様々な見方があり、例えば、本指針の定義における企業価値（企業が将来にわたって生み出すキャッシュフローの割引現在価値の総和）と実質的に同義のものとして「本源的価値」の用語を用いることもあるが、本指針では、会社の現在の経営資源を効率的な企業経営のもとで有効活用することで実現し得る会社の本質的な価値のことを「本源的価値」と表現している。このような意味での「本源的価値」は、同業他社との比較によりある程度客観的に算定できるとの指摘もある。
>
> 　　　　　　　　　　（出所：企業買収における行動指針7頁 脚注）

　筆者の感想としては、「企業価値」という日本語として広義で[注15]言霊[注16]性の強い用語を使い続ける限り、文化、精神といった非財務的で

[注15]　例えば「企業価値」をM&A用語のEnterprise Value（EV）の和訳とすればその内容はまた異なってくる。各指針や報告書で使われている「企業価値、ひいては株主共同の利益」という表現からは、企業価値は結局株主価値に帰結する必要があるという含意が感じられる。

148

第 4 章　企業支配権市場の確立

定量化困難要素が入り込む余地は残され、ファイナンス理論一辺倒の対話では国民世論とすらミスマッチが続く可能性はあるだろう。ただそれが悪いことなのではなく、今回の指針の前提に乗る形で対話の内容が深まるのであればそれは良いことである。

　同指針は、経営支配権を取得する意図を明かさないまま多数の取締役を入れ替えることにより一定の経営支配権を取得しようとする、ファンド・アクティビストがよく使う手法についても以下のように触れている。

> 取締役の選解任を提案する株主が、経営支配権を取得する意図を明かさずに他の株主と協調して相当量の株式を取得した上で、株主総会招集請求を行って多数の取締役を自らの影響力の及ぶ者に入れ替える株主提案を成立させることにより、経営支配権を取得する場合における透明性の論点がある。このような場合、買収の是非について株主の判断を経ないままに、特定の者が経営支配権を取得する可能性がある（複数の者の間で株式の保有が分散する結果、大量保有報告規制の違反や潜脱がされるおそれも指摘される）。
>
> （出所：企業買収における行動指針 24 頁 脚注 38）

> また、株主総会招集請求を行う場合、株主総会の参考書類等において公開買付制度のような情報開示がなされないため、提供される情報が不十分となる問題が生じやすい。このため、経営支配権を取得することを目的として多数の取締役を交替させる株主総会招集請求を行う場合には、招集請求者は、招集請求の目的や招集請求者（及び招集請求者と共同して株式の取得・処分や株主としての権利行使に関する合意をしている者がいればその者）の概要、提案が成立した後の経営の基本的な方針等について、少なくとも公開買付届出書における記載内容と同程度の適切な情報提供を株主に対して行うことが望ましい。
>
> （出所：同上）

(注16)　序章の 6 頁 脚注 6 参照。

第3部　株主アクティビズムと企業支配権

5　おわりに

　セブン＆アイ・ホールディングスへの外国企業からの「同意なき」買収提案を知って日本国民として少し心配になってしまうのは同社の事業が国民の生活インフラとして浸透している意識があるからだろう。一方、全米最大のコンビニチェーンとしての同社の世界的な成長をけん引しているのは、米国でのスピードウェイ買収[注17]などの海外展開によるところが大きい。企業支配権市場は目まぐるしく動いている。現時点では、日本製鉄による米USスチールの買収（同意ある買収提案）について、次期大統領のトランプ氏が阻止を計画する方向感を出す中で決着していない。さらに業績や株価において憂慮すべき状況が観測されている日産自動車の本田技研工業との統合案件、その背景とも考察される台湾の鴻海の行動などがニュースを賑わせている。そして日産自動車の上位株主に登場したのが、日産車体株の3割を保有し、非公開化された東芝の筆頭株主でもあったファンド・アクティビストのエフィッシモ・キャピタル・マネージメント（ECM）[注18]である。日本が企業支配権市場を確立する過程でファンド・アクティビズムに大きな収益機会が与えられ、ファンド出資者の富は創造される。一般投資家はアクティビストの株式保有による株価上昇モメンタムを歓迎し、企業再編を実現させたい政策当事者はファンド・アクティビストの声を活用する。この状況はしばらく続きそうである。

[注17]　2021年に米国の石油精製大手から2.3兆円でガソリンスタンド併設のコンビニエンスストア事業を買収。

[注18]　ECMについては前作の『株主と対話する企業』（2013）215頁〜217頁で触れている。

150

第4章　企業支配権市場の確立

コラム6：「鬼滅の刃」と企業支配権市場

　「生殺与奪の権利を他人に渡すな！」とは、爆発的人気となった漫画・アニメ「鬼滅の刃」で主人公の竈門炭治郎が先輩の富岡義勇に言われた言葉である。企業支配権市場はまさに企業にとって生殺与奪の権利が売買される市場であり、そこに身を置くことが上場企業の宿命だ。市場との付き合い方に失敗して殺されたり、奪われたりすることなく、生かされ、与えられる方向で市場とうまく付き合っていくことが肝要だ。株主・投資家・市場との対話はそのためのものだ。アクティビストに株主提案をされた場合によくみられる兆候は、株主総会を最終決闘のように捉えてその決闘に勝つことのみが目標となってしまい、株主提案の否決で戦いが完結して平和が訪れると考えてしまう心理状態である。アクティビストは鬼滅の刃に登場する鬼ではないが、最強クラスの鬼はたとえ首を切ったとしても消滅せずに復活するし、次々と別の鬼が現れる。つまりアクティビストとのエンゲージメントは企業の生殺与奪権をめぐる連続的なゲームということになる。

コラム7：サッカーチームと上場企業

　企業支配の第一歩は取締役会の掌握と経営トップの交代にある。読者が上場企業の社員であるとしよう。そしてその企業がサッカーチームのスポンサーであるとする。試合で負け続けたそのチームに何が起きるかと言えば、一番起こりやすく、実際に起こっているのは監督（注：企業で言えば現場の経営トップに該当するが、結果責任を問われる役回りであるところの英語の「コーチ」を「監督」と訳しているので少しわかりにくくなっている）の解任と交代であろう。多くの場合、チームの熱心なサポーターは新監督に期待を寄せることになる。スポンサーを上場企業の株主と置き換えてみると、戦略も業績もNGな企業において、株主（スポンサー）がチームの監督であるところの経営トップを交代させようとするのは自然な流れであると言える。エージェント理論に基づいて株主が選任した取締役会が経営トップを指名・任命・解任するのがCGシステムであるから、株主が適切な経営トップ交代を実現し得る取締役構成を提唱するのは自然なのである。企業世界での創業者や親会社などの支配的スポンサー（株主）が監督（経営トップ）を兼ねるというプロサッカーチームはほぼ皆無なので、企業世界よりもずっとシンプルにCGシステムが機能しているようだ。試合に負け続けて一部

151

第3部　株主アクティビズムと企業支配権

リーグから二部、三部リーグに転落してしまうような事態において、全ステークホルダーから愛され続けて続投する監督というのは明らかに存在しにくくなっているし、読者（読者が所属する上場企業）がスポンサーであったらそんな監督の存在を許しはしないだろう。

コラム8：安定株主と企業支配権市場

　企業支配権市場の確立の障害物としての従来型「安定株主」*1 が消滅に向かっていることはすでに触れた。しかし企業戦略を長期視点で継続安定的にサポートすることのできる「アンカー株主*2」と呼ばれる長期安定保有株主の効用は、コーポレート・ガバナンス研究の第一人者*3 によっても提唱されている*4。日本が政策で目指すところの構造改革を一定程度成し遂げた後に企業の対外競争力を高めていくにはアンカー株主の効用を検討する余地があると考える。個人的な考察の提示にとどめるが、しばらくの間、疑似アンカー株主的存在になり得るのは ETF やパッシブ投資で日本企業全体のユニバーサルオーナーとなっている日銀や GPIF *5 という発想もあり、現時点で主体的な株主行動をとっていないアセットオーナーとしての両者が、日本企業の持続的価値創造のサポーターとして一歩踏み込んだ役割を果たすことも有意なのではないだろうか。日銀の ETF 投資の出口とセットで何らかのスキームが考えられるのではないか。

*1 ここでは主に株式持ち合い慣行を指している。
*2 「アンカー」とは「Anchor ＝錨」のこと。
*3 Colin Mayer〈オックスフォード大学サイード経営大学院教授〉の研究など（https://www.sbs.ox.ac.uk/about-us/people/colin-mayer-cbe）。
*4 「比較制度分析の視点から見た企業統治改革～資本市場、所有構造、および支配権のあり方」（https://www.dbj.jp/ricf/pdf/research/DBJ_EconomicsToday_41_01.pdf）を参照。
*5 日銀と GPIF は全く異なるタイプの資金拠出者。運用資産総額約 246 兆円の世界最大の年金基金・アセットオーナーである GPIF の日本株投資は必然で、2024 年3月末時点の日本株保有時価総額は 61.5 兆円。現在では世界の責任投資のリーダーとしての存在感も大きく、運用を外部委託している資産運用会社を通じて日本企業へのスチュワードシップも存分に発揮している。一方、日銀は政府の 2010年 10 月の金融政策決定会合で決定された日本株 ETF 買入れを、後半減速しながら 2024 年 3 月の買入れ停止発表まで続け、その時点の日本株保有資産総額は 70兆円を超えると推計されている。これは中央銀行による株式投資という異例の政策（目的は当時デフレ脱出戦略の一環とされる）であり、批判の声も多く聞かれた

第4章　企業支配権市場の確立

が、結果としては株価上昇の恩恵を受けた形となった。一方デフレ脱出が過去の
ものとなった今後は日銀が間接的に保有する日本企業株式をどうすべきかが課題
となっている。なお、GPIFと日銀による日本株保有時価総額の合計が130兆円
強とすると日本市場全体の2024年11月末時点の時価総額約1,000兆円の約13%
を占めていることとなる（参考ウェブサイト：https://www3.nhk.or.jp/news/
html/20240426/k10014432941000.html）。

第4部 コーポレート・ガバナンスとサステナビリティ

第4部では日本企業と日本市場においてコーポレート・ガバナンス改革が意味するものを鋭利な視点で切り取った後、ESG（環境・社会・ガバナンス）を投資活動の三本柱に据えて、地球環境や社会の未来に通じる持続可能性（サステナビリティ）を重視した機関投資家による責任投資の過去、現在、未来に思考を巡らせる。

そして企業情報開示において極めて重要な課題ともなっているサステナビリティ・コミュニケーションとして責任投資家が求めるもの、重要な論点、具体的対応について、事例を踏まえながら簡潔に解説していく。

第4部　コーポレート・ガバナンスとサステナビリティ

第1章

コーポレート・ガバナンス改革と
日本企業

藤島裕三　日本シェアホルダーサービス

　筆者がコーポレート・ガバナンス分野に携わり始めた 2000 年前後、日本の資本市場においては「黒船」として目の敵にされていた当分野も、いつの間にか「金科玉条」のように扱われるようになった。その過程で数多くのオーソリティが名乗りを上げ、時勢を反映したさまざまなコーポレート・ガバナンス論が語られるに至っている。本章においてはトレンドを追うような議論からは一線を画し、そもそもコーポレート・ガバナンスとは何であり、どのように向き合うべきなのかにつき、「実質」さらには「本質」まで立ち返ってみたい。

1　コーポレート・ガバナンスを正しく認識する

　コーポレート・ガバナンスとは「企業統治」とも訳されるが、これは「経営トップが企業を統治する」という意味ではない。特に、上場会社は資本市場を通じて広く資金を集めることで成り立っており、経済的な意味においては純投資家である株主が企業の所有者に相当する。その株主がいわばオーナーとしての立場から、投資先である企業の経営戦略や事業活動に間違いはないか、しっかりと業績拡大ひいては株価向上を目指して経営しているかをチェックするのが、資本市場におけるコーポレート・ガバナンスの意義である。この「株主＝所有者」の観点に立って、コーポレート・ガバナンスの「形式」と「実質」の議論を正しく捉える必要がある。

　「形式」は取締役会の独立性（社外取締役の人数・割合）、指名報酬委員会の設置（法定、任意）など、機関設計における取組みであることは論じるまでもないだろう。問題は「実質」である。企業が生み出す「価値」こそ

156

第 1 章　コーポレート・ガバナンス改革と日本企業

【図表 4-1-1】各種イニシアティブにおける企業価値の定義

企業価値報告書（注 1） （経済産業省、2005 年）	企業の価格は企業価値であり、企業価値とは企業が利益を生み出す力に基づき決まる。企業が利益を生み出す力は、経営者の能力のみならず、従業員などの人的資本の質や企業へのコミットメント、取引先企業や債権者との良好な関係、顧客の信頼、地域社会との関係などが左右する。株主はより高い企業価値を生み出す経営者を選択し、経営者はその期待に応えて多様なステークホルダーとの良好な関係を築くことによって企業価値向上を実現する。
「持続的成長への競争力とインセンティブ〜企業と投資家の望ましい関係構築〜」プロジェクト（伊藤レポート）最終報告書（注 2） （経済産業省、2014 年）	企業価値については、一般には経済価値・株主価値として株式時価総額や企業が将来的に生み出すキャッシュフローの割引現在価値（DCF）等に焦点を当て、中長期的に資本コストを上回る利益を生む企業が価値創造企業として評価される。
企業買収における行動指針（注 3） （経済産業省、2023 年）	企業価値とは、会社の財産、収益力、安定性、効率性、成長力等株主の利益に資する会社の属性又はその程度をいい、概念的には、企業が将来にわたって生み出すキャッシュフローの割引現在価値の総和である。
持続的な企業価値向上に関する懇談会（座長としての中間報告)(注 4) （経済産業省、2024 年）	企業価値の捉え方として、本懇談会では、主に投資家サイドからは（中略）、将来キャッシュ・フローの割引現在価値を市場で定量的に評価して株価が形成されており、上場して広く資本市場から資金を集めている以上、株主価値を重要視すべき、という意見であった。

（出所）JSS 作成。

が実質であるという大枠はあるが、その「価値」が時に、広く社会全体に
貢献するものであり、諸々のステークホルダーに資するものだと主張され
る。しかし会社の所有者が株主である以上、会社の第一義的な目的は「株
主価値」の創出であることに疑いを挟む余地はない。諸々のステークホル
ダーに報いつつ、広く社会全体に有用なビジネスを展開することで、株主

（注 1）　https://www.meti.go.jp/policy/economy/keiei_innovation/keizaihousei/pdf/3-houkokusho-honntai-set.pdf.
（注 2）　https://www.meti.go.jp/policy/economy/keiei_innovation/kigyoukaikei/pdf/itoreport.pdf.
（注 3）　https://www.meti.go.jp/press/2023/08/20230831003/20230831003-a.pdf.
（注 4）　https://www.meti.go.jp/shingikai/economy/improving_corporate_value/pdf/20240626_1.pdf.

第4部　コーポレート・ガバナンスとサステナビリティ

に経済的な価値をもたらすことが、コーポレート・ガバナンスの「実質」であり、そのために独立性などの「形式」を整えることが求められる。

「実質」である株主価値とは業績拡大そして株価向上に他ならない。現代の機関投資家を中心とする資本市場においては、長期的な視点で業績拡大が期待できなければ、持続的な株価向上は見込みにくい。将来にわたって獲得されるキャッシュフローの期待水準が、現時点における株主価値に反映されるのである。そして株価向上につながる業績拡大とは、優れた資本生産性の確保と魅力的な投資機会の開発で実現されるものであり、資本市場においては PBR（＝ ROE × PER）によって評価される。

なお、これを ESG の観点から捉え直すと、E：環境と S：社会は将来の成長性とリスクに反映される、いわば長期的なマネジメントマターであり、将来キャッシュフローに直結する要素だと言える。その一方で、G：ガバナンスは E・S を株主価値向上のためにリードする役割であり、「実質」を引き出すための「形式」に止まらない「基盤」と言えるだろう。

2　ガバナンスが不在だった日本の資本市場

戦後、日本の資本市場においてはコーポレート・ガバナンスを無力化することに邁進していたと言っても過言ではない時期があった。経営陣中心の構成で形骸化した取締役会、適法性監査に権限を矮小化された監査役、株式持ち合いによって無力化された株主総会など、マネジメントの能力不足や不作為を正す監督機能が、ありとあらゆる側面から骨抜きにされた。株価は順調に上昇していたものの、外需旺盛・内需拡大の経済環境下における業績拡大が、模倣や前例踏襲のマネジメントでも容易だったに過ぎない。日本企業は「ジャパン・アズ・ナンバーワン」といった賛辞に自惚れ、その秘訣を問われれば「数字に現れない強み」「日本人特有の精神性」など非論理的・非科学的なワーディングで高言することに終始した。

しかし高度成長期の終焉とバブル経済の崩壊後、グローバル競争激化・国内低成長化に晒されることで、マネジメントを取り巻く状況は一変した。痛みを伴う施策なくして資本生産性は改善しない、リスクを取らずして成長機会は得られない。マネジメントの能力不足や不作為を株価は冷酷

158

第1章　コーポレート・ガバナンス改革と日本企業

に反映し、時価総額を通じた企業体力のグローバル格差はますますマネジメントを苦しめる。そのような状況下、コーポレート・ガバナンスが有効に機能していれば、最適な経営陣によるマネジメント体制を構築し、適切なインセンティブ報酬で報いることで、株主価値向上に邁進できたかもしれない。ここに至って株主を重視したコーポレート・ガバナンスを疎かにしたことが、日本企業のグローバル経済におけるプレゼンス低下に追い打ちをかける状況に陥らせていたのである。

　なおその間、米国企業においては機関投資家を中心に、株主価値に基軸を置いたコーポレート・ガバナンス改革が進展、日本企業に対してグローバル競争力と時価総額で圧倒的な格差を付けている。時には短期的な株価上昇や株主還元に過度に偏重した経営によって、資本市場全体を揺るがす不祥事そして信用不安がもたらされることもあったが、例えばエンロンショック後のサーベンス・オクスレー法、リーマンショック後のドット・フランク法など、その都度に資本市場は高い修正能力を発揮し、また企業も適応するべくコーポレート・ガバナンスを鍛え直してきたことで、長期的なスパンでは株主価値を高め続けている。競争力の差はコーポレート・ガバナンスの差、と言っても過言ではないのではないか。

3　アベノミクスによりもたらされた市場規律

　グローバル資本市場の常識である株主価値を重視するコーポレート・ガバナンスを導入することで、日本企業をグローバル経済において再び競争力の伴ったプレイヤーにしようとしたのが、第2次安倍内閣の経済政策であるアベノミクスであった。日本の歴史上で初めて、資本市場を正しく機能させようとした経済政策だと言ってよいかもしれない。アベノミクスではデフレからの脱却と富の拡大を実現するための「3本の矢」が掲げられたが、その第3の矢である成長戦略を示した「日本再興戦略——JAPAN is BACK」において、日本企業の国際競争力を強化するための施策として、コーポレート・ガバナンスの見直し・変革が提言された。

　この2013年の提言における具体策としては、「社外取締役の導入促進」と「機関投資家の役割強化」が掲げられた。いずれも企業に株主の視点を

159

第 4 部　コーポレート・ガバナンスとサステナビリティ

【図表 4-1-2】アベノミクス成長戦略のコーポレート・ガバナンス ^(注 5)

年	成長戦略	ガバナンス関連のキーワード
2013 年	日本再興戦略	▶ 社外取締役の導入促進 ▶ SS コード検討 ▶ 高評価銘柄によるインデックス
2014 年		▶ グローバル水準の ROE 達成 ▶ CG コードの策定 ▶ 建設的な対話のプラットフォーム
2015 年		▶「攻め」のガバナンスを強化 ▶ 経営陣に決定を委任できる範囲の明確化 ▶ 統合的な情報開示の在り方
2016 年		▶ コーポレート・ガバナンスは最重要課題 ▶ 情報開示の実効性・効率性の向上 ▶ 株主総会プロセスの電子化
2017 年	未来投資戦略	▶ コーポレート・ガバナンス改革を形式から実質へ ▶ CEO の選解任 ▶ 事業ポートフォリオの機動的見直し
2018 年		▶ 迅速・果断な経営判断の促進 ▶ グループガバナンスの在り方（指針を策定） ▶ 自社株対価の M&A を促進
2019 年	成長戦略	▶ コーポレート・ガバナンス改革は評価 ▶ 欧米並みの ROE・ROA には未だ及ばず ▶ 上場子会社のガバナンスが課題

(出所) JSS 作成。

持たせることが目的で、社外取締役には株主の代理人として経営者を監督
するよう、機関投資家には企業経営に対して直接働きかけるよう求めてい
る。これを受けた翌年の「日本再興戦略 改訂 2014——未来への挑戦」で
は「グローバル水準の ROE の達成」を 1 つの目安とし、さまざまな施策
を講じていくとされた。その代表的なアクションが金融庁・東証による
CG コードの導入で、2015 年の策定以来、2018 年・2021 年と 2 度の改訂
を経て、上場会社に積極的な取組みを求めてきた。その他にもさまざまな
法改正や官主導のイニシアティブが実施されている。

　このような「官製ガバナンス」は外国人投資家から大いに賛同を得て、

(注 5)　https://www.kantei.go.jp/jp/singi/keizaisaisei/kettei.html.

第1章　コーポレート・ガバナンス改革と日本企業

日本企業の評価向上そして時価総額増大に大いに寄与した。国際的な機関投資家の団体である ACGA（アジアコーポレート・ガバナンス協会）は、2023年度の調査（注6）で日本のコーポレート・ガバナンスをアジア12か国中の2位と公表（1位はオーストラリア）、「ポップコーンを手に取る瞬間だ（a real grab your-popcorn moment）」との表現で賛辞を送った。企業と株主が一緒に株主価値向上という果実を分かち合う基盤が日本の株式市場に整ったことを、高く評価したのではないか。ただし「投資家が期待するロマンチックな結末（the romantic ending we hope for）」が得られるのはこれから、と釘を刺している。いまだ低水準に止まる PBR などを懸念したものだろう。

4　市場規律の伝道師としてのアクティビスト

　株主価値そしてコーポレート・ガバナンス重視という資本市場の要請を、最も先鋭的に体現するのがアクティビストである。株式持ち合いに守られ機関投資家の論理も十分に浸透していなかった2000年代初頭の日本では、アクティビストは社会の敵、いわゆる「ハゲタカ投資家」との不当な扱いを受けたが、近年においては官製ガバナンスの後押しも受けて、資本市場における発言力と実行力を格段に向上させている。そもそも株主価値を重視する立場としては、資本生産性を高められず成長機会を開発できない経営陣にこそ問題がある。その能力不足や不作為を白日の下に晒して抜本的改革を迫るという点において、アクティビストは市場規律を正す、ある意味「伝道師」ともみなすべきではないか。

　その主張も洗練されてきている。かつては非稼働の資産（過剰な現金、遊休資産である土地など）を直ちに配当に回す、経営陣全員を刷新してマネジメントを全て掌握する、といった極端な要求が目立ち、メインストリームの機関投資家としては必ずしも賛同できるものではなかった。しかし近年では ROE や DOE などの適切な水準を意識した株主還元の強化、精緻な分析に基づいて抽出した経営課題に詳しい社外取締役の選任など、

（注6）　https://www.acga-asia.org/cgwatch-detail.php?id=482.

第4部　コーポレート・ガバナンスとサステナビリティ

ロジカルかつリーズナブルな要求事項が目立っている。これらは現在のマネジメントやステークホルダーに過大な負担を強いるものではなく、かつ株主価値の向上に直結するため、資本市場全体から一定の支持を受けるだろう。アクティビストの声はアクティビストだけのものではない。

　それでも依然、株主価値を毀損している企業に対するアクティビストの視線は冷徹である。象徴的な論点がPBR1倍割れ問題であり、アクティビストからは「プライム銘柄として失格である」「スタンダード市場も含めて上場廃止とすべき」といった厳しい意見が呈されている。そもそもPBR1倍とは株主価値を創出する力が経営陣にないこと、さらに1倍割れは株主が所有する会社資産が目減りしてしまうことを示している。アクティビストならずとも株主にとって、株主価値を創出できないならば資金を返還して解散もしくは身売りすべきと求めることは、コーポレート・ガバナンスの論理として至極当然のことである。企業はあらためて株主価値を創出するという存在意義（レーゾンデートル）を明確に自覚するべきだろう。

5　価値創造におけるコーポレート・ガバナンスの使命

　なぜ「形式」が整ったはずのコーポレート・ガバナンスが「実質」を引き出すに至っていないか、筆者はコーポレート・ガバナンスの「本質」が理解されていないためと考える。本章の最後として、通常のコーポレート・ガバナンス論においては用いられないロジックで、その本質としてのコーポレート・ガバナンスの使命に迫ってみたい。

　ここに真っ白なキャンバスがある。マネジメントとはアートであり、ビジネスという絵を描くことによって価値を生み出していく。しかしその絵画が凡百なものであったり陳腐なものであったりしたら、投入した画材や労力に見合った価値すら得られないだろう。そのような場合はむしろ、手付かずで真っ白なキャンバスのままであった方が美しく価値が高いのではないか。コーポレート・ガバナンスとはまさに「ゼロベース」の視点から、マネジメントに「絵を描く」ことの覚悟を迫り、構想から手法、デッサンなどプロセスを確認することで、価値あるアートを創出して世に発信す

る、良質なパトロンの役割を果たすことである。

　マネジメントに画力や構想力が伴わない、説得力あるデッサンが示せないような場合、そのようなアートは「生まれるべきでない」とコーポレート・ガバナンスは判断しなければならない。さらにはいかに構想が素晴らしくても、目論んだ通りには筆が進まないリスクを勘案すれば、真っ白なキャンバスのまま手元に置いておく方が「美しい」ままの価値を享受できるとさえ考えられる。ショーペンハウアーは「一切の生は苦しみである」として反出生主義を唱えたが、株主が「一切の経営はリスクである」と捉えれば、毀損する前に資金を自分たちに返還すべき、そもそも企業として存在すべきではないとの結論は十分にあり得よう。

　もっともリスクに怯える一方では株主価値は新たに創出されず、グローバル経済は縮小均衡・ジリ貧になる一方である。ショーペンハウアーが言うところの「生きようとする意志の否定」によりもたらされる「神の国」の実現、すなわち人類絶滅に準えられるかもしれない。しかしリスクは価値の毀損をもたらすだけではない。価値を創出するためにも欠くことのできないものである。いかに素晴らしい戦略と手腕が伴っていても、価値創造に100％成功する経営者など存在し得ない。出生肯定者であるニーチェの言葉「これでよし、もう一度」と言わしめるようなマネジメントであれば良いのだろう。企業の存在価値を冷徹しかし肯定的に見極めることが、現代の日本企業におけるコーポレート・ガバナンスの「本質」として求められているのではないか。

第4部　コーポレート・ガバナンスとサステナビリティ

第2章

責任投資と ESG

矢幡　静歌　　日本シェアホルダーサービス

　本書のテーマは「株主と対話する企業」であるが、筆者は企業が株主と
対話するテーマは年を追うごとに徐々に深く、広くなっていると感じてい
る。中でも近年注目されているのがサステナビリティや ESG 等を考慮し
た責任投資と呼ばれるキーワードであり、すべての機関投資家の行動に重
要な影響を及ぼすようになった。責任投資のメインストリーム化である。
責任投資においては、投資判断から対話、そして議決権行使に至るまで、
財務情報だけでなく、非財務情報も重要視され、その中でも、企業価値の
持続的創造に直結するサステナビリティ項目（ESG 事項「環境・社会・ガ
バナンス」や戦略、リスクマネジメントなど）[注7] が重要となっている。本
章では企業と投資家が対話する機会が増えてきた上記の情報を以下、「サ
ステナビリティ情報」と称しながら、責任投資の定義とメインストリーム
となった経緯、責任投資の判断材料として年々重要性が増しているサステ
ナビリティ情報の開示基準の動向や企業と投資家との対話の現状、さらに
責任投資の今後の展望について解説する。

1　責任投資とは何か

(1)　責任投資の定義とメインストリーム化

　今日に通ずる責任投資の源流は、18 世紀の米国でキリスト教の複数の

[注7]　経済産業省「サステナビリティ関連情報開示と企業価値創造の好循環に向けて
『非財務情報の開示指針研究会』中間報告」（2021 年 11 月）。

164

第 2 章　責任投資と ESG

教派が教義に反する奴隷貿易、密輸などを忌避し、更にギャンブルやアルコール、タバコに関する事業を営む企業を投資対象から除外した動きにある（社会的責任投資）と言われる。更に 1960 年代のベトナム戦争への反戦運動の盛り上がり、1980 年代の南アフリカ共和国のアパルトヘイト政策への世界的な批判を契機にこれらに関わる企業への投資を控える動きが生じた。現在、ESG 投資やサステナブル投資とも同義となっている責任投資（Responsible Investments）はあらゆる投資対象について ESG（環境・社会・ガバナンス）に対する取組みを考慮に入れて投資対象を選ぶ投資の哲学と手法であるが、その責任投資のメインストリーム化は、2005 年に提唱され 2006 年に国際連合によって策定された責任投資原則（Principles for Responsible Investment: PRI）が端緒となっている。PRI は、以下の 6 つの原則に基づいている。

【図表 4-2-1】責任投資原則

原則 1：投資分析と意思決定のプロセスに ESG の課題を組み込む
原則 2：活動的な（株式）所有者になり、（株式）の所有方針と（株式）所有慣習に ESG 問題を組み入れる
原則 3：投資対象の主体に対して ESG の課題について適切な開示を求める
原則 4：資産運用業界において本原則が受け入れられ実行に移されるように働きかけを行う
原則 5：本原則を実行する際の効果を高めるために、協働する
原則 6：本原則の実行に関する活動状況や進捗状況に関して報告する

（出所）PRI 資料を基に JSS 作成。

　PRI 策定の根底にあるのは、機関投資家が受益者の長期的な利益を最優先に行動する責任を果たし、株主として社会的な課題の解決に積極的に関与する環境を整備する必要があるという認識である。このように、近年の責任投資は、前世紀から続く倫理観に根差した投資に加え、長期的な経済、社会、そして企業の価値を向上させるという発想に基づいている。
　また、責任投資は投資対象の選定に止まらず、投資先の企業の中長期的な企業価値向上や持続可能な成長につなげることを目的として、ESG 課題への継続的な取組みを企業に働きかける側面もある。

165

第4部　コーポレート・ガバナンスとサステナビリティ

(2)　**責任投資と受託者責任**

　責任投資のあり方を巡っては現在でもさまざまな議論がある。その代表例が「責任投資の実施と受託者責任の履行のバランス」である。法的義務として位置づけられている「受託者責任（英語の Fiduciary Duty の和訳）」は年金基金や資産運用者など、他人の資金を管理運用する者（本書でいう機関投資家）が受益者の利益のために果たすべき責任と義務のことであり、受託者は受益者の経済的リターンのみを目的として投資上の決定を行う義務があるという掟となっている。「責任投資」による ESG 配慮が経済的リターンと相反するのではないか、という議論が 2000 年代前半に大々的に繰り広げられた中、PRI を補完する形で、国際的法律事務所フレッシュフィールズによる調査報告 [注8] において、「財務パフォーマンスの予測信頼性を高めるために投資分析において ESG 問題を考慮することは、いずれの国においても明らかに許容されることであり、議論の余地はあるが、要請されるべき」で「受託者責任と相反するものではない」と結論づけられたことで、その後 PRI に署名する機関投資家が増え、徐々にメインストリーム化が進行していったのである。企業としては、この関係性において、投資対象がいかに ESG の観点およびその評価で優れていたとしても、受益者の期待するリターンの最大化を実現することが前提となる点に留意したい。

(3)　**主な ESG 課題**

　ESG 課題は非常に幅広い概念を包含し、着目される項目も機関投資家によりそれぞれ異なるが、主に以下のようなキーワードが挙げられる。

(注8)　"A legal framework for the integration of environmental, social and governance issues into institutional investment"（https://www.fsa.go.jp/singi/sustainable_finance/siryou/210422/01.pdf）.

> ・環境（Environmental）：気候変動、生物多様性、サーキュラーエコノ
>   ミー、水資源、環境汚染等
> ・社会（Social）：人権、ダイバーシティ＆インクルージョン、労働環境・
>   条件、地域社会との共生、強靭なサプライチェーン等
> ・ガバナンス（Governance）：実効性の高い取締役会、コンプライアンスの
>   徹底、リスクマネジメント等

　なお、企業にとって、ESG 課題への取組みとそれに関する情報開示、投資家とのコミュニケーションは不可欠である。企業の情報開示とコミュニケーションについては次章をご参照いただきたい。

2　世界と日本における責任投資の現状

　メインストリーム化を成し遂げた責任投資の現状はどうか。

　規模拡大トレンドの一例として、世界の ESG 投資残高（サステナブル投資資産額）を公表する Global Sustainable Investment Alliance（注9）のデータを見ると、世界の ESG 投資残高は 2022 年時点で 30 兆ドル以上に達しており、2016 年の 22 兆ドルに比べて規模が拡大している。

　欧州、カナダ、オーストラリア・ニュージーランド、日本では増加傾向にあるものの、米国では 2018 年の 12 兆ドルから 2020 年の 17 兆ドルへの急拡大の後、2022 年に半分以下の 8.4 兆ドルまでの減少を見せている。これは、米国における ESG 投資商品の過熱を経た米国証券取引委員会（SEC）の ESG 投資商品の名称規則強化（注10）による調査方法の変化が影響している。さらに、最近ではヨーロッパにおいても投資商品に対する規制が強化されたことから、調査方法の厳格化につながり時系列の数値比較が困難となっている。

　規制が強化された背景として、ESG 投資商品の名称と投資運用方針や投資の実態が伴わない可能性に関する欺瞞性の払拭と、機関投資家が課さ

（注9）　"Global Sustainable Investment Review 2022".
（注10）　投資商品の名称に ESG や投資手法に関する用語等を採用している場合、用語の定義や投資選別基準を開示しなければならない。投資額の 8 割以上が投資選別基準に準拠している必要がある。

第4部　コーポレート・ガバナンスとサステナビリティ

【図表 4-2-2】世界のサステナブル投資資産額（2016 年〜 2022 年、十億ドル）

地域	2016	2018	2020	2022
ヨーロッパ	12,040	14,075	12,017	14,054
カナダ	1,086	1,699	2,423	2,358
オーストラリア＆ニュージーランド	516	734	906	1,220
日本	474	2,180	2,874	4,289
小計	**14,115**	**18,688**	**18,220**	**21,921**
変化率（％）		32%	-3%	20%
米国	8,723	11,995	17,081	8,400
合計	**22,838**	**30,683**	**35,301**	**30,321**
変化率（％）		34%	15%	n/a

注：2022 年は調査方法の変更により該当なし（n/a）。
出所：Global Sustainable Investment Alliance、「Global Sustainable Investment Review 2022」.

れている受託者責任の履行の徹底が挙げられる。言い換えると、規制強化
の目的は、グリーンウォッシュ（サステナブルな投資と見せかける商品）か
らの投資家の保護と、サステナブル投資市場の信頼性向上であり、今後も
規制強化の動きや、前述した受託者責任をめぐる議論の再燃、継続が予想
される。

3　サステナビリティ開示基準・ガイドラインの現状

　ここまでは投資家側の動きについて論じてきたが、ここで企業側に視点
を移して論じたい。

(1)　企業によるサステナビリティ情報開示の目的と重要性

　投資家は、PRI が策定される前まで「企業の社会的責任（Corporate
Social Responsibility：CSR）」に関する開示情報を投資判断に使うことは比
較的少なかった。しかし、PRI に賛同する意見が国際的に広がったことを
受けて、投資家は企業が直面するサステナビリティ課題の財務に与える影
響に注目し、サステナビリティ情報を活用するようになった。同時に、企
業側にとっても、持続的な成長の達成という視点から当該情報を経営に活
用できるという見方が広がってきている。

第 2 章　責任投資と ESG

(2)　国際的なサステナビリティ開示基準

　多くの基準設定団体がサステナビリティ情報の開示基準やガイドラインを策定していたため、「アルファベットスープ」状態と呼ばれていた。国・地域や個々の企業がどの基準を使うべきなのか迷い悩む状態が続いた。一例を挙げると、非財務情報の種類や単位が統一されていない、投資家が正確な情報を収集するために多額のコストを費やすことが求められる等の理由により、適正な企業価値評価が難しい等の問題があった。

　2020 年には 5 つの基準設定団体が包括的な企業報告を目指すことを公表し、2021 年に統一された基準を作ることを目的として、IFRS 財団による国際サステナビリティ基準委員会（ISSB (注11)）が創設された。翌 2022 年の GRI（Global Reporting Initiative：グローバル・レポーティング・イニシアティブ）との協力協定を経て、基準の収斂と統一化の方向感が示された。欧州が先行していたこの分野において、米国では産業別の開示基準を備え、企業と機関投資家にとっての実用性を高めた SASB（Sustainability Accounting Standards Board ＝サステナビリティ会計基準審議会）基準の普及を目指してきたが、その SASB も ISSB に合流したことにより一気に基準統一に向かって舵が切られたのである。

　GRI が策定する GRI スタンダード（任意基準）は、株主のみならず従業員、消費者や地域社会といったマルチステークホルダーを対象とした環境・社会・経済等のさまざまな課題を網羅している点が特徴で、日本企業の多くが統合報告に取り入れた。

　ISSB が策定するサステナビリティ開示基準には IFRS S1・S2 が含まれている。IFRS S1 は投資家が投資の意思決定をする際に有用なサステナビリティ関連のリスクと機会の開示を求める全般的要求事項であり、IFRS S2 は気候変動に関連する情報の開示要求事項である (注12)。なお、IFRS

（注11）　IIRC と SASB が合併し Value Reporting Foundation（VRF）を設立。その後、ISSB 基準を策定する IFRS 財団（International Financial Reporting Standards 財団）が VRF を統合した。

169

第4部　コーポレート・ガバナンスとサステナビリティ

【図表 4-2-3】ISSB と関連する開示基準団体との関係

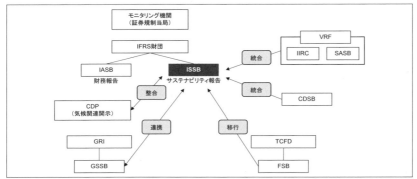

IFRS：国際財務報告基準　IASB：国際会計基準審議会　ISSB：国際サステナビリティ基準審議会
VRF：価値報告財団　IIRC：国際統合報告評議会　SASB：サステナビリティ会計基準審議会
CDSB：気候変動開示基準委員会　TCFD：気候関連財務情報開示タスクフォース　FSB：金融安定理事会
CDP：Carbon Disclosure Project　GRI：Global Reporting Initiative　GSSB：グローバル・サステナビリティ基準審議会
（出所）JSS 作成。

S1・S2 では、SASB を参照しその適用可能性を考慮することが求められている。

また、ISSB 基準と欧州サステナビリティ報告基準（次項に記載）に準拠して報告する企業の開示効率性を高めるために「ESRS-ISSB 基準相互運用性ガイダンス」を公表し、企業の開示負担の削減を図る動きもある。

（3）欧州のサステナビリティ開示基準

欧州連合（EU）では、2023 年 10 月に欧州サステナビリティ報告基準（European Sustainability Reporting Standards：ESRS）(注 13) が承認され、

(注12)　日本では、サステナビリティ基準委員会（SSBJ）が 2025 年 3 月に基準を確定した。これ以降に終了する年次報告期間から適用可能となるが、強制適用の時期は定められていない。
(注13)　ESRS は、企業にサステナビリティ関連の報告を義務付ける企業サステナビリティ報告指令（Corporate Sustainability Reporting Directive：CSRD）の発効を踏まえて策定された。

2024 年 1 月 1 日より適用された。ESRS は横断的な開示を求める基準と、ESG のトピック別の開示を求める基準の 2 つに大別される。なお、本基準は EU 域外の企業にも適用対象となることがある。

また、ESRS をはじめ、欧州企業に課されている開示規制が多く重複しているため、規制の簡素化や明確化を望む声が出てきている。規制への対応が企業への過度なコンプライアンスコストや労力を強いることとなり、欧州企業の競争力低下が問題視されている (注 14)。

(4) 米国のサステナビリティ開示規制と反 ESG 投資の動き

開示要求が強まる欧州とは異なる動きを見せているのが米国である。米国では連邦レベルと一部の州レベルでサステナビリティ開示規則が制定されているが、ESG 投資が政治的論争に発展している。

共和党は ESG 投資という大義名分のもと、高額の運用報酬を課しているにもかかわらず受託者責任を履行しない投資が存在していることを問題視しており、ESG 投資を抑制する政策や規制を求めている。

民主党も受託者責任の範疇において ESG を考慮した投資を容認しているが、ESG 投資がリターンを増加させると同時に社会に対して良い影響を及ぼすものであるとして普及を促す政策を実施した。この点で共和党と姿勢が異なっている。

企業や業界団体からは、過剰な規制が企業のコンプライアンスコストを増加させ、企業の成長を阻害する恐れがあるという反対意見が出ており、さまざまな立場から ESG 投資に対する慎重または批判的な見解が出ていることが米国の特徴であるといえる。

(5) サステナビリティ情報開示の課題と今後の展望

ここでは開示基準統一の中心にある ISSB 基準を巡る動きを紹介したい。同基準では、多くの国や地域が ISSB 基準をすでに 100% 適用、部分的に適用、または適用に向けた移行段階にある。また、証券監督者国際機

(注 14) 欧州委員会 "The future of European competitiveness"（2024 年 9 月）。

第4部 コーポレート・ガバナンスとサステナビリティ

【図表4-2-4】ISSB 基準を巡る今後の見通し

日本：ISSB 基準をベースとした「SSBJ 基準」を策定しているが、諸外国と比較して開示媒体間において記載内容の重複が多いと指摘されている。また、有価証券報告書のような法定開示資料に加え、統合報告書やサステナビリティ報告書等の任意開示資料においても多数の情報を開示しているため、企業情報（財務情報とサステナビリティ情報）の一体的開示について議論が行われている。法定開示資料と任意開示資料の一体化にはさまざまな法律の改正が必要になるため直ちに実現しないと考えられるが、将来的にはある程度の一体的開示の方向に向かっていくと思料する。
欧州：ESRS の適用を受ける企業による開示が進む中、複雑で重複した開示規制の簡素化・明確化を通じた企業のコンプライアンスコスト削減や競争力低下の防止等の要望がさらに高まると想定する。基準の簡素化等が実現しない限り、企業開示の業務負担の劇的な低減は望めないと考える。
米国：米国内では一旦 SASB が定着したといえるが、反 ESG の気運の高まりを踏まえると ISSB 基準の適用やサステナビリティ開示基準が国内で厳格化される可能性は低いのではないか。米国の投資家が ESG という用語を使用する機会は減少しているが、それは投資家が投資に際して ESG を考慮しないというわけではない。投資家の判断基準に対して着実に ESG やサステナビリティという要素は影響を及ぼしつつあり、このような観点からも ESG を意識した投資は継続されると考えられる。また、ESG は、投資判断の要素となる企業価値評価のプロセスに前提として既に組み込まれているといえる。

構の ISSB 基準への支持表明や、新興国における ISSB 基準の採用に向けた取組みを実施している。さらに、開示基準の標準化が進行していることと、ISSB 基準と ESRS の相互運用は可能だが、ESRS は EU 域外企業も含む企業への開示負担も比較的重いことを踏まえると、世界で使われる ISSB 基準が今後最も普及すると考える。

4 責任投資とスチュワードシップ活動

(1) スチュワードシップ・コードの定義と進展

英国発のスチュワードシップ・コードは現在各国で各様に採択されており、行動規範として主要な責任投資家に受け入れられている。**3**では企業が遵守を求められるサステナビリティ開示基準の動向について論じたが、本項では責任投資家によるスチュワードシップ活動の実践について触れて

いきたい。

　企業が直面する課題を巡り株主・投資家と企業との対話をより良いものにするため、企業側の情報開示に加えて、投資家の行動を促す流れが出現した。その代表例がスチュワードシップ・コードである。

　この流れは 2000 年代の欧州に遡る。英国では 1990 年代にコーポレート・ガバナンスの議論が大きく発展し、1991 年に機関投資家の責任に関する原則を提示、2008 年の世界金融危機を踏まえて 2010 年にスチュワードシップ・コードを導入した。

　英国においてスチュワードシップとは、経済、環境、社会への持続可能な利益をもたらすような顧客と最終受益者に対する長期的な価値を生むための、資本の責任ある分配、管理、監督のことであると定義されている。

　また、英国に本部を置く International Corporate Governance Network（ICGN）が 2003 年に ICGN 機関投資家責任原則を公表、2016 年には ICGN グローバル・スチュワードシップ原則として改訂した。投資家にとってのスチュワードシップとは、責任投資のアプローチとして長期的な価値を維持・増加させることであり、受託者責任の中核的な構成要素としてより広範な倫理・環境・社会的要因を考慮することでもあると定義されている。また、より大きな観点から見ると、スチュワードシップは金融市場全体の安定性と経済成長の促進にもつながっているとの記載がある。

(2)　日本におけるスチュワードシップ活動

　日本で 2014 年に策定された SS コードでは、スチュワードシップの責任を「機関投資家が投資先企業やその事業環境等に関する深い理解のほか運用戦略に応じたサステナビリティ（ESG 要素を含む中長期的な持続可能性）の考慮に基づく建設的な『目的を持った対話』（エンゲージメント）等を通じて、当該企業の企業価値の向上や持続的成長を促すことにより、『顧客・受益者』の中長期的な投資リターンの拡大を図る責任を意味する」と定義している。同コードに即したスチュワードシップ活動において機関投資家は、同コードに基づき「顧客・受益者」の中長期的な投資リターンの拡大を図る責任を果たすために、企業とのエンゲージメントと議決権行使を通

173

第4部　コーポレート・ガバナンスとサステナビリティ

じて投資先企業の持続的な成長と中長期の企業価値向上を促している。

　機関投資家は、まず建設的な対話の対象とする企業を選定し、課題分析を行った上で企業とエンゲージメントを開始する。アジェンダには対象企業の経営財務戦略、ESG や情報開示の改善等さまざまな種類がある。企業と課題の共有ができれば、課題解決に向けたアクションの確認と進捗のモニタリングを実施し、長期持続的な成長に向けたアクションの継続的な実施を見守っていくというのがスチュワードシップのコンセプトである。

　エンゲージメントは企業側からのアプローチも可能である。機関投資家の責任投資チームやスチュワードシップチームに対して対話の機会を求め、双方の意見を交換することでコーポレート・ガバナンス体制や株主総会議案への理解を深め、改善点を見出し、信頼関係を構築することで株主としての長期的サポートを得たいと考える企業は年々増加している。また、対話に経営トップや社外取締役が参加するというケースも珍しくなくなってきた。同時に、GPIF のようなユニバーサルアセットオーナーが、資金を委託する資産運用会社にエンゲージメントの量と質の両方を求めるようになったことから、企業の非財務情報の分析を含めた事前準備・対話する能力やスキルに長けた人材の不足等による負荷の増大等の問題も生じている。このような状況のもと、集団的エンゲージメント（Collective Engagement の和訳で協働エンゲージメントともいう）の必要性が高まり、実際に機関投資家協働対話フォーラムといった団体等によっても推進されているが、集団エンゲージメントはその内容によっては共同保有ルール等の法的な論点を残しており、本格的な普及は道半ばとなっている。

(3)　責任投資と議決権行使

　責任投資とスチュワードシップを体現するために独自の議決権行使方針や基準を設けている機関投資家も多く、各社の議決権行使基準は年々細部において多様化と厳格化が続いている。例えば、多様性推進の観点からの取締役会における女性取締役の人数や割合の増加、より実効的な監督の観点からの社外取締役の比率の上昇、資本効率向上の観点から ROE の基準値の上昇や、政策保有株式の縮減等が挙げられる。また、ESG、サステナ

第 2 章　責任投資と ESG

ビリティをテーマとする株主提案議案が増加しているため、ESG 要素に
配慮すべき責任投資家としては議決権行使判断においても慎重な分析評価
とその事後報告が求められている状況にある。一方で、企業からは機関投
資家の議決権行使が形式的だと捉えられることもあり、このような状況を
改善させるためにも、機関投資家は個別企業の議案ごとの議決権行使結果
と賛否の理由を開示することで、議決権行使プロセスの透明性の向上を
図っている。以上を踏まえると、わが国の責任投資のフローを有効に完結
するためには、企業サイドにおけるサステナビリティ開示フレームワーク
の理解と実践の向上もさることながら、アセットオーナーによる責任投資
の深い理解に加え、機関投資家サイドの人的資本の拡充、国際的なサステ
ナビリティ開示基準等の理解と実務での活用が求められる状況にあろう。

5　責任投資の今後の展望

　責任投資は全世界で一旦メインストリーム化を成し得たが、国や地域に
よってサステナビリティ課題の認識や責任投資に対する考え方や政策が異
なることには留意したい。

　欧州や日本では、サステナビリティ開示規制や基準の導入に伴い責任投
資はさらに浸透するだろう。また、スチュワードシップ活動も ESG を考
慮に入れた投資判断に基づき行われ、ESG の観点から企業の行動変容を
促す活動として実効性が徐々に高まると想定する。他方、米国では、ESG
が政治論争の材料となり揺り戻しを経験した後、2025 年からの反 ESG 政
権発足で投資残高が増加する可能性はかなり低いのではないかと想像す
る。

　ただ、米国においても、責任投資の概念は一旦確立しており、米国の資
産運用業界の重要顧客が欧州など米国外に多々存在している現実からすれ
ば、ESG と銘打った投資商品残高の減少はあっても責任投資への激しい
逆流が起こることは考えにくい。つまり、将来は ESG を投資判断に考慮
することがいずれの国の投資家においても普遍的なものとなり、特別なも
のではなくなると考えられる。

　日本においては、SS コードへの形式的なコンプライが指摘されている

175

第4部　コーポレート・ガバナンスとサステナビリティ

が、同コードの改定によりスチュワードシップ活動の本質的な実効性強化がより一層求められるようになる。機関投資家と企業は、形式的な対応ではなく、実質が伴った対応が必須となるだろう。

　今後とも、機関投資家は、ESGを考慮した上で受託者責任を果たし、投資先企業の中長期的な企業価値向上や持続可能な成長につなげるためにも、企業と対話しESG課題への継続的な取組みを働きかける必要がある。同時に、適正な企業価値評価を得るためには、企業も投資判断に有用な財務および非財務情報を適時適切に開示するとともに、持続的な企業の成長のために投資家とコミュニケーションをとることが望まれる。

　責任ある機関投資家は当然ESGに配慮しているが、EとSとGを並列では考えていないことに留意したい。EとSの適切な対応はGによって成されるので、まずGなのである。日本企業で爆発的に拡大した「ESG経営」と責任投資とのハネムーンは、若干の認識ギャップを持って始まったといえるが、真価を発揮できるのはこれからである。

第3章

サステナビリティ・
コミュニケーション

岡川好信 日本シェアホルダーサービス
岡芹弘幸 日本シェアホルダーサービス

1 サステナビリティ・コミュニケーションとは何か

　本章では、サステナビリティ・コミュニケーションを「投資対象である企業の価値向上や持続的成長を共通の目的として、企業が投資家からサステナビリティの考慮に基づく建設的な意見を得ながら対話を重ね、企業価値を協創していくこと（以下、「持続的な企業価値の向上に資する企業と投資家の対話」という）」と定める。2014 年にいわゆる伊藤レポート 1.0 が公表され、以降、持続的成長に資する企業と投資家の望ましい関係構築につき 10 年以上にわたり活発な議論が続いている。そこで本章では、伊藤レポート 1.0 以降に議論されたさまざまな内容（【図表 4-3-1】【図表 4-3-2】参照）を振り返りながら、持続的な企業価値の向上に資する企業と投資家の対話につき、"（議論を踏まえた）目指す方向性" と "実現に向けての課題（今何が出来ており、今後何をすべきなのか）" を概観した上で、当該課題を踏まえ企業に求められる取組みにつき整理してみたい。

2 目指す姿と実現に向けての課題

(1) 目指す方向性

　伊藤レポートプロジェクト（【図表 4-3-2】）では、「企業と投資家の対話を通じた企業価値向上」に向けて「『緊張と協調』による企業と投資家の真の対話促進」と「持続的な企業価値につながる企業開示へ」が提言された。つまり企業には、持続的な企業価値の向上に資する企業と投資家の対

177

第4部　コーポレート・ガバナンスとサステナビリティ

【図表 4-3-1】伊藤レポート 1.0 公表以降の主な議論

所管省庁	会議体	提言骨子
経済産業省 2014年	「持続的成長への競争力とインセンティブ～企業と投資家の望ましい関係構築～」プロジェクト（伊藤レポート1.0）	「持続的成長への経営改革」、「インベストメント・チェーンの全体最適」、「企業と投資家の対話を通じた企業価値向上」の3つのテーマに係る提言をまとめ
経済産業省 2017年	持続的成長に向けた長期投資（ESG・無形資産投資）研究会（伊藤レポート2.0）	企業と投資家の対話を促進するため、「価値協創ガイダンス（価値創造の流れをストーリーで説明）」を公表
経済産業省 2020年	サステナブルな企業価値向上に向けた対話の実質化検討会（中間とりまとめ）	ＳＸを提唱。企業と投資家の対話ギャップ解消を目的として、企業のサステナ（稼ぐ力）と社会のサステナ（社会課題の経営への反映）の同期化、（企業価値創出に向けた）長期軸での対話の必要性を提言
経済産業省 2022年	サステナブルな企業価値創造のための長期経営・長期投資に資する対話研究会（伊藤レポート3.0）	価値協創ガイダンスを「SX」を踏まえた企業と投資家の対話や統合的な情報開示のフレームワークとして改訂、「価値協創ガイダンス2.0」を公表
金融庁 2023年	企業内容等の開示に関する内閣府令等の改正	有価証券報告書等に「サステナビリティに関する考え方及び取組」に係る記載欄を新設
日本証券取引所 2023年	資本コストや株価を意識した経営の実現に向けた対応等に関するお願いについて	単に損益計算書上の売上や利益水準を意識するだけでなく、バランスシートをベースとする資本コストや資本収益性を意識した経営の実践を要請
経済産業省 2023年	非財務情報の開示指針研究会	ISSB（国際サステナビリティ基準審議会）が定めるサステナビリティ開示基準に対する意見書をまとめ提出（非財務情報の開示及び指針に関する我が国の立場の発信）
SSBJ 2024年	グローバルベースラインに添った日本基準のサステナビリティ開示基準の制定	サステナビリティ開示基準の公開草案公表、2025年3月末までに確定基準を公表
経済産業省 2024年	持続的な企業価値向上に関する懇談会（座長としての中間報告）	伊藤レポート1.0公表後10年間の進捗確認と5つの課題提言
経済産業省 2024年	企業情報開示のあり方に関する懇談会 課題と今後の方向性（中間報告）	将来的な情報開示体系に向けた「グランドデザイン」を提言
金融庁 2024年	サステナビリティ情報の開示と保証のあり方に関するワーキング・グループ（検討途中）	投資家が中長期的な企業価値を評価し、建設的な対話を行うに当たって必要となる情報を、信頼性を確保しながら提供できるよう、サステナビリティ情報の開示やこれに対する保証のあり方につき検討

（出所）各種公開情報を参考に JSS 作成。

話を実現するため「投資家との真の対話」と「サステナビリティ情報の適切な開示」が求められているということである。

（2）　これまでの進捗と実現に向けての課題

　当該2つの提言に係るこれまでの取組みや成果などを振り返り、持続的な企業価値の向上に資する企業と投資家の対話の実現に向け、「今何ができていて、今後何をすべきなのか」を確認してみたい。

　まず、「『緊張と協調』による企業と投資家の真の対話促進」に向け「価値協創ガイダンス」が策定された。企業の価値創造ストーリーを構築し、質の高い情報開示・投資家との対話につなげることを企図した内容であり、企業が開示すべき情報の内容は明確となった。今は本ガイダンスなども参考に実効性を高めている段階である。

178

第3章　サステナビリティ・コミュニケーション

【図表4-3-2】伊藤レポート1.0提言以降の主な取組み

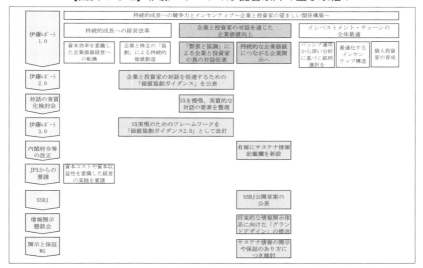

（出所）各種公開情報を参考にJSS作成。

　次に、「持続的な企業価値につながる企業開示へ」であるが、有価証券報告書に「サステナビリティに関する考え方及び取組」を記載する欄が新設され、さらに、グローバルベースラインとなるISSB基準に沿って、我が国においても2025年3月末までにはSSBJ（サステナビリティ基準委員会）が開示基準を確定する予定であり制度開示の充実が図られている。一方、その後「企業情報開示のあり方に関する懇談会」や「サステナビリティ情報の開示と保証のあり方に関するワーキンググループ」で議論されているとおり、実務的な対応に関してはまだまだ検討すべき事項が多い。特に、書類の使い勝手や法的な制約によりサステナビリティ情報が複数の書類に分断されていることに加え、それぞれの書類が違うタイミングで異なる記載ぶりで開示されていることなどは大きな課題である。投資家からはワンストップ・ワンレポートでの開示を求める声もあるが、実現にはさまざまな課題を克服しなければならない。
　さらに、企業が行う情報開示が必ずしも投資家の期待に応えられていな

いようである。**3**では、投資家の本音、企業との認識ギャップを確認した上で、**4**において、投資家との対話に向け企業がなすべきこと、開示すべき情報や開示のあるべき姿につき考察したい。

3 投資家（市場）は発行体に何を期待しているのか

(1) 投資家とのサステナビリティ・コミュニケーションの現状

　統合報告書を作成する国内の上場企業は1,000社を超え、日本は世界で最も多くの統合報告書が発行される株式市場になっている。また、通常の決算説明会とは別にESG説明会を開催する発行体も増加傾向にある。そうしたかたちで自社のサステナビリティの取組みを情報発信しているにもかかわらず、機関投資家との面談の際にサステナビリティについては、ほとんど話題に上がらない、あるいは質問があったとしても短期的な業績動向への関心に比べると優先順位がかなり低く感じられるというのがIR現場の大勢ではないだろうか。そのため、責任投資として発行体へのESGエンゲージメントを主業務とする機関投資家チームとの面談を別にすれば、アナリストやファンドマネージャーは企業のサステナビリティに興味が乏しいのではないかという印象を持つかもしれない。しかし、そうしたケースにおいては往々にして発行体の情報発信の仕方に課題があり、機関投資家の関心を惹起し難い内容になっている可能性が高い。統合報告書の制作を含め、サステナビリティ開示には相応の時間と労力を要する。その費用対効果を高めるためにも、面談の際に機関投資家がサステナビリティに関していろいろとヒアリングしたいと思わせるようなロジックや深度で情報開示をしているかを、いま一度点検する必要がある。

(2) 投資家は発行体にどのような情報開示を求めているのか

　サステナビリティ開示は、定量開示と定性開示の2つに大別される。サステナビリティに関する自社の定量的なデータ開示を充実させればさせるほど、ESGスコアの上昇やESGインデックスに採用される確率は高まる。また、企業の透明性が高まり、さまざまなステークホルダーが関心の

第3章　サステナビリティ・コミュニケーション

ある数値や事項を確認しやすくなることにも貢献する。上場企業のIR担当者やサステナビリティ担当者によっては、ESGスコアの上昇やESGインデックスに採用されることはわかりやすい成果であることから、定量開示の充実に多くの労力を充てるかもしない。他方、ESGスコアが高いという理由だけで投資先企業を選定する、あるいはESGスコアが高い企業のみに投資ユニバースを限定する、いわゆるポジティブ・スクリーニングの手法で投資を行う機関投資家は多くない。また、基本的にジャッジメンタル運用を行うアナリストやファンドマネージャーはそこまで多量の数値データを必要とはしていない。業績予想モデルに、膨大なサステナビリティデータを組み込むこともない。彼らが知りたいのは、中長期的な企業価値の観点で取締役会が何を重視し、それに対してどのような取組みを行い、その進捗を確認するためにどのようなKPI（Key Performance Indicator）に着目しているのかである。したがって、重要なのは数値の背後にある自社の課題あるいは強み、それらを改善・向上させるために取締役会が何を考え、KPIの数値が変化することで企業価値にどのような影響を見込んでいるのかについての十分な説明である。

(3)　投資家視点での好事例：「東レの人的資本開示」

　ジャッジメンタル運用に携わる投資家が求めるサステナビリティ開示の具体的なイメージが持てるように、人的資本に関連する好事例を紹介したい。東レ株式会社（以下、「東レ」という）は「東レ統合報告書（TORAY REPORT）2020」において、人事勤労部門を管掌する常務執行役員とIR課長が対談する形式で人材戦略の要点を解説している。その中で、現状の課題点として、①離職率自体は低い方だが2015年頃からそれまでとは違うレベルで離職が増えていること、②28歳〜32歳の働き盛りの社員の離職が増えていること、③中途入社を含めて「自分のキャリアが描けない」という離職理由が多いこと、を挙げ解決に向けた施策を説明している。こうした内容は公開情報だけでは知り得ることが難しい事柄であることに加え、中長期的な企業価値に影響を与える蓋然性が高い。したがって、この統合報告書を読み、その数値変化に注目した投資家は、東レとの定期的な

181

第 4 部　コーポレート・ガバナンスとサステナビリティ

IR 面談の際に離職率の推移や、数値が公開されていなかったとしても 28 歳～ 32 歳の層の離職動向に関してヒアリングを行うようになる。そして、離職率の数値の良化だけではなく、離職率の改善に向けた取組みが会社全体にもさまざまなポジティブな影響をもたらし、中長期的な企業価値向上につながると判断した場合、東レに対する定性的な評価を高める。もちろん、実際の投資は業績動向や株価水準を考慮した上で行われるが、投資評価を引き上げる際には離職率の改善を契機とする東レの定性的な変化も自身の判断をサポートする材料として活用する。

　このように投資家とのサステナビリティ・コミュニケーションを高めるためには、必ずしも自社の良いところだけをアピールすれば良いというわけではない。株式市場は変化と変化率に注目する側面が強いことから、現状に課題があったとしても取締役会が課題解決に向けて真摯に取り組み、その延長線上に企業価値の拡大が期待できるようであれば、投資家は帰趨に着目する。サステナビリティに関連する非財務情報を業績予想や株価バリュエーションに具体的に反映させることは難しいケースが多い。しかし、投資家は中長期的な業界構造の変化や企業間の競争力の優劣をサステナビリティの観点を含めて念頭に置いている。そして、必要に応じて自身の投資判断のサポート材料にする。そのため、定性的ではあっても将来の企業価値への関連（変化）を投資家がイメージできる、あるいはその契機となり得るような深度でサステナビリティ情報の開示と説明を行うことが、投資家とのコミュニケーションを促進する観点では肝要と言える。

4　投資家との対話に向けなすべきこと

(1)　企業は "どのような情報" を開示すべきか

①　価値協創ガイダンスの参照

　前節のとおり、投資家が企業に求めるのは、サステナビリティ情報の羅列やサステナビリティ情報だけで完結する情報ではなく、将来の業績に関わる重要な情報である。価値協創ガイダンス（【図表 4-3-3】）の情報を組み合わせ一連の価値創造ストーリーとしてまとめれば、投資家が企業に求

第3章　サステナビリティ・コミュニケーション

【図表 4-3-3】価値協創ガイダンス 2.0 に定める情報（抜粋）

重要課題 （マテリアリティ）	事業に重要な影響を及ぼすと想定されるサステナビリティ情報。重要課題を特定することが投資家との対話における起点となる。企業価値の脅威となるリスク要因のみならず事業機会にもなり得る要因につき、経営環境や自社が関わる事業領域における主なリスク要因や事業機会等を念頭に、独自の尺度（マテリアリティ）を用いて分析・特定	
長期戦略	中長期的な目指す姿やビジネスモデルを踏まえた価値創造ストーリーの全体像	
	長期ビジョン	企業が目指す姿。重要課題を踏まえ、どのように社会に価値を提供していくことで長期的・持続的に企業価値向上していくのかをビジョンとして示す
	ビジネスモデル	長期ビジョンの実現可能性を担保する情報。競争優位性を活かしどのように顧客や社会に価値を提供し、結果として長期的・持続的なキャッシュフローへ結び付けるのかを示す。投資家が企業の稼ぐ力を評価する最も重要な情報
実行戦略	長期戦略を具現化・実行するため中長期的に取り組む戦略。リスクに対しどのように方策を講じているのか、また機会をもとに新たな事業を生み出しどのように企業価値を創造しようとしているのかを示す。経営資源の配分、事業ポートフォリオ戦略、イノベーションの取り組み、人的資本・知財投資などを織り込み具体的な道筋を示す	
成果と重要な指標	成果を測定・評価する情報。長期戦略を踏まえ実効戦略を通じ創出された価値を測定。独自のKPIを価値創造ストーリーと整合的に設計、サステナビリティ情報と財務情報のつながりを示す。資本コストに対する認識も肝心	
ガバナンス	長期戦略や実行戦略の策定・推進・検証を着実に行い、長期的かつ持続的に企業価値を高める方向に企業を規律づける仕組み・機能。当該目的に資する取締役会と経営陣の役割・機能、スキルや多様性の確保、役員報酬制度の設計など実行性のある取り組みを訴求	

（出所）各種公開情報を参考に JSS 作成。

める情報を適切に開示することができ、持続的な企業価値の向上に資する企業と投資家の対話につながることも期待できるのではなかろうか。

(2)　企業は " どのように開示 " すればいいのか

　サステナビリティ情報を含め、投資家の投資判断の基礎となる情報を十分かつ適時に提供することを目的として、我が国においては、法定開示である有価証券報告書に加え任意開示である統合報告書が積極的に活用されている。そこで、それぞれの報告書に係る有識者や投資家の意見を踏まえ、SSBJ 基準などの新たな基準導入に伴う影響なども概観しながら、望ましい開示の方向性につき考察したい。

①　有価証券報告書と統合報告書の使い分け

　【図表 4-3-4】を参照すれば、有価証券報告書は、比較可能性・網羅性・信頼性に優れ過去実績のデータベースのような使い勝手であるのに対し、統合報告書は企業が将来持続的に利益を上げていく仕組みを投資家に対し訴求する書類との解釈である。企業価値向上に係る投資家との対話に

183

第4部　コーポレート・ガバナンスとサステナビリティ

【図表4-3-4】有価証券報告書と統合報告書の使い分け

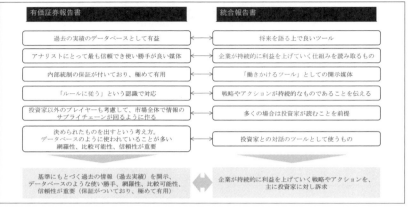

（出所）各種公開情報を参考にJSS作成。

おいて統合報告書は使い勝手がいい書類として活用されているようである。

② 新たなサステナビリティ開示基準導入に伴う影響

SSBJ基準案（【図表4-3-5】）は、企業財務に影響を与える重要課題を起点として、戦略（財務情報等に与える影響、対策）、指標および目標（進捗の測定）、リスク管理・ガバナンス（統制する仕組み）の各要素をつながりがある情報として開示することを求めており、この内容は投資家が求める情報と整合的である。さらに、有価証券報告書でも同じ構成要素をもってサステナビリティ情報を開示することが求められており、SSBJ基準の導入を待たず同様の情報を開示できるとも考えられる。ただ、このような情報は将来情報を多分に含む内容であり、将来情報開示に伴う虚偽記載の懸念など、情報開示に係る実務面の課題解決が前提となることには留意が必要である。

(3) 望ましい情報開示の方向性

持続的な企業価値の向上に資する企業と投資家の対話に関しては価値協

第3章　サステナビリティ・コミュニケーション

【図表4-3-5】SSBJ基準導入に伴う主な影響・効果

影響が及ぶ事項	改正内閣府令	SSBJ基準導入による影響・効果
重要性の評価 （マテリアリティ）	記述情報の開示に関する原則で重要性に係る記載はあるが、特定の基準の準拠は要求していない	リスク及び機会の再考、重要性の評価※ ※SSBJ基準適用に加え、産業別基準であるSASBスタンダードを参照し、その適用可能性を考慮しなければならない
開示の構成要素	4つの構成要素※について開示 ※「戦略」と「指標及び目標」については重要性に応じ記載を求める	4つの構成要素（ガバナンス・戦略・リスク管理・指標及び目標）を用いた開示
（構成要素に係る） 要求事項	要求事項の定めあり	内閣府令に比べ、より詳細な要求事項を定義
情報間のつながり	記述情報の開示に関する原則において「関連性のある記述情報」を相互に関連付けることが分かりやすい開示とされている	4つの要素をつながりのある情報として開示しなければならない

（出所）各種公開情報を参考にJSS作成。

創ガイダンスが大いに参考となる。問題は情報開示のあり方、投資家の投資判断の基礎となる情報、意義ある対話のための情報をいずれの書類を用い開示することが適切なのか、ということである。方向性としては、ワンストップ・ワンレポートを目指すというよりは、それぞれの書類の特徴を活かし投資家に対し自社が言いたいことをしっかりと訴求できるよう開示する情報をうまくすみ分けることだと考える。前述のとおりSSBJ基準導入後は、有価証券報告書を通じ重要なサステナビリティ情報と財務情報を関連付けた情報がよりストーリー性をもって開示されることが予見される。そうであれば、統合報告書ではもっとナラティブな情報、例えば有価証券報告書で開示する内容の背景情報、目指したい方向性やその実現に向けての現状や課題を、トップメッセージや当該情報を管轄する役員のコメントなどを通じ、より臨場感をもって語ることも選択肢ではなかろうか。投資家と自社固有の企業価値につき対話が促進されるような開示のあり方を自社らしい工夫をもって模索すべきだと考える。その試行錯誤と挑戦が投資家との協創において企業価値向上につながっていくのであろう。

185

第 5 部

個人株主との対話

第5部　個人株主との対話

第1章

個人投資家の動向／投資志向

齋藤耕輝　三菱 UFJ 信託銀行

1　個人株主数は増加傾向

　証券保管振替機構が公表している「統計データ」（【図表 5-1-1】）によると、個人株主数（名寄せ後）は増加傾向にあり、2024 年 3 月末時点で1,526 万人となっている。いわゆる老後資金 2,000 万円問題（2019 年）により長期的な資産形成の重要性が注目されたこと、また新型コロナウイルス感染症の拡大に伴う大幅な株価下落（2020 年）とその後の株式市場の活況、新 NISA 制度のスタート（2024 年）などにより、株式投資への関心が高まったことが背景として考えられる。今後も「貯蓄から投資へ」の流れのもと個人株主数は増加していくことが予想される。また、個人株主の年齢構成（【図表 5-1-2】）を確認すると、時系列では 50 代以下の割合に上昇傾向が見られる。若年層に株式投資が広がりつつあり、個人投資家の裾野が拡大していることがわかる。

2　保有銘柄数の増加と小口化の進行

　日本証券業協会が公表している「個人株主の動向について」（【図表 5-1-3】）によると、2024 年 3 月時点の個人株主 1 人当たりの平均株式保有銘柄数は 4.88 銘柄となり、時系列で増加傾向が見られる。一方、1 人当たりの平均株式保有金額は減少しており、小口化傾向が確認できる。

　三菱 UFJ 信託銀行では、毎年 8 月頃に 1 万人の個人投資家に対し投資意識調査（以下、「1 万人アンケート」という）を実施している。「1 万人アンケート」で、「株式投資の対象となる銘柄の最低投資金額の目安（何円以下の銘柄が投資対象になるか）」の設問結果（【図表 5-1-4】）を確認すると、

188

第1章　個人投資家の動向／投資志向

【図表 5-1-1】個人株主数（名寄せ後）の推移

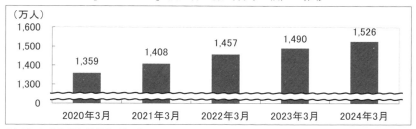

（出所）証券保管振替機構「統計データ」より三菱 UFJ 信託銀行作成。

【図表 5-1-2】個人株主の年齢構成

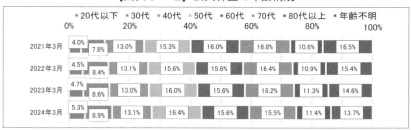

（出所）証券保管振替機構「統計データ」より三菱 UFJ 信託銀行作成。

【図表 5-1-3】個人株主1人当たりの平均株式保有銘柄数／保有金額の推移

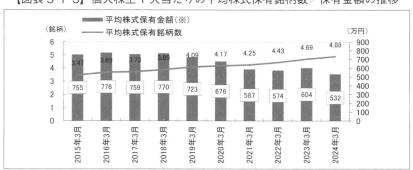

（出所）日本証券業協会「個人株主の動向について」より三菱 UFJ 信託銀行作成。
（※）平均株式保有金額は株価上昇による株式保有金額の増加を排除するため、個人の株式保有金額を 2015 年 3 月末の日経平均株価を基準とした各年度の日経平均株価の騰落率で除して算出し、調整後の個人の株式保有金額を個人株主数で除して算出。

189

第5部　個人株主との対話

【図表 5-1-4】株式投資の対象となる銘柄の最低投資金額の目安

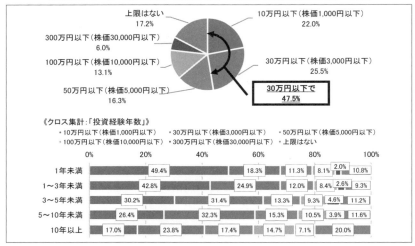

(出所) 三菱 UFJ 信託銀行「1 万人アンケート」。

「30 万円以下」の回答が半数近く（47.5%）を占めるほか、「投資経験年数」を問う設問とのクロス集計を見ると、投資経験年数 1 年未満の初心者では、「10 万円以下」が 49.4% を占めている。投資初心者の増加に伴い、少額での取引ニーズが高まっていると考えられる。

このような状況の中、個人投資家の購入機会の拡大を目的として株式分割を行う企業が増加しており、2023 年 4 月から 2024 年 3 月に株式分割を行った企業数は前年比 56 社増の 186 社[注1]となっている。2023 年に日本電信電話株式会社が 1：25 の株式分割を実施したのは記憶に新しい。同社のリリースには、「より投資しやすい環境を整え、当社グループの持続的な成長に共感していただける投資家層を幅広い世代において拡大すること」が目的と記載されている。

[注1]　各社の開示状況をもとに三菱 UFJ 信託銀行調べ。

第1章　個人投資家の動向／投資志向

3　個人投資家の投資志向

　「1万人アンケート」で、個人投資家の「投資スタイル」を確認した設問（【図表5-1-5】）において、最も割合が高いのは「配当重視型」（38.8%）である。また、「株式投資の際に利用している情報」（【図表5-1-6】）では、「配当利回り」（52.5%）がトップとなっている。個人投資家では、株式投資の目的として配当を重視する傾向があり、期待が高いことがうかがえる。なお、「投資対象に求める配当利回り」（【図表5-1-7】）では、"3%以上"（選択肢「3%以上」と「5%以上」の合計）が過半数（60.1%）を占めている。

　また「株主優待」に関しては、「投資スタイル」（【図表5-1-5】）では「株主優待重視型」は第3位（19.2%）であるものの、「株式投資の際に利用している情報」（【図表5-1-6】）では、「配当利回り」（52.5%）、「業績・業績予想」（44.8%）に続き「株主優待」が43.8%を占め、多くの個人投資家から意識されていることがわかる。株主優待を導入することで個人投資家の認知度を高めるほか、株主還元の拡充にも当たり、株主数の増加が期待できる。

　ただし、株主優待は廃止すると個人株主からの不満が大きい側面があることには留意したい。

　なお、「自社の事業に関わりのないギフトカードや金券」は、個人投資家にとってどの銘柄を購入しても同様の優待であることから、優待利回りで比較され、その企業独自の魅力が伝わりづらい。また、企業の成長に合わせて株価が上昇した場合に、優待相当金額も同時に上げていかなければ優待利回りは下がり、魅力が低下する。そのため、ギフトカード等の金券優待の導入を検討する際は、個人投資家への認知と出来高向上など目的をはっきりさせることが重要である。上場後の認知度向上目的で導入する場合などは、出来高・時価総額・本業の利益が一定の水準を上回れば優待を廃止し配当による株主還元へ切り替えるなど、廃止基準やその後の方針もあらかじめ検討しておきたい事項である。

191

第5部　個人株主との対話

【図表 5-1-5】投資スタイルに最も近いもの

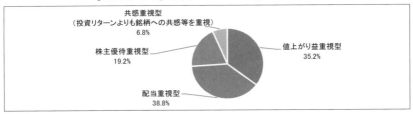

(出所) 三菱 UFJ 信託銀行「1万人アンケート」。

【図表 5-1-6】株式投資の際に利用している情報

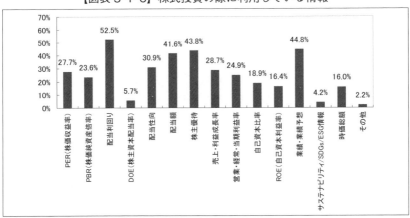

(出所) 三菱 UFJ 信託銀行「1万人アンケート」。

【図表 5-1-7】投資対象に求める配当利回り

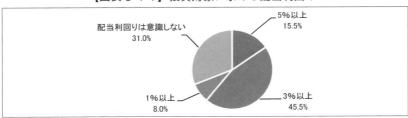

(出所) 三菱 UFJ 信託銀行「1万人アンケート」。

192

第2章

個人に保有してもらう意義

1 議決権行使における個人の影響力

　株式会社東京証券取引所（以下、「東証」という）の「2023年度株式分布状況調査」（【図表 5-2-1】）によると、2024年3月末時点の「個人・その他」の株式の持株比率（単元数ベース）は22.6%を占める。個人株主は、政策保有株の縮減を受け市場に流出する株式の買い手・受け皿としての役割を担う側面を持ち、その保有割合は外国法人等に次ぐ存在となり、議決権行使において一定の影響力のある主体となってきている。

　三菱UFJ信託銀行は、株主名簿管理人として上場企業（約1,500社）の株主名簿を管理しており、株主総会における平均議決権行使率を算出している。個人株主の平均事前行使率（株主数ベース）は2024年1月〜6月開催の株主総会では36.2%である（【図表 5-2-2】）。株主総会の当日出席人数は限定的であることを加味すると、個人株主の約6割が議決権を行使していない状況であり、議決権行使や経営参画への意識が低い個人株主が多いことがうかがえる。

　一方、事前行使をした個人株主の会社提案議案における全議案賛成率は93.1%となっている。一般的に個人株主は、議決権行使において機関投資家のような明確な議決権行使基準を持たず、それぞれの主観で賛否を判断している方が多く、投資先企業へのファン意識なども影響していると考えられる。そのため、企業にとって個人株主は、全議案に賛成票を投じてくれる与党株主となりやすい投資主体といえる。

第 5 部　個人株主との対話

【図表 5-2-1】投資部門別の株式分布状況

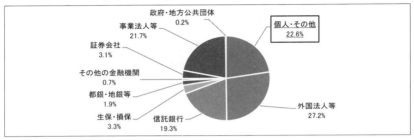

(出所) 東証「2023 年度株式分布状況調査」。

【図表 5-2-2】個人株主の事前行使率・全議案賛成率（株主数ベース）

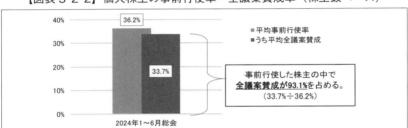

(出所) 三菱 UFJ 信託銀行が株主名簿管理人になっている企業（約 1,500 社）の 2024 年 1 月～6 月開催の株主総会における議決権行使率から三菱 UFJ 信託銀行作成。

2　株価形成における個人の影響力

東証の「投資部門別売買状況」（【図表 5-2-3】）によると、2023 年（1/4～12/29）の「個人」部門の売買高合計は年間 449 兆円となり、市場全体の売買高の 22.5% を占めている。海外投資家に次ぐ第 2 位の投資部門となっており、株価形成の上で重要な主体であることがわかる。

「投資部門別売買状況」で、2023 年 4 月から 2024 年 3 月の各月の個人の売り越し・買い越し状況を日経平均株価と比較（【図表 5-2-4】）すると、全体的に日経平均株価の下落局面では買い越し、上昇局面では売り越している様子がわかり、株価の動きと反対に動く"逆張り"の志向が確認できる。一般的に個人投資家は、機関投資家のように各種指標やデータを用い

第2章　個人に保有してもらう意義

【図表 5-2-3】各投資部門の売買高合計が総売買代金に占める割合

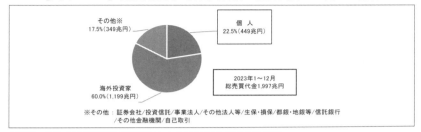

（出所）東証「投資部門別売買状況」より三菱 UFJ 信託銀行作成。

【図表 5-2-4】各投資部門の月別売り越し・買い越しの状況

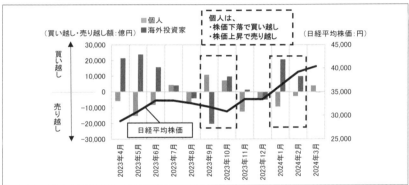

（出所）東証「投資部門別売買状況」より三菱 UFJ 信託銀行作成。

て個別銘柄を分析し、適正株価を算出することは困難と考えられる。また、株式投資のための金融資産は限られ、機関投資家よりも少額である。そのため、株式の購入時は、株価が下落したタイミングを図る志向が強いことが考えられる。加えて、個人投資家は、ポートフォリオやベンチマーク指標の影響・制約を受ける機関投資家と異なり、それぞれの基準や経済事情のほか投資対象へのイメージや好みなどにも基づくため投資判断は多様である。このように、個人投資家全体としては、逆張り志向かつ多様な投資判断基準を持つことから、株価下落局面での買い支えやボラティリティの低減が期待できる投資主体といえる。

195

第 5 部　個人株主との対話

3　企業にとっての個人株主のメリット／メリット享受のために

　企業にとっての個人株主のメリットは、前述の特徴に鑑みると、「議決権行使における全議案賛成率の高さ」と「多様な投資判断と逆張り志向の強さによるボラティリティの低減」が挙げられる。さらに、小売業などBtoC 企業にとっては顧客として「売り上げ貢献」が期待できることもメリットの 1 つといえよう。

　「議決権行使における全議案賛成率の高さ」のメリットを享受していくためには、議決権を行使してもらうことが大前提となる。前述（【図表5-2-2】）の通り、個人株主の事前行使率の平均は 40% 弱であり、議決権行使に関心のない個人株主は多い。

　「1 万人アンケート」の 2023 年の調査では「議決権行使への意識」と「行使しない理由」（【図表 5-2-5】）を確認しているが、行使しない理由の上位回答は「自分が行使しても影響がないと思われるため」や「議決権を行使すること自体に興味がないため」となっている。特にトップ回答の「自分が行使しても影響がないと思われるため」については、個人株主は自身の議決権や議決権行使の重要性を意識していないことがうかがえる。そのため、企業から個人株主に対して、議決権行使の重要性とともに行使をしてほしい旨の積極的な呼びかけを継続して発信していくことが重要といえる。

　続いて「多様な投資判断と逆張り志向の強さによるボラティリティの低減」のメリット、特に株価の下落局面での買い支えを享受していくためには、わずかな株価下落でも株式を買いたいと思う個人投資家を多く獲得しておくことが望まれる。三菱 UFJ 信託銀行では、顧客企業の認知度向上支援として、個人投資家に、顧客企業のウェブサイトを対象として評価を収集するアンケート（「潜在株主アンケート」）を実施しているが、その中で「アンケート前の企業認知度」と「アンケート後に投資したくなったか」のクロス集計（【図表 5-2-6】）を見ると、対象企業を知っていた個人投資家ほど、投資意欲が喚起されていることがわかる。個人投資家の投資判断では認知度が重要であり、まずは自社について知ってもらうことの重要性

第 2 章　個人に保有してもらう意義

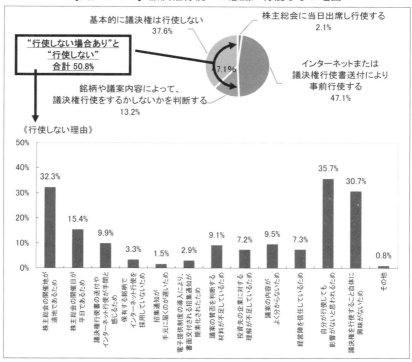

【図表 5-2-5】議決権行使への意識／行使しない理由

(出所) 三菱 UFJ 信託銀行「1 万人アンケート」。

がわかる。また、同アンケートを認知度の高い企業が実施した事例では、多くのケースで"企業名は知っていたが、投資対象として見ていなかった・意識していなかった"という意見が見られる。そのため、投資対象として認知してもらう継続的な情報発信がやはり重要といえる。

　個人投資家の売買の活性化は出来高の向上につながり、機関投資家の売買のしやすさにつながる。機関投資家は 1 回当たりの取引金額が高額であるため、投資対象銘柄の日々の出来高が自社の想定する売買注文に対して十分な量であるかを確認しているからである。そのため、個人投資家への認知度向上と出来高の向上は、機関投資家を意識した SR/IR 活動においても重要な要素といえる。

197

第 5 部　個人株主との対話

【図表 5-2-6】アンケート前の企業認知度／アンケート後に投資したくなったか

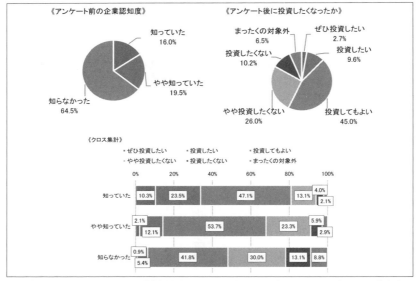

(出所) 三菱 UFJ 信託銀行提供「潜在株主アンケート」で 2023 年 4 月～ 2024 年 3 月実施企業の平均（約 20 社）を元に作成。

第3章

個人株主・投資家への
情報発信と対話

1 個人株主・投資家が求める情報

　「1万人アンケート」において、「株式投資の際に重視する情報」(【図表5-3-1】)を見ると、上位(「重視する」と「やや重視する」の合計が高い)項目は「業績安定性」「業績成長性」「財務健全性」である。当結果から、現在の業績・財務状況や業績予想を具体的な数字や指標で示していくことが求められているといえよう。ただし、一般的に個人株主・投資家は、機関投資家と比較して収集可能な情報が限られることに加え、情報や指標への理解・分析力に限界があることから、数値や指標のみの開示では理解されるとはいいがたい。

　そのため、事業内容や成長戦略を、定量的な数値・指標に加えて、単にテキストを挿入して文字情報で補足するのみではなく、イメージや図、グラフ、写真などを使用し、わかりやすく発信することが望まれる。昨今では投資初心者の増加に伴い、投資知識の浅い個人株主・投資家も増えていることから、いかにわかりやすく伝えるかということが従来よりも求められる。

　当観点の代表的な例としては、従来各社で工夫されてきたウェブサイト上のコンテンツである「こんなところに○○○○」(「○○○○」には自社名や自社製品・サービスの名称が入る)などが挙げられる。普段の生活の中で、自社の製品・サービスと個人投資家自身の関係をわかりやすく示しつつ親近感を醸成するコンテンツといえる。また、自社製品・サービスの導入事例に当たる「お客様の声」や、その製品・サービスに携わる「社員紹介」などの人が見えるコンテンツは、わかりやすさとともにさらなる親近感を醸成し、企業への共感や応援につながることを期待できるコンテンツ

第 5 部　個人株主との対話

【図表 5-3-1】株式投資の際に重視する情報

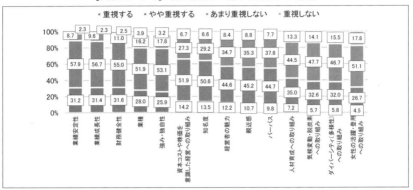

(出所) 三菱 UFJ 信託銀行「1 万人アンケート」。

【図表 5-3-2】企業 IR サイトランキング上位（2024 年）

大和インベスター・リレーションズ社		
大和インターネットIR表彰最優秀賞	ＩＮＰＥＸ	東急不動産ホールディングス
	ミネベアミツミ	ソフトバンク
	ゆうちょ銀行	伊藤忠商事
	日本ペイントホールディングス	
	MS&AD インシュアランスグループホールディングス	
ブロードバンドセキュリティ社		
Gomez IR サイトランキング上位 10 社	伊藤忠商事	コニカミノルタ
	セブン＆アイ・ホールディングス	日本ペイントホールディングス
	ソフトバンク	みずほフィナンシャルグループ
	富士電機	東急不動産ホールディングス
	りそなホールディングス	中外製薬

(出所) 大和インベスター・リレーションズ社、ブロードバンドセキュリティ社。

といえよう。定量的な数値・指標を、ビジュアルを用いて訴求しつつ、親近感をキーワードに情報を付加していくことが重要といえる。

　参考として、大和インベスター・リレーションズ社、ブロードバンドセキュリティ社がそれぞれ毎年公表している企業 IR サイトランキング上位

第3章 個人株主・投資家への情報発信と対話

各社のウェブサイト（【図表 5-3-2】）を見ると、「こんなところに○○○○」など、わかりやすさや親近感をキーワードとしたコンテンツのほか、自社が属する「業界動向」や「業界（専門）用語集」などで理解を促している事例が見られる。さらに「株主メリット」として、配当などの株主還元に加えて「議決権行使による経営参画」をうたい、議決権行使を意識・促進させるコンテンツも見られる。

2 個人株主・投資家に向けた情報発信ツール・施策

「1 万人アンケート」で、「現在活用している・今後（も）活用したい情報」（【図表 5-3-3】）を確認すると、企業が発信する情報の中では「決算説明資料」がトップ、また「中・長期経営計画説明資料」も上位となっており、前述の「株式投資の際に重視する情報」（【図表 5-3-1】）において「業績安定性」「業績成長性」が上位である結果との相関がうかがえる。また、「株主総会招集通知」や「事業報告書・株主通信」など、従来郵送で提供されてきた資料も活用度が高いことがわかる。さらに、ウェブサイトでの情報発信が前提となる各種動画に加え、「株主限定サイト」「会社公式 SNS、YouTube、IR メール等」などは、現在と比較して今後の活用意向が高い。当調査がウェブアンケートであるため、ウェブ媒体の割合が高く出ている可能性があるものの、ウェブサイトでの情報提供の重要性が確認できる。

ウェブサイトでの情報発信について、三菱 UFJ 信託銀行では、個人株主向けアンケートをサポートするコンサルティングを年間 100 社超に提供しているが、ハガキでアンケートを実施した事例で、そもそもインターネット環境があるかどうかを確認すると、「環境はある」が約 90% を占め、70 代でも 80% 程度となるのが平均的な回答である。多くの個人株主がインターネットによる情報を活用できる環境にあるといえる。昨今では、株主総会資料の電子提供制度の開始などにより郵送で提供される情報が減少するほか、株主通信は郵送版を廃止しウェブ掲載のみとする企業も一部で見られるようになっている。そのため、いかに個人株主に自社ウェブサイトに訪問してもらうかが重要である。この観点からは、株主への郵送物（株主総会招集通知や株主通信）に二次元コードを掲載して自社ウェブサイ

第5部　個人株主との対話

【図表 5-3-3】現在活用している／今後（も）活用したい情報

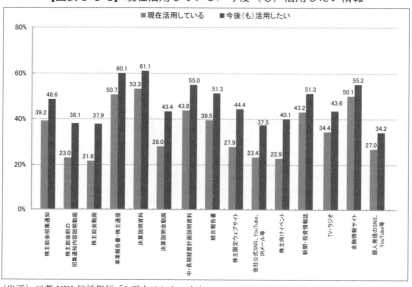

（出所）三菱 UFJ 信託銀行「1 万人アンケート」。

トに誘導するような工夫が有効といえよう。株主通信をウェブ掲載のみとしているような場合は、発行した旨と二次元コードを記載した案内を郵送するなどの施策が望ましい。

　また、ウェブの情報発信・対話ツールとして利用企業が増加傾向にあるのが「株主限定サイト」である。株主限定サイトは、株主番号やメールアドレス登録により、株主のみが閲覧可能なウェブサイトであり、株主に特別感を感じてもらいながら企業理解促進と対話を図る取組みといえる。さらに、年間を通して株主への情報発信と対話ができるメリットがある。三菱 UFJ 信託銀行においても、個人株主との対話支援として、企業ごとに利用できる株主限定サイトを提供しているが、当サイトで各企業が発信している情報を見ると、【図表 5-3-4】に挙げられているようなコンテンツがある。株主総会関連や議決権行使促進を意識したコンテンツに加え、オンライン説明会の開催や株主アンケートの実施など、対話の場として利用

第3章　個人株主・投資家への情報発信と対話

【図表 5-3-4】株主限定サイトのコンテンツ例

株主総会関連	バーチャル株主総会の実施	
	社長メッセージ動画	総会の事前質問受付
	事業報告動画の事前開示	当日の録画映像
	招集通知／決議通知（自社ウェブサイトへリンク）	
対話施策	オンライン説明会の開催	株主アンケート
	対面イベントの案内／申し込み受付	
株主優遇	自社製品・サービスの限定クーポン	
情報発信 （自社や外部ウェブ サイトへのリンク）	株主通信	統合報告書
	YouTube 公式チャンネル	SNS
	サステナビリティへの取り組み	

されている。また、自社ウェブサイトに掲載されている株主通信や統合報告書のほか、YouTube の公式チャンネルへのリンクを掲載し、"今株主に知ってほしい情報を集約した窓口"として活用するなど株主限定サイトの利用方法は広がりを見せている。

さらに、対面型のイベントについても言及したい。2020 年に拡大した新型コロナウイルス感染症の影響により中止せざるを得なかった対面イベントは足元で復活傾向が見られる。対面イベントは株主に、株主であることの特別感を感じてもらいつつ、企業理解を促進させる有効な取組みといえ、ファン意識の向上にも効果を見込める。ただし、株主向けイベントは株主の居住地のほかイベント実施規模の制約により参加可能人数が限られることから公平性を保つのが難しい側面がある。そのため、株主向けイベントを実施した様子を撮影し、後日、自社ウェブサイトに実施した旨を写真とともに掲載するなど、イベントに参加できなかった株主にも拡散する工夫が重要である。

最後に「SNS」について言及する。「1 万人アンケート」の回答結果（【図表 5-3-3】）を見ると、「会社公式 SNS、YouTube、IR メール等」の現在の活用度は 23.4%、今後の活用意向は 37.5% である。企業情報の入手先として、「SNS」の重要性の高まりがうかがえる。企業が SNS を活用する目

203

第5部　個人株主との対話

的としては、「認知度」と「ファン意識」の向上などが挙げられる。自社を知らない投資家が自社ウェブサイトに訪問することは期待しにくいところ、自社ウェブサイト以外の集客力のある媒体で情報発信をしていくことで、「認知度」の向上が期待できる。また、自社ウェブサイトでは、開示様式や実務要領に従って作成された決算・適時開示資料等の掲載が中心となりやすいところ、例えば投資家向け説明会に臨む担当者の声や決算資料に限らない製品開発の裏話など、顔が見えやすく親近感の持てる情報を発信していくことで、「ファン意識」の向上も期待できる。

3　個人株主・投資家との対話のために

　以上のとおり、個人株主・投資家は議決権行使と株価形成の側面で重要性が高まっている。個人株主・投資家のメリットを享受するためには、対話による議決権行使意識の向上と、情報発信による認知度の向上が重要である。個人株主との対話は、対象人数が多いため、機関投資家とは異なり個別対応が困難である。一例として、株主アンケートにより多くの個人株主の声を幅広く集めつつ、結果を開示するような取組みは、効率性を意識しつつ双方向の対話を実現する手法といえよう。さらに、情報発信についてはビジュアルを用いてわかりやすく表現し、親近感やファン意識を醸成していくこと、ツールや施策についてはウェブコンテンツの充実とウェブサイトへの訪問を促していくことが望ましい。個人株主・投資家向け施策は、効果が見えづらく「砂漠に水を撒く」と表現されることも多い。地道な取組みの積み重ねであるがゆえ、議決権行使促進や認知度向上など個別施策に対する目的をしっかりと意識して取り組んでいくことが重要である。

第 **6** 部

対話時代の招集通知実務

第6部　対話時代の招集通知実務

株主総会招集通知を通じた
株主との対話

丸谷国央　　三菱 UFJ 信託銀行

1　はじめに

　株主総会の歴史を振り返ると、かつての総会屋対策を主眼とした企業主導型・対決型の株主総会から脱却し、一般株主向けの「開かれた総会」、そして「対話型の株主総会」が志向されるようになって久しい。それに伴い、上場会社の招集通知は、写真や図表を用いたビジュアル化が進み、法定の記載事項にとどまらない充実した情報提供が行われるようになった。招集通知のあり方は、読み手となる株主[注1]の属性や株主総会の目的をどのように位置づけるか、そしてより大きな観点では社会や時代の潮流を踏まえて変化していくものといえる。

　では、昨今の招集通知のあり方として、何が求められているだろうか。上場会社においては、2015 年に適用が開始したコーポレートガバナンス・コード（以下、「CG コード」という）により株主との「建設的な対話」が求められるようになり、東京証券取引所（以下、「東証」という）の「資本コストや株価を意識した経営の実現に向けた対応」に関する施策により、株主の資本コストに対する関心は高まっている。株主総会における対話は、単なるコミュニケーションや情報発信の充実にとどまらず、中長期的な企業価値向上に向けた対話の深化が求められているといえよう。また、バーチャル株主総会の普及や電子提供制度の適用が開始するなど株主総会のデジタル化が進み、対話の手法にも変化が生じている。さらに、株

（注1）　上場会社の招集通知はウェブサイトで公表されており、読み手には潜在的株主や多様なステークホルダーも含まれ得る。

206

主の属性に関しては、機関投資家の議決権行使基準は年々厳格化が進み、その影響力が増す一方、個人投資家が投資しやすい環境の整備に関して証券取引所等において各種施策がとられ、個人株主数も増加が続く（注2）。政策保有株式の持合いの解消が進み、発行会社にとっての安定株主が減少傾向にある中、機関投資家および個人株主の存在感は今後ますます大きくなっていくことが予想され、招集通知の作成に当たっても、株主の属性に応じた対策をとる必要がある。

本稿は、このような株主総会を取り巻く環境の変化を踏まえつつ、招集通知の作成に当たり工夫すべき点について論じるものである。

2　招集通知による"対話"とは

株主総会における意思決定は、総会当日だけでなく、年間を通じた一連のプロセスとして行われており、これを「株主総会プロセス」という。上場会社においては年間を通じた情報開示や株主との個別の対話等を行うことで、株主総会プロセス全体が実質的な審議の場としての役割を果たしていることが多い。また、議決権行使は事前に行使されるものが大半であり、賛否の結果は総会当日までに趨勢が明らかになっていることがほとんどである（注3）。

かかる状況において、招集通知を通じた「対話」とは、議決権行使を通じた対話がその中心に位置づけられる。企業が行う開示には、有価証券報告書等の法定開示書類や統合報告書等の任意開示書類といったさまざまなものがあり、そのうち招集通知は事業年度後、定時株主総会前のタイミングで提供され、議決権行使を通じた対話の材料になるものである（注4）。そのため、総会当日に出席しない株主を含む株主に対して、招集通知を通

（注2）　東証ほか「2023年度株式分布状況調査の概要」によると、2023年度における個人株主の株式保有比率は16.9％を占め、個人株主数は2014年度から10年連続で増加し7,445万人（延べ人数）となり、過去最高を更新した。
（注3）　経済産業省「新時代の株主総会プロセスの在り方研究会報告書」（2020年7月22日）10頁〜11頁。
（注4）　倉橋雄作『コーポレートガバナンス・コード対応招集通知等見直しの実務』（商事法務、2015）17頁。

第6部　対話時代の招集通知実務

じて議案の内容およびその背景にある会社の取組みや方針に対する理解を
深めてもらい、議案の検討期間を十分確保した上で、議決権行使を促し、
議案に賛同してもらうための取組みが必要となる。

　株主の理解や賛同を得るためには、情報の充実やわかりやすさに加え、
自社の経営理念やビジネスモデル、戦略、ガバナンス等を一連のストー
リーとして伝えることにより説得力が増すものと考えられる（注5）。すな
わち、参考書類や事業報告といった株主総会資料の記載事項は法定され、
雛型等をベースに作成するのが一般的であるところ、それに加えて、自社
の経営戦略に基づく計画や取組みを任意のサマリー情報として掲載した
り、参考書類にコーポレートガバナンスに関する取組みや関連する事業報
告の情報を案内し、議案の検討に当たっての参考情報としたりするなど、
一連の情報を有機的につなげることで、株主に伝えたいメッセージを明確
にするのである。

　また、対話とは文字通り双方向のものである。株主総会における対話
は、主に総会当日の質疑応答等を通じたコミュニケーションによって行わ
れるが、招集通知における対話では、一方的な情報提供にとどまらず、株
主が求めている情報を把握し、効果的に発信していくことも重要と考えら
れる。そのための取組みとして、過去の総会での株主の発言内容や総会一
般の発言傾向等を踏まえて株主の関心や要望を想定し、または年間を通じ
た対話によってそれらを把握して、招集通知に株主の関心が高いと思われ
る情報を掲載することが考えられる。具体的には、サステナビリティに関
する取組み、東証の要請を踏まえた「資本コストや株価を意識した経営」
の対応状況（プライム市場およびスタンダード市場上場会社が対象）、「株主と
の対話の実施状況」（プライム市場上場会社が対象）といった情報を掲載す

(注5)　企業固有の価値創造ストーリーを構築し、質の高い情報開示・対話につなげる
　　ためのフレームワークとして、経済産業省が策定した「価値協創のための統合的
　　開示・対話ガイダンス2.0（価値協創ガイダンス2.0）」（2017年5月29日策定、
　　2022年8月30日改訂）や国際統合報告協議会（IIRC）のフレームワークなども
　　参考となる。もっとも、かかる価値創造ストーリーは一般に統合報告書で開示さ
　　れており、詳細な情報の参照先として統合報告書等を案内することも考えられる。

るほか（注6）、よくある質問の回答をあらかじめ招集通知に盛り込むといった手法も見られる（注7）。

　さらに、招集通知の冒頭に社長のあいさつを掲載する事例は従来から多く見られるが、昨今は役員選任議案に関する参考情報として各候補者のメッセージを掲載する事例や、取締役会や指名・報酬委員会における取組状況を紹介するものとして、社外取締役や指名・報酬委員会の委員長のメッセージを掲載する事例も見られる（注8）。これらは発行会社のガバナンスに関する情報をさまざまな視点から多面的に示すことができることに加え、株主に語りかける形式をとることで株主の興味を引くことが期待でき、有益な取組みと考えられる。

　なお、昨今は事前の議決権行使に加え、事前の動画配信、事前質問の受付、バーチャル株主総会の実施、事後配信の実施など、株主総会の出席方法や権利行使の手段といった総会への関わり方は多様化している。そのため、総会前、総会当日、総会後の時間軸の流れを示し、それぞれの段階で株主ができることを案内する「株主総会の流れ」を招集通知に掲載する事例が見られる（注9）。「内容」の充実だけでなく、「手段」についてわかりやすく案内することも株主の総会への参画の機会を保障する重要な取組みといえる（注10）。

（注6）　そのほかには、震災等の大規模な災害が発生した後に開催される株主総会では、災害による自社への影響、災害発生時の BCP（事業継続計画）、被災地への支援活動の実施状況は質問が出やすいため、あらかじめ招集通知の事業報告や任意のトピックス情報として言及することも考えられる。
（注7）　よくある質問に Q&A 形式で回答する例として、2024 年総会では、エーザイ、カゴメ、第一生命ホールディングスなどの事例があった。また、議案の補足説明を Q&A 形式で行う例として楽天グループなどの事例があった。
（注8）　2024 年 6 月総会では、候補者からのメッセージを掲載した例として、リコー、旭化成、日立建機などの事例、社外取締役のメッセージを掲載した例として、KDDI、双日などの事例、取締役会議長や指名・報酬委員会等の委員長のメッセージを掲載した例として、LIXIL、エーザイなどの事例が見られた。
（注9）　2021 年のグリーの招集通知がその嚆矢と思われる。

第6部　対話時代の招集通知実務

3　コーポレートガバナンス・コードによる変化

　近年、招集通知の作成実務に大きく影響を与えたものとして、2015年に策定されたCGコードの適用開始が挙げられる。

　CGコードでは、株主総会が株主との建設的な対話の場であることが示され（原則1-2）、株主が適切な判断を行うことに資すると考えられる情報について、必要に応じ適確に提供すべきこととされた（補充原則1-2①）。これにより、招集通知は法定の記載事項を超えて、コード対応を意識したものとなった。

　特に大きな変化として、スキル・マトリックスの掲載が挙げられる。CGコードでは、経営環境や事業特性等に応じた適切な形で取締役の有するスキル等の組合せを取締役の選任に関する方針・手続と併せて開示すべきとされる（補充原則4-11①）。2021年6月のCGコード改訂でスキル・マトリックスに関する規定が盛り込まれたことにより、役員選任議案の参考情報として、スキル・マトリックスの掲載が急速に普及することとなった。

　取締役会の構成は、会社が目指すべき姿、経営戦略などに関わるものであり、スキル・マトリックスは、その構成および求める要素が記載されたデータである。機関投資家は、発行会社の取締役会を理解し、発行会社と対話するツールとしてスキル・マトリックスを用いており、投資先企業が目指す経営戦略を実行する遂行力や蓋然性を判断する物差しの1つとしていると考えられる。発行会社が機関投資家とSR面談を行う場合、スキル・マトリックスを基にしたガバナンスのあり方に関する対話が行われており、機関投資家の議決権行使方針等においても、スキル・マトリックスの公表やスキルの可視化が望ましいことを指摘するものが見られる。

(注10)　2024年4月に改正障害者差別解消法（障害を理由とする差別の解消の推進に関する法律）が施行され、事業者に合理的配慮の提供が義務づけられた。改正法の施行を契機として、株主総会においても環境の整備を見直す会社が多かったと思われるが、障がいのある方が総会に出席するに当たっての案内（車いすの利用者や介助者の入場に関する案内等）を招集通知に記載することも考えられる。

210

【図表6-1】事業報告または株主総会参考書類への取締役会全体のバランス・規模に関する考え方、スキル・マトリックス、選任方針等（CGコード原則4-11関連）の記載状況

（出所）株主総会白書2021年版～2023年版（旬刊商事法務2280号、2312号、2344号）に基づき三菱UFJ信託銀行作成。母数となる回答社数は2021年1,749社、2022年1,917社、2023年1,979社。

　また、アクティビストが役員選任議案にかかる株主提案を行う場合は、取締役会に不足するスキルを指摘し、それを補う候補者を提案することがある。かかる場合、スキル・マトリックスは、株主が取締役のスキルや取締役会の構成を踏まえて議決権を行使する上での判断材料となる。発行会社においても、平時から取締役会のあり方や自社の取締役に必要なスキルを議論し、検討しておくことで、役員選任議案の株主提案に対する説得的な反論が可能になると思われる。
　もっとも、スキル・マトリックスについて、スキルの定義や選定理由を記載する会社は増えつつあるが、全体からすると一部にすぎない[注11]。スキル名と該当の有無の記載にとどまり、具体的な内容が不明であるケースも多く、取締役が現に有するスキルを記載しているだけのものも多いように見受けられる。CGコードの規定からすると、自社の経営環境や事業特性等に応じて取締役に必要なスキルを定義・設定し、そのマトリックス

(注11) 日経225採用銘柄の2024年6月総会会社でスキル・マトリックスを掲載した181社のうち、各スキルの選定理由を記載した会社は33.7%（前年比11.2ポイント増）、各スキルの定義・判定基準を記載した会社は16.6%（前年比2.9ポイント増）であった（三菱UFJ信託銀行調べ）。

第6部　対話時代の招集通知実務

に基づいて取締役候補者の選定および選任が行われるべきである（注12）。スキル・マトリックスの実務は始まったばかりであり、今後ますますのブラッシュアップや定期的な見直しが期待される（注13）。

　加えて、経営判断を行う意思決定機関である取締役会がどのような構成であるか、ジェンダーを含む多様性、社外取締役の割合といった構成に対する考え方、指名・報酬のプロセスはコーポレート・ガバナンスの重要な情報に当たる。経営理念や経営方針を踏まえた取締役会の構成・方針、現実の評価（実効性評価）、今後の取組方針を、PDCA サイクルを意識した形で参考書類等において示すことも有用と考えられる（注14）。

4　機関投資家の議決権行使基準の厳格化

　CG コードとともに、車の両輪と位置づけられるスチュワードシップ・コード（以下、「SS コード」という）は、機関投資家に対し、企業との建設的な対話を通じて企業価値向上や持続的成長を促すことにより、顧客・受益者の中長期的な投資リターンの拡大を図るスチュワードシップ責任を果たすことを求めている。機関投資家は、SS コードを踏まえて議決権行使の方針を定め、公表しているところ（SS コード指針 5-2）、議決権行使基準は年々厳格化が進んでいる。また、アセットオーナーへの説明責任の点から、主要な機関投資家の議決権行使基準は一定の範囲に収れんする傾向がみられ、機関投資家や議決権行使助言会社が定めるガバナンス等の基準は、今や一定のスタンダードとして大きな影響力を持っている。

　そのため、自社の株主構成を踏まえ、機関投資家が一定の保有割合を占

（注12）　2024 年 6 月総会では、自社のビジョンと紐づけてスキルを選定した本田技研工業、中期経営計画における成長戦略と紐づけてスキルを選定した小松製作所の事例が見られた。

（注13）　経済産業省「コーポレート・ガバナンス・システムに関する実務指針（CGS ガイドライン）」（2022 年 7 月 19 日）19 頁では、スキル・マトリックスを作る過程で、あらためて自社の取締役会のあり方を議論するとともに、取締役会に必要なスキルを明確化し、不足している部分を特定し、取締役会の構成を見直していくことにこそ意味があることが指摘されている。

（注14）　倉橋・前掲（注4）27 頁。

める場合は、機関投資家の議決権行使基準を意識し、議案への賛同が得られやすくなるように招集通知を作成する必要がある。

例えば、主要な機関投資家は、取締役会の多様性として一定割合を女性取締役とすることを求めるジェンダー基準を定めることが一般的となっているが、女性取締役比率を判断しやすいよう、候補者欄等に性別を明記することが考えられる。取締役会の構成の状況について役員の男女比や社内外の比率をグラフで示す事例も見られる。

また、主要な機関投資家は政策保有株式の保有割合に関する議決権行使基準を定めているが、保有状況を前事業年度の有価証券報告書に基づいて判断されると、その後の削減状況が考慮されなくなるおそれがある。そこで、招集通知発送時点における最新の削減状況や見通しを記載することが考えられる。

そのほか、社外役員の独立性の判断に当たっては、候補者の経歴からクーリングオフ期間等の判断ができない場合、反対行使（推奨）がなされてしまうおそれがあるため、経歴の作成時に留意したり、制度の複雑化が進み議案の説明も長文となりやすい役員報酬議案等については、読みやすい行間スペースやフォントサイズにするなどといった配慮が考えられる(注15)。

これらの議決権行使基準を意識した招集通知の作成は、投資家側の議決権行使の判断に当たっての負担軽減につながるのみならず、発行会社における問合せ等の負担軽減や投資家の誤解による投票を防ぐことが期待できる。

上場会社として一定の資本効率性やガバナンスの実効性を確保すること、そして時代によって投資家の要求水準が変化していくことは避けられ

(注15) 議決権行使助言会社の ISS（Institutional Shareholder Services Inc.）から全国株懇連合会に対して、①性別の明記、②「取引所に独立役員として届け出ている者（届け出る予定の者）」の明記、③読み手が読みやすい行間スペースの確保に関する要望が出されている（2023 年 11 月 17 日付け）。また、複雑な議案に関しては、機関投資家のみならず、一般株主にとっても理解しやすい記載となるよう図表を用いる等の工夫をすることが考えられる。

第6部　対話時代の招集通知実務

ない。議決権行使助言会社や主要な機関投資家の議決権行使（助言）基準
は年々変化するため、その傾向を把握することが重要である。これは議決
権行使基準に形式的に追従すればよいというものではなく、機関投資家が
注目するポイントを踏まえて自社の取組みを見直すことに意味があると考
えられる。機関投資家との事前の対話において、投資家・株主の議決権行
使方法等のコアの考え方が明らかになり、その考え方に応じて必要と考え
られる情報を招集通知に記載したことで、数値基準や形式基準では反対に
なりかねなかった議案でも、理解（賛同）を得ることができたといった事
例もあるとされる[注16]。機関投資家側においても、議決権行使基準を形
式的に適用して議決権を行使することに対する問題も指摘されており、今
後、機関投資家側、発行会社側双方の取組みにより、議決権行使に関する
対話が建設的かつ実質的なものとなることが期待される。

5　電子提供制度の開始による招集通知の変化

　2019年（令和元年）会社法改正により、上場会社では2023年3月総会
から電子提供制度の適用が開始した。株主総会資料は原則としてウェブサ
イト上に掲載して提供され、招集通知（アクセス通知）には、総会の日時・
場所、株主総会資料を掲載するウェブサイトのURLなど最低限の事項を
記載すれば足りることとなり、招集通知のあり方は以下のとおり大きく変
化した。

(1)　株主総会資料の提供の早期化

　株主総会資料のウェブ掲載（電子提供措置）は、遅くとも総会日の3週
間前に行うこととされ、従前の2週間前までの株主総会資料の発出から早
期化が進んだ。電子提供制度導入の背景には、株主総会の議決権行使プロ
セス全体の電子化が政策課題とされていたことや、投資家の要請を踏まえ
て株主総会資料の内容の検討期間を確保するねらいがある[注17]。

　かかる改正法の趣旨を踏まえ、電子提供措置の開始および招集通知（ア

[注16]　経済産業省・前掲（注3）17頁。

214

株主総会招集通知を通じた株主との対話

クセス通知）の発出については、引き続き法定期限にかかわらずさらなる早期化の取組みを進めるとともに、議決権行使を含む総会手続におけるデジタル活用も検討課題となるだろう。

(2) 送付物の変化

　株主総会資料は原則としてウェブサイトを通じて提供され、書面交付請求をした株主に対して電子提供措置事項記載書面（交付書面）が提供されることとされたが、任意の資料提供は制限されていない。そのため、電子提供措置事項の一部等の情報をピックアップした資料を提供するサマリー版と呼ばれる送付形態や、書面交付請求の有無にかかわらず全ての株主に株主総会資料一式を送付するフルセットデリバリーと呼ばれる送付形態を採用する会社もある。

　2024年6月総会では、東証全体において59.1％の会社がフルセットデリバリーを採用したが、前年比ではフルセットデリバリーの割合は減少している（前年比9.4ポイント減）。一方、アクセス通知のみの会社が7.4％（前年比1.8ポイント増）、サマリー版が33.4％（前年比7.5ポイント増）であり、それぞれ前年比で増加している。プライム市場上場会社においては、アクセス通知のみおよびサマリー版の採用会社が過半数を超えており、書面の軽減が先行して進んでいる状況にある（【図表6-2】参照）。

　送付形態の選択は郵送・印刷費用や特に個人株主を想定した株主への情報提供のあり方を踏まえ、各社の判断に委ねられているものではあるが、電子提供制度の法改正の趣旨や、紙資源の削減等の社会的要請も踏まえると、紙面での情報提供は削減していくことが望ましい。

　サマリー版の採用会社におけるサマリー版の記載事項を見ると、議決権行使に重要な情報である株主総会参考書類（概要のみを記載する場合を含む）をほとんどの会社が掲載しており、それに加えて、業績ハイライトやトピックス情報、事業報告・（連結）計算書類の一部等を掲載するものが見

(注17)　太田洋＝野澤大和編著『令和元年会社法改正と実務対応』（商事法務、2021）80頁。

第 6 部　対話時代の招集通知実務

【図表 6-2】東証上場会社の 6 月総会における送付形態の選択状況

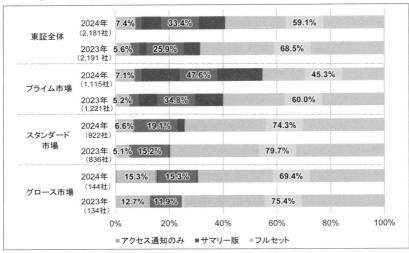

（出所）東証「定時株主総会調査結果 2024 年 3 月期決算会社（2024 年 6 月 10 日時点）」に基づき三菱 UFJ 信託銀行作成。東証上場会社のうち有効な回答を行った 2,181 社（2023 年は 2,191 社）を母数とする。

られ、各社各様の工夫がされている。

　電子提供制度が開始して新たに見られるようになった取組みとして、役員選任議案の候補者一覧表を掲載するなど株主総会参考書類の議案の概要（決議事項の要旨）を簡略に記載するものが挙げられる[注18]。特に個人株主に対する情報提供としては、手元に届く資料にコンパクトに重要な情報が掲載されていると目を引き、詳細な資料が届くよりも理解しやすく、印象に残りやすいこともあると思われる。

　将来的には法定の記載事項のみを記載したアクセス通知のみを送付する形態を採用する会社が増えていくと思われるが、当面の間はフルセットデリバリーからサマリー版への移行が大きな流れとなり、議案の概要等の一

[注18]　2024 年 6 月総会で議案の概要（決議事項の要旨）を掲載した事例として、アドバンテスト、LIXIL などが挙げられる。

定の任意の情報を掲載したコンパクトな招集通知を作成する会社が増えていくのではないかと思われる。そのような招集通知の作成に当たっては、数頁ないし十数頁の限られた紙面で株主に対して伝えたい情報は何かを考え、情報を厳選していくことが求められる[注19]。

　併せて、交付書面から記載省略を行う範囲についても検討事項となる。記載省略を行う範囲は、従前のウェブ開示と同様に、事業報告のうち内部統制システムや新株予約権に関する事項、単体・連結計算書類の注記表といった仔細にわたる情報や比較的重要性が低い情報をウェブ上のみに掲載している会社が多いと思われる。また、紙面を削減する取組みとして、送付形態につきフルセットデリバリーを採用しつつ、記載省略事項を大幅に増やすという方法もあり得るが、単に記載省略事項を増やせばよいというものではなく、ウェブ上のみに掲載して関心がある株主のみに閲覧してもらえば足りる情報は何か、全株主ないし書面交付請求株主に対してそれぞれ紙面で送付すべき情報は何か、記載省略事項を除く電子提供措置事項全般と記載省略事項のファイルはどのように掲載するか、といった情報提供の全体的なあり方の中で記載省略について検討することが望ましいと考えられる。

(3)　ウェブを通じた情報提供のあり方

　電子提供措置事項は、制度開始前と同様に紙の冊子を想定した招集通知を作成し、PDF ファイル形式でウェブ上に掲載しているものと思われる。もっとも、ウェブ上での提供が原則となることによって、多くの株主はパソコン、タブレット端末、スマートフォン等を通じて閲覧を行うこととなる。そのため、ウェブ上で閲覧しやすい資料となっているかという点についても留意が必要である。例えば、冊子の見開きを想定して作成した左右の頁が、ウェブ上に掲載した際に別の頁に分かれてしまい、上下に画面をスクロールする方法では見づらいといった事態が起こり得るため、上下の

[注19]　「株主の皆様にお伝えしたいこと」等と題して、業績、トピックス等のサマリー
　　　情報をまとめて記載する方法も考えられる。

第6部　対話時代の招集通知実務

スクロールでも見やすいレイアウトにするといった対応が考えられる。そのほか、PDF ファイルに目次を付けて資料上を移動しやすく、掲載場所を把握しやすくする、スマートフォン専用サイトや HTML 形式の電子提供措置事項を用意するといった工夫も考えられる[注20]。

　また、電子提供措置事項の作成に当たっては、株主自身において印刷することを想定し、または発行会社において交付書面を作成する関係上、一定の分量や形式に収める必要はあるものの、印刷費用や頁数に関する制約は受けづらく、資料作成に当たっては創意工夫の余地がある。例えば、ウェブ上では他の情報へのリンクがしやすいため、動画など関連するコンテンツや詳細な情報を掲載したウェブサイトのリンクを掲載することで、株主に伝えたい情報へのアクセスを促すことが容易になる。また、ウェブ上での閲覧から議決権行使サイトへのアクセスのしやすさを向上させるなど利便性を高めることで、議決権行使の促進にもつながると考えられる[注21]。

6　おわりに

　株主総会の最大の獲得目標は、招集手続から総会当日における報告事項の報告、決議事項の決議までの手続を瑕疵なく終えることにあり、招集通知を作成する総会担当者において、まずは法定の記載事項の抜け漏れ等がないように細心の注意を払うことが求められることは昔も今も変わらない。それに加えて、株主と企業が対話を行う実務が広まり、対話を通じてガバナンスの改善ひいては企業価値の向上が求められる時代においては、

[注20]　株主総会白書 2024 年版によると、見やすい・わかりやすい電子提供措置事項とするための工夫として、関連情報へのハイパーリンクの実施をした会社が 169 社（8.9％）、レイアウトの変更（縦スクロールへの対応）を行った会社が 96 社（5.0％）あり、HTML 形式での作成は 14 社（0.7％）にとどまった（旬刊商事法務 2376 号〔2024〕73 頁）。

[注21]　議決権行使を促進するための取組みとしては、議決権を行使した株主にインセンティブを付与することも考えられるほか、招集通知の表紙等に、議決権が経営に参画するための重要な権利であることを伝える記載をし、議決権行使を促す例も見られる。

招集通知を通じていかなる情報をどのように届けるかを各社において検討し、工夫することが求められており、その必要性は今後ますます増していくものと思われる。

　招集通知のあり方は自社の株主構成や株主総会で目指すものといった考え方によって各社各様である。レイアウト、紙面ないし電子提供措置事項として提供する内容、任意で含める情報等を工夫することができ、電子提供制度の開始やデジタル技術の活用により、工夫の余地はより広がったといえる。招集通知が、株主に自社に対する理解を深めてもらい、株主の支持を獲得するための"対話のツール"として一層活用されることを期待したい。

第 **7** 部

対話型株主総会

第7部　対話型株主総会

株主総会における対話

林　良樹　三菱 UFJ 信託銀行

　会社法では株主総会に決議事項の決議機関、また報告事項の報告機関としての機能を担わせているが、近年のコーポレート・ガバナンス改革やデジタル化の進展に伴い、株主総会は、単なる形式的な手続の場から、会社と株主が建設的な対話を行う場へと進化を遂げつつある。また、従来は開催日当日のイベントとして捉えられていたが、近年では、1年を通じて行われる株主とのコミュニケーションという大きなプロセスの一部として捉えられるようになってきている。本稿では、株主総会における対話の現状と課題について考察していきたい。

1　株主総会における対話の変容

　株主総会における対話とは、「株主と会社が事前の議決権行使等を通じて対話を図るもの」と、「株主が株主総会という会議体に実際に出席し、質問権や賛否に対する意思表示等を通じて会社と直接対話を行うもの」の2つに分類が可能とされている^(注1)。

　従来、株主総会における対話は主に後者を指すものとされ、総会場における質疑応答において、会社法上の説明義務の範囲や説明拒絶事由を把握した上で、来場株主の満足度を向上させることが株主総会における主要な獲得目標と考えられていた。この点の重要性については現在も変わるところはないものの、総会場における対話は限られた時間の中での質疑応答が

(注1)　全国株懇連合会「会社と投資家の建設的な対話に向けて——対話促進の取組みと今後の課題」(2016) 14 頁。

中心であり、形式的なやりとりに終始することも少なくなかった。しかし、近年では、以下の要因により、株主総会における対話の重要性が高まり、そのあり方も大きく変化している。

　要因の1つ目は、コーポレート・ガバナンス改革である。2014年のコーポレートガバナンス・コード（以下、「CGコード」という）の導入などにより、会社は、株主との建設的な対話を通じて、企業価値の向上を図ることが求められるようになった。

　2つ目は機関投資家が会社とのエンゲージメントを強化したことである。CGコードに先立って導入されたスチュワードシップ・コード（以下、「SSコード」という）等により、機関投資家は、投資先会社に対して、経営戦略やESGに関する積極的な対話を求めるようになった。また、議決権行使結果の開示も求められており、機関投資家としても自社の議決権行使基準等に沿った議決権行使がなされているか問われている。

　株主構成の変化も大きな要因である。全国証券取引所の調べによると2023年度の外国法人等の株式保有比率は31.8％と過去最高を更新し、信託銀行（国内機関投資家）の保有比率も22.1％と高い水準を維持している。また、個人株主数（延べ人数）は10年連続の増加となる前年度比462万人増加の7,445万人となっており、直近10年間で約3,000万人の増加となっている[注2]。

　機関投資家は独自の議決権行使基準を定め、原則としてそれに基づき議決権行使を行う。ROE等業績基準や政策保有株式に関する行使基準を導入する機関投資家が増加するなど、機関投資家の議決権行使基準は年々厳格化されており、会社にとって機関投資家の意向を理解し、それに応じた対応を行うことがこれまで以上に重要となっている。

　個人株主も、コロナ禍においてインターネット行使の導入が進み議決権行使率の向上が見られたこともあり、その議決権行使率（株主数ベース）

[注2]　株式会社東京証券取引所等「2023年度株式分布状況調査の調査結果について＜要約版＞」（https://www.jpx.co.jp/markets/statistics-equities/examination/01.html）。

第7部　対話型株主総会

は約40％に達している（注3）。

　このような状況において、株主総会に上程した議案が当然に高賛成率で承認可決される時代は過ぎ去り、一定の賛成率の維持、株主構成によっては議案の否決を避けるためには、対話により自社の考えを伝え理解してもらうことが不可欠となっている。株主総会は対話によって会社と株主が相互理解を深め、信頼関係を構築するための重要な機会としての役割を担うようになった。

2　株主総会における対話の方法

(1)　総会前の対話

　「株主と会社が事前の議決権行使等を通じて対話を図る」ためには、会社からの情報提供の充実と、株主からの意見や質問を積極的に受け止め、回答する双方向のコミュニケーションが重要となる。

　会社からの情報提供の充実のための方法としては、招集通知の工夫がまず挙げられる。招集通知は株主総会に関する重要な情報源であり、株主との対話の出発点になるものである。この点については第6部丸谷稿にて詳述しているためそちらをご参照いただきたい。

①　年間を通じたSR活動

　招集通知以外の対話の工夫として、機関投資家との対話においては年間を通じたSR活動が挙げられる。

　年間を通じたSR活動により、機関投資家と継続的な関係を築き、信頼関係を醸成することができる。これは、総会前の対話において、議案に対する理解を深め、賛成を得やすくする効果があるとされる一方、日頃の関係構築なしに、突発的に議案に対し賛成を求める行動は、機関投資家に不

（注3）　一般社団法人信託協会「上場会社の株主総会における個人株主等の議決権行使状況について」（2024年11月1日）（https://www.shintaku-kyokai.or.jp/archives/013/202411/NR20241101.pdf）。

信感を与える可能性があるとされている[注4]。

　機関投資家は原則として議決権行使基準に基づいて議決権を行使する。年間を通じた SR 活動を通じて、これらの基準を理解し、会社の取組みを適切に説明することで、定量基準に照らして反対となる議案であっても、定性面の考慮から賛成票を獲得できる可能性もあるとされている。したがって、議決権行使基準の改定をタイムリーに把握し、付議予定の議案の内容が当該基準に抵触するような場合は、機関投資家と対話を行うことが考えられる。

　対話に当たっては、統合報告書等を用いることも考えられる。統合報告書は、会社の中長期的な価値創造プロセスを説明するものであり、機関投資家との対話を深めるための有効なツールとなり得る。特にパッシブ投資家は、長期的な視点で投資を行うため、統合報告書の内容を説明することで、会社の中長期的なビジョンや戦略を理解してもらい、議決権行使においてもより深いレベルでの賛同を得ることができる可能性がある。

　このように、年間を通じた SR 活動は、信頼関係の構築、議決権行使基準への理解とモニタリングといった側面から、株主総会における事前の議決権行使を通じた対話を促進し、円滑な議決権行使に貢献する可能性がある。

　上記の取組みに加え、投資家との個別対話や説明会などを開催することで、より深いコミュニケーションを図ることも重要である。もっとも、これらの対話を通じて特定の株主を優遇したり、不都合な情報を一部の大株主にのみ伝達したりすることは、株主平等の原則やフェアディスクロージャールールにも反するため、避ける必要があることはいうまでもない。

②　事前質問の活用

　主に個人株主との対話においては事前質問の活用が考えられる。ここでいう事前質問は、株主総会前に株主から質問を募り、会社がその回答を何

[注4]　井上卓ほか「座談会・株主総会実務の将来展望（上）」旬刊商事法務 2318 号（2023）9 頁〔丹羽信裕発言〕。

第7部　対話型株主総会

らかの形で株主と共有する任意の取組みであり、株主の疑問解消、総会当日における議論の活性化、会社と株主間の信頼関係構築などに役立つものと考えられる。

　具体的な株主側のメリットとしては、「総会当日出席できなくても疑問点を会社に投げかけることができる」、「総会当日に質問する時間を節約できる」、「ウェブサイトで回答が開示される場合、他の株主の質問や会社の回答も参照できるため、より深い理解を得られる可能性がある」などが考えられる。

　会社側のメリットとしては、「株主の関心事を事前に把握し、総会運営の準備に活かせる」、「総会当日の質疑応答をスムーズに進められる」、また「株主との積極的なコミュニケーションを図る姿勢を示すことができる」ことが挙げられる。

　事前質問の具体的な運用方法は、会社によって異なるものの、以下の流れで行われることが多い。

・会社側が事前質問の受付期間と方法を招集通知などで周知。
・株主は、書面、電子メール、ウェブサイトなど、会社が指定する方法で質問を提出。
・会社側は、質問を検討し、回答を作成。
・会社側は、回答をウェブサイトなどで株主に開示、または株主総会当日に、事前質問に対する回答を行う。またはその双方を実施する場合もある。

　事前質問を受け付ける旨の周知が不十分だと、質問が集まらず活用が進まない可能性があるため、招集通知などでわかりやすく説明し、ウェブサイトで専用ページを設けることや、2次元コードを掲載し、手軽に質問を会社に送付できるなどの工夫が求められる。また、質問数が多すぎる場合、全ての質問に回答しようとすると、回答の作成に負担がかかりすぎる可能性が考えられる。そのため、あらかじめ個別の回答は行わない旨、および多くの株主から寄せられた関心の高い質問内容についてのみ回答する旨も招集通知などで事前に周知しておくことも有効であろう。

226

(2) 株主総会における対話

　ここからは、「株主が株主総会という会議体に実際に出席し、質問権や賛否に対する意思表示等を通じて会社と直接対話を行うもの」について検討していきたい。

　近年、コーポレート・ガバナンスの重要性が高まる中、株主総会は単なる形式的な手続の場ではなく、株主と会社との建設的な対話の場としてその重要性を増している。特に、株主総会における「対話」、すなわち質疑応答は、株主が会社の経営陣に対して直接質問や意見を述べる貴重な機会であり、会社にとっても株主の声を理解し、企業価値向上につなげる重要なプロセスとなっている。

① 質疑応答の法的意義

　会社法314条では、取締役、監査役、執行役等の株主総会における説明義務について規定されている。同条によると、取締役等は、株主総会において、株主から特定の事項について説明が求められた場合には、原則として当該事項について必要な説明を行わなければならず、例外として、当該事項が株主総会の目的事項に関しないものである場合、その説明をすることにより株主の共同の利益を著しく害する場合その他正当な理由がある場合として法務省令で定める場合には、説明を拒絶できるものとされている。

　法務省令で定める場合も含めた説明拒絶事由は【図表】のとおりである。

　適法な総会、最低限の説明義務を履行することを主眼とするのであれば、上記拒絶事由に該当するものは、全て回答を拒絶するというスタンスが考えられるが、近時、そのようなスタンスをとる会社は少数派である。

　従来は、説明義務の範囲は、報告事項については「招集通知＋添付書類の記載内容＋附属明細書の記載内容＋α（語句の説明、大幅な数字の変動の理由、個別会社の特殊事情、相当な根拠をもって具体的に違法と指摘された事項等）」、決議事項については、「株主総会参考書類の記載内容（退職慰労金支給議案であれば退職慰労金規程の内容含む）＋α（語句の説明や再任役員の

第7部　対話型株主総会

【図表】説明拒否事由と留意事項等

説明拒否事由	具体例、留意点等
①株主総会の目的事項に関しない場合（会社法314条）	・議題と直接関係しないテーマ等
②説明することにより株主共同の利益を著しく害する場合（会社法314条）	・会社秘密（ノウハウ、会計帳簿を見なければわからない事項等）に該当する事項等
③説明をするために調査が必要な事項（総会日の相当期間前に事前に通知された場合、説明のために必要な調査が著しく容易な場合は除く）（会社法施行規則71条1号）	・詳細な計数等 ・事前質問状が来た場合は、「調査が必要」という理由で回答拒絶は不可（他の事由での拒絶は可能）
④説明することにより株式会社その他の者（当該株主を除く）の権利を侵害することとなる場合（会社法施行規則71条2号）	・取引条件、契約内容等守秘義務のある事項、顧客情報等
⑤実質的に同一の事項について繰り返して説明を求める場合（会社法施行規則71条3号）	・繰り返しの質問。「それではわからない。もっとわかりやすく」と言われても、「平均的な株主が理解できる程度」で回答済みなら回答の必要なし
⑥その他正当な事由がある場合（会社法施行規則71条4号）	・インサイダー情報に該当する事項、個別の訴訟案件の詳細で公表されていない情報、不法行為、犯罪行為に関する事項（名誉毀損）、誹謗中傷等

在任中の業績等）」が基本的な範囲と解されていた。

　もっとも、報告事項にせよ、株主総会参考書類にせよ、CGコードの要請や機関投資家の要望等に応える形で任意記載事項が大幅に増加した現在、株主からの質問が「株主総会も目的事項に関しないもの」かどうかの切分けが極めて難しくなっていること、また、説明義務の範囲自体も会社法上の開示書類にとどまらず、広く投資家向けに開示している書類（金融商品取引法上の有価証券報告書、取引所規則による適時開示書類、コーポレートガバナンス報告書等）も説明義務の範囲内に含まれるとする見解も示されているところ、説明義務の範囲を保守的に考えるのではなく、回答して差し支えない質問については、（仮に法的な説明義務はなくとも）可能な限

228

り回答するというスタンスをとる会社が多数派となっている。すなわち、回答禁止事項（会社秘密、守秘義務事項〔顧客情報〕、未公表の重要事実、訴訟関係）をしっかりと認識した上で、それ以外の質問についてはできるだけ回答するというのが実務的に一般的な対応といえる。

② 対話の前提となる情報提供

上記のとおり、株主総会における説明義務の範囲は、（広義の）招集通知の記載事項＋αと解されている。従来の株主総会実務では法定の報告事項として招集通知を読み上げる形式的な運営が少なからず見られた。そのような形式的な運営は株主にとって、その内容を理解しづらく、退屈であるとの指摘もあった。株主総会当日を形式的な手続の場とするのではなく、株主との信頼関係を構築し、企業価値向上に向けた意見交換を行う場として位置づけた場合、限られた時間の中で、株主総会資料の内容をわかりやすく説明し、株主の理解と納得を得ながら議案の承認を得ることが求められる。そのためには、専門用語を避け平易な言葉を使用することで誰にでも理解できる説明を心がける、事業報告の内容や経営戦略について動画や資料などを活用してわかりやすく説明する、動画や資料にはあらゆる情報を網羅するのではなく株主が知りたい情報に焦点を当て簡潔にまとめるとともに図表、グラフ、写真などを効果的に活用することなどが考えられる。

③ 形式的回答から実質的な対話へ

上記のとおり、回答可能な事項はできるだけ回答するスタンスであっても、その回答に当たっては形式的なやりとりも依然多く見られたが、最近ではそのようなやりとりも減少しつつある。例えば、多くの株主の関心が高い株価に関する質問については、従来は「株式市場が決めること」といった回答が多く見られたところである。しかしながら、東京証券取引所により「資本コストや株価を意識した経営の実現に向けた対応」が求められ、プライム市場およびスタンダード市場の会社では、資本コストや株価等の改善に向けた方針や具体的な取組みが開示されるに至り、通り一遍の

第 7 部 対話型株主総会

回答では株主も納得しなくなっている。

　株主総会を株主の問題意識に経営陣が真摯に向き合う場として位置づけたとしても、特別な場合を除き 2 時間程度を上限に終了するのが一般的とされているところ、質疑応答の時間をいかに確保するかが課題となる。

　この点、コロナ禍においては多くの会社が株主総会の報告事項の短縮に取り組んだ。これは、感染拡大防止のための会場における滞在時間を短くするべく、議事進行の効率化が求められたことが大きい。それまでの株主総会では、法定の報告事項として、事業報告や計算書類の内容を詳細に説明することが一般的であった。しかし、これらの情報は株主にすでに開示がなされている招集通知に記載された内容であり、法的にも事業報告、計算書類等に記載のとおりと述べることで報告義務は果たされたと解されることもあり、報告事項の説明を簡略化して、その分、経営戦略や中期経営計画、サステナビリティ情報の説明や株主の質疑応答に時間を割く会社が見られる。商事法務研究会が例年実施しているアンケート調査によると、2024 年総会においても「報告事項の報告時間を短縮した」と回答した会社は 3 割程度見られ(注5)、コロナ禍における感染拡大防止策として始まった報告事項の短縮化は総会実務として定着したといえよう。そのほか、定款根拠規定の説明の省略や定足数報告などの簡略化をすることでも、質疑応答時間を捻出することが可能となる。

④　採決の意義

　株主総会の決議は、議案に対する賛成の議決権数が決議の成立要件を満たすことが明確になったとき成立する。また、採決の方法については会社法上、特に規定はなく、議長の議事整理権に基づき、適宜採決方法を決めることができ、総会場で異議の有無を諮ったり、挙手、拍手、起立、記名投票その他の方法により、事前の議決権行使結果とあわせて議案に対する賛否の判定ができる方法でさえあればよく、議長は会議体の運営に関する

(注5)　商事法務研究会編「株主総会白書 2024 年版」旬刊商事法務 2376 号（2024）107頁。

230

一般の慣行に従って適当な方法をとることができる^(注6)。

　一般的に、議案に対する賛否は事前の議決権行使を通じて株主総会の前日までに決議結果がほぼ確定している場合が多い。この場合であっても、「対話」の重要性は決して失われるものではなく、質疑応答を通じて取締役等に説明責任を果たさせる必要がある。株主総会における「対話」と採決は、相互に関連し合っており、「対話」は採決の前提であり、株主は、会社から十分な情報提供を受け、質問や意見を述べる機会を持つことで、議案の内容を理解し、採決において適切な判断を下すことができる。そして、採決は「対話」を通じて形成された株主の意思を反映した結果といえる。

3　デジタル化の進展と株主総会

(1)　デジタル化の進展と留意事項

　デジタル化の進展は株主総会における対話においても大きな影響を与えている。電子提供制度の導入は招集通知の情報量を格段に充実させる可能性があり、バーチャル株主総会の実現により株主総会への参加のハードルが下がり、より多くの株主が対話に参加できる環境が整いつつある。

　2022年9月1日に施行された株主総会資料の電子提供制度は、従来の書面による情報提供を電子化することで、効率化と情報量の充実の双方を実現した。この制度の導入により、会社は紙媒体では提供できなかった内容を株主総会資料に含めることが可能となり、これまで以上に会社法などで定められた招集通知の記載事項を超えた情報提供が可能となった。今後、動画などの活用が拡大すると、株主はより詳細な情報に基づいて議決権を行使することができるようになる。このように株主総会資料の情報の充実化が進むと考えられるが、どのような情報を株主に伝えるべきか、情報過多に陥らないよう、必要な情報を吟味していく必要がある。

　また、コロナ禍において普及したバーチャル株主総会は、地理的制約を

(注6)　東京地判平成14・2・21判時1789号157頁。

第7部　対話型株主総会

超えて多くの株主が参加可能であるため、株主との対話機会の拡大に寄与する可能性がある。リアル会場への移動に伴う時間やコストの削減により、株主の参加が容易になり、参加率の向上が期待される。さらに、オンラインでの総会当日における質問受付や議決権行使の機能を通じて、株主は時間や場所に制約されることなく、積極的に総会に関与することが可能となる。

　一方、デジタル化の進展においてはデジタルデバイドの問題がまず論点となり、インターネット環境が整っていない株主や、デジタル技術に不慣れな株主に対する配慮への検討が求められる。この点については、ウェブサイトやバーチャル株主総会の接続方法、操作方法について、紙で送付する招集通知（アクセス通知）にてわかりやすい説明を記載するか、電子提供制度であれば書面交付請求の利用を促すことなどで手当てしていくことが考えられる。できるだけ多くの株主が平等に情報にアクセスし、権利を行使できる環境を整備することは重要ではあるが、電子提供制度では書面交付請求制度が用意されており、バーチャルオンリー総会の開催に当たっては「インターネットを使用することに支障のある株主の利益確保に関する配慮方針」[注7]を定めることが求められているよう、法が予定している配慮手段をわかりやすく知らしめることで環境整備としては対応できているといえるであろう。

(2)　バーチャル株主総会の状況

　バーチャル株主総会の形態には、リアルな株主総会を開催することに加えて、インターネット上からも参加することのできるハイブリッド型バーチャル株主総会として「出席型」（ハイブリッド出席型）と「参加型」（ハイブリッド参加型）、リアルな株主総会は開催せずインターネット上のみで開催する「バーチャルオンリー型」の計3種類があり、それぞれの会社が株主の居住地や年代等の属性や総会に対する経営者の考え方などを考慮して選択することができる[注8]。2024年6月総会では、2,333社中411社（前

(注7)　産業競争力強化法に基づく場所の定めのない株主総会に関する省令1条3号。

年比▲6社）がバーチャル株主総会を利用しており、その内訳は、ハイブリッド参加型が381社（前年比▲9社）、ハイブリッド出席型15社（前年比▲1社）、バーチャルオンリー型15社（前年比＋4社）という結果であった(注9)。社数は前年比微減ではあるものの6月総会全体の実施率は前年とほぼ同水準の2割弱となっており、特に日経225採用銘柄の6月総会会社183社のうち実施社数は117社と6割以上の会社が実施している。

　バーチャル株主総会は地理的な制限をなくし株主の参加機会を拡大する一方で、その導入には、撮影や配信に伴う運用コスト、業者との調整にかかる時間的コストなど事務局の負担が増加する面もある。また、主にハイブリッド型の場合、リアル出席とバーチャル出席の両方に対応する必要があり、議事進行の複線化やオンラインでの質疑応答対応など、従来のリアル総会に比べて、より複雑な運営が求められる。これらの費用対効果を慎重に検討した結果、経営判断として導入を見送る会社も見受けられる。またハイブリッド出席型やバーチャルオンリー型の株主総会においては、通信障害時の決議取消しリスクや、質疑応答において、会社にとって都合の悪い質問を意図的に排除するチェリー・ピッキングといった課題も指摘されており、バーチャル株主総会の普及拡大を阻む要因となっている。バーチャル総会を開催する場合には、これらの事項についてあらかじめ検討する必要がある。

　もっとも、バーチャル株主総会を開催することが全ての会社にとって最適な株主との対話の方法であるということではない。2024年6月総会では、前年はハイブリッド出席型の株主総会を実施していた会社が、「当社の株主総会のあり方について検討した結果、会場に出席いただいた株主の皆様との直接対話をより重視する開催形式に変更することにしました」(注10)として、ハイブリッド参加型の株主総会に変更をしている。

　重要なのは自社の株主総会のあり方、株主との建設的な対話のあり方を

(注8)　バーチャルオンリー型を活用する場合には、経済産業大臣および法務大臣の「確認」を受けることが必要である（産業競争力強化法66条1項）。
(注9)　三菱UFJ信託銀行調べ。
(注10)　エーザイ株式会社「2024年6月定時株主総会招集通知」より抜粋。

第7部　対話型株主総会

検討することであろう。検討の結果、前記の事例のようにリアル総会に重きを置いたほうが株主との対話に資すると判断することもあろうし、居住地にかかわらず参加可能なバーチャル株主総会のほうがふさわしいとの判断もあろう。また、株主総会当日は法定会議体と割り切り、当日以外に株主との対話の場を設けることも選択肢として考えられる。株主との信頼関係を構築していくために株主総会をどのように位置づけるのか、各社の状況や経営者の考え方も踏まえ、株主との対話を深化させるための最適な方法を模索していくことが重要となる。

第 **8** 部

終章

第8部　終　章

総　括

今出達也　日本シェアホルダーサービス

ジェイミー・アレン（Jamie Allen）ACGA 創設者・前事務局長

ジェイミー・アレン　（Jamie Allen）Founding and Former Secretary General of ACGA
ジャーナリスト、編集者を経て 1999 年に ACGA（アジア・コーポレートガバナンス協会）創設。インタビュー内に自己紹介あり

　2023 年 3 月に東証が「資本コストや株価を意識した経営の実現」[注1]を上場企業に要請した時、筆者は正直恥ずかしい気持ちになった。「伊藤レポート」から 9 年目、CG コードの策定公表から 8 年目に、なぜこの上場企業として当たり前のことが証券取引所から「お願い」されて全世界に発信されなければならなかったのか？ という点である。結果はどうかと言えば、この「お願い」の効果は大きかった。2013 年の前作では日本市場を司るコーポレート・ガバナンスのナショナルコードの策定を提唱した。その後 2 つのコードは策定され、それを基軸とするガバナンス改革と株主との対話の促進が政策主導で進んだ。

　各国市場間の資本獲得競争において、日本にも国際的に通用するガバナンス規範とその実質を伴う運用が必要であった。日本は政策推進議論においてほぼ常に「欧米ではどうなのか」を気にしている。一方、国際的な株主資本の獲得競争の相手は圧倒的に巨大化した IT 企業等を有する米国市場というよりも、成長著しいアジア域内に多くあったといっても過言ではない。そんな中、アジア太平洋諸国のガバナンス（ESG を含む）の制度と実践を連続的に比較評価してきた ACGA（アジア・コーポレート・ガバナン

（注1）　東証「資本コストや株価を意識した経営の実現に向けた対応等に関するお願いについて」（https://www.jpx.co.jp/news/1020/20230331-01.html）。

ス協会）^(注2)の CG ウォッチ^(注3) 2023 年版で日本は総合評価で地域第 2 位（1 位はオーストラリア）にまでやっと登り詰めた。本書を短く総括する前に、筆者と同時期の 90 年代終わりから四半世紀にわたってガバナンスという同じテーマを研究してきた友人で、2024 年 3 月まで ACGA 事務局長を務めたジェイミー・アレン氏にインタビューを試みた。氏の俯瞰的かつ具体的な視点がこれからの国際資本市場での日本企業の躍進に役立つと考え、本終章に掲載することとした。

1　アジアのコーポレート・ガバナンス進展の道程

Q：はじめに自己紹介と、あなたが約 25 年にわたって研究と提言をされてきたアジア全域のコーポレート・ガバナンス進化の道程について俯瞰的に語ってください。

　私はシンガポール生まれのオーストラリア人（父は国際的な銀行家）で、人生の半分以上を香港を中心にシンガポール、マレーシア、台湾などアジアで過ごしてきました。オーストラリア国立大学（ANU）でアジア研究を専攻し、中国語、歴史、政治学を学びました。1987 年から香港に移ってジャーナリストになり、最初はサウスチャイナ・モーニング・ポスト紙で働き、同紙の環境関連の報道を充実させた後、エコノミスト・インテリジェンス・ユニットで「ビジネス・アジア」という出版物の編集に携わりました。その後、香港の中国返還に関する本を執筆してから 1997 年にビジネス調査会社を設立し、1999 年にアジア・コーポレート・ガバナンス協会（ACGA）を共同設立しました。

　今日のアジアにおけるコーポレート・ガバナンスの状況は、1990 年代後半とは多くの点で大きく異なっています。会社法および証券取引法（日本は金融商品取引法）は、年次総会や株主の議決権、買収規制、開示義務、資本調達などの分野で近代化され、規制当局によるこれらの規則の施行は

---

^(注2)　ACGA は 1999 に創設されたアジア各国に投資する国際機関投資家の団体で香港を拠点にリサーチ、政策提言からスチュワードシップ活動を行っている。
^(注3)　https://www.acga-asia.org/news-detail.php?id=347.

第8部　終　章

徐々に改善され、証券取引所は IPO（注4）の参入要件を着実に引き上げて
きました。どの市場にも「ベストプラクティス規範」があり、上場企業に
ガバナンスの強化を促す「ソフトロー」の重要性が受け入れられています。
取締役会にはある程度の独立性が必要であり、株主は公平に扱われるべき
であるということが現在哲学的には受け入れられています。「スチュワー
ドシップ・コード」は、企業と投資家の間の定期的な対話の価値に対する
理解を深める一方、機関投資家に対しては、所有責任をより真剣に果たす
よう求めています。一方、より緊急性の高い環境問題の出現は、サステナ
ビリティ報告に関する新たなグローバル・スタンダードや、気候変動への
企業の対応を監督する取締役会ガバナンスの強化に向けたアイデアにつな
がりました。

　多くの進展にもかかわらず、コーポレート・ガバナンス改革は決して直
線的なプロセスではありませんでした。過去 25 年間、アジアの証券取引
所には、IPO の基準を引き下げるような圧力が常にかかってきました。
より大規模で流動性の高い米国証券取引所と競争するために、二元株、ポ
イズン・ピル、特別目的買収会社（SPAC）などの仕組みが認められてい
ます。株主の権利に関する状況は、アクティビズムの可能性と同様に、市
場によって大きく異なります。

　企業レベルでは、少数のガバナンスの効いた大企業と、ルールやベスト
プラクティスの規範にリップサービスを提供する大多数の小規模な発行体
との間で、二分化が続いています。中小の上場企業は、投資家からは限定
的な圧力しか感じないことが多いので、これは驚くべきことではありませ
んが、それよりも残念なのは、この地域の多くの大企業や国営企業の「何
が何でもコントロールする」というメンタリティです。

　将来の予測には困難が伴いますが、米国の証券取引所による激しい競争
と、トランプ氏の米国大統領再就任により、アジアのみならず世界的に
コーポレート・ガバナンス改革の転換期を迎えているように思われます。
前者の現象はすでにロンドン証券取引所を動かしており、より多くの

（注4）　Initial Public Offering（新規株式公開＝新規株式上場）。

総 括

IPO を誘致するために上場基準や株主保護の水準を引き下げようとしています。一方、トランプ政権は、あらゆる物事においてアメリカ第一主義を貫き、高いレベルの透明性と説明責任を支持しない可能性があります。私は、アジア諸国政府がこれに追随してコーポレート・ガバナンス改革を後退させ、過去 20 年にわたる確かな進歩を台無しにしないことを切に願っています。

Q：巨大市場の中国についてはどうですか。

　過去 10 年以上にわたる中国の変化の主要な方向性は、中国共産党（CCP）が「党委員会」と「党組織」を通じて国営企業や多くの民間企業に関与するという、中国独自の企業統治システムの強化に焦点を当ててきたことです。これらの制度は習近平体制以前から存在していましたが、習近平指導下で強化されています。中国には自国の状況に最も適していると考える統治システムを追求する権利がありますが、これらの中国共産党組織の役割、特に党委員会と取締役会の関係をめぐる透明性の欠如は、投資家、特に外国人投資家に不確実性をもたらしています。近年の他の改革は、上場企業の財務開示基準を引き上げ、サステナビリティや ESG 事項に関する報告を奨励することを目的としてきましたが、多くの国営企業のガバナンスは依然として不透明です。このような状況は、中国経済の減速や地政学的課題といった、より大きなマクロトレンドと並んで、国内株式市場に対する外国人投資家の信頼を低下させる一因となっています。

2　日本の進化

Q：ACGA の CG ウォッチ 2023 年版のランキングでは遂に日本が第 2 位までポジションを上げました。その背景として最も重要であった点は何ですか。

　コーポレート・ガバナンスにおけるハイレベルな政策・規制の改善、取締役会や労働力におけるジェンダー・ダイバーシティの政府による強調、具体的なコーポレート・ガバナンスルールの変更、取締役会活動に関する企業報告の改善、コーポレート・ガバナンスへの投資家の関与の拡大、市

239

第 8 部　終　章

民社会団体の活動の拡大、会計およびサステナビリティ報告方針の進展な
どです。多くの意味で、日本の台頭は全ての関係者の努力の賜物でした。

　前回調査（2020 年）とは異なる、他を圧倒する広範な要因を挙げるとす
れば、それは規制政策でしょう。コロナ禍以前とは対照的に、日本のコー
ポレート・ガバナンスにおけるいくつかの深刻な課題に対して、当局者や
規制当局の間で、より全面的に取り組もうとする決意がより強まってきま
した。金融庁が 2023 年 4 月に発表した「コーポレート・ガバナンス改革
の実質化に向けたアクション・プログラム」(注5) では、公開買付規制や大
量保有報告書規制の問題点など、より公正な株主の権利を実現するための
長年の法的障害が指摘されました。同年、東証は資本コスト構想を打ち出
し、15 年以上にわたって株主との争点となってきた過小評価や非効率な
バランスシートの問題に取り組むよう、企業に積極的に働きかけました。
また、経済産業省は 2023 年 8 月に、より公正で透明性の高い M&A を促
進することを目的とした「企業買収における行動指針」(注6) を公表しまし
た。こうした努力の最初の成果は有望です。

　こうした政策を補完するものとして、監督当局の間では、海外機関投資
家との新しいタイプの対話に意欲的に取り組んでいます。2022 年後半、
金融庁は「ジャパン・コーポレート・ガバナンス・フォーラム」を創設し、
ACGA、ICGN（国際コーポレート・ガバナンス・ネットワーク）、CII（米国
機関投資家評議会）との協議の枠組みを提供しました。こうした会合によ
り、規制上の主要な課題に関する意見交換がより迅速に行われるようにな
り、海外機関投資家による意見集約がより的確に行われるようになりまし
た。

(注5)　　金融庁「コーポレート・ガバナンス改革の実質化に向けたアクション・プログ
　　　　ラム」（https://www.fsa.go.jp/news/r4/singi/20230426.html）。
(注6)　　**第 3 部第 4 章 4** に詳述。

3　アジア企業の情報開示

Ｑ：アジア諸国（または諸外国）の上場企業の情報開示で日本企業が見習うべきポイントがあれば教えてください。

　他のアジア市場と同様、CG ウォッチ 2023 における日本の上場企業のガバナンスと情報開示に関するスコアは、他の評価項目（パブリック・ガバナンス、規制当局／執行、コーポレート・ガバナンスルール、投資家、会計、市民社会／メディア）に比べて低いものでした。ややポジティブな点としては、2020 年と比較してスコアが数ポイント上昇し、44％から 49％となりました。これは、GRI（グローバル・レポーティング・イニシアチブ）スタイルのより詳細な報告書や、米国の SASB（サステナビリティ会計基準委員会）や国際的な TCFD（気候関連財務情報開示タスクフォース）が作成した指標への一部注力など、環境・社会・ガバナンス（ESG）問題に関する報告書の改善によるところが大です。注：SASB は現在、国際サステナビリティ基準審議会（ISSB）の新しい報告基準に統合されています。

　CG ウォッチ 2023 で我々が主張したのは、日本企業が情報開示を強化し、世界のベストプラクティスに沿うようにすることが極めて容易な分野が数多くあるということです。例えば、IR チームの名称と連絡先、取締役・監査役のトレーニングと取締役会評価に関する有用な説明、個々の取締役報酬（社内取締役と社外取締役の両方）の開示などが挙げられます。その他に、監査委員会の取締役のスキルセット、特に会計と財務管理の専門知識、会社における内部監査の役割に関する適切な説明も含まれます。これらはすべて、この 1 年間にはほとんど進展が見られなかった分野です。

　改善がより困難な開示分野には、英語による報告、取締役会および各委員会の議論と決定に関する意味のある説明、取締役会の多様性に関する信頼できる方針と目標などが含まれると思います。なお、本調査で取り上げたアジア企業の多くも、取締役会報告やダイバーシティ報告で劣っているのが現状です。取締役会の活動に関する記述は、定型的、法律的に毎年繰り返される傾向にあります。また、取締役会のダイバーシティを事業の戦略的展開に結びつけようとする企業はほとんどなく、アニュアルレポート

第8部 終 章

を読む読者に、取締役の選任がほとんどお飾りであるかのような印象を与えています。日本企業には、より良い情報開示のあり方について、アジア域外の国際的な同業他社を参考にすることをお勧めします。

一方、日本を含むアジア企業の方が優れている傾向のある複雑な分野の1つは、サステナビリティ報告です。これは、オーストラリア、韓国、日本、シンガポール、台湾を含む多くの市場で飛躍的に改善されています。日本企業は、TCFD/ISSB報告の内容や方向性を、これらの市場や世界の同業他社と比較することが有益でしょう。概括すると、日本企業はTCFDのような新しいフレームワークよりもGRI報告の方が高いパフォーマンスを示していることがわかりました。

4　制度設計と規制当局

Q：各国の制度設計者や規制当局、証券取引所とも対話と提言を続けて来られたわけですが、制度設計と規制の最適な役割と実践のイメージについて教えてください。

1つの見方として、日本は合理的で明確な金融規制構造を持っていると言ってよいでしょう。金融庁は銀行、保険、証券市場を一括して管轄し、証券取引関連法の執行は金融庁に報告する専門機関、証券取引等監視委員会（SESC）に委託されています。証券取引所の運営はJPXグループ（JPX）に一元化され、東京と大阪の取引所（それぞれ株式とデリバティブを扱う）と東京商品取引所を傘下におさめており、JPX自主規制法人と呼ばれる別法人が市場規則と上場規則の監督と執行を行っています。

しかし、こうした規制機関の運営方法は、他の先進国市場とはかなり異なる場合があります。例えば、日本（および北アジアの大部分）の法律や補助的規制の基本的な書き方は、しばしば正確さに欠け、政府関係者による解釈の余地がかなり残されています。外部の人間、特に英国法の詳細なスタイルに慣れた人間にとって、ある一連の規則が何を意味し、どのように機能することを意図しているのかを正確に理解することが難しいかもしれません。その典型的な例が、2014年に金融庁が発表した大量保有報告ルールと、それが「共同保有者」規制や「重要提案行為」に与える影響に

242

関する論点^(注7)です。この曖昧さは、2014 年の画期的な SS コードによって企業の新たなエンゲージメントが促進されたにもかかわらず、投資家の集団的エンゲージメントを何年も抑制させてしまいました。規制当局の職員が数年ごとに交代するという事実は、そのような規制の実施や改革を複雑にし、当局内の制度的記憶を損なうでしょう。前向きな点としては、金融庁が 2023 年の「アクション・プログラム」において、こうした長引く規制のグレーゾーンのいくつかについて議論を開始しようとしている点があります。

　他市場の証券規制とのもう 1 つの明確な違いは、エンフォースメント事案に関する情報開示体制が完全でないことです。例えば、オーストラリア、香港、シンガポールでは、証券監督委員会（SEC）は、規制違反に対する個人や企業の告発を公表するだけでなく、裁判所や行政裁判所が下した結果や罰則について報告することで開示を完結させています。日本では、SESC が刑事告発の詳細を発表していますが、事件の結果についてはごく限られた情報しか提供していません。SESC のウェブサイトには、そのような事件の見つけにくい一覧ページがあり、結果についての簡単な要約が掲載されていますが、上記の他の市場のように、刑事事件の 1 つひとつの結審についてタイムリーで詳細なプレスリリースを発表することがないようです。この文脈において、さらに 2 つの重要な問題があるでしょう。金融庁・SESC による「民事上の制裁」、例えば取締役の資格剥奪、禁止命令、不当な扱いを受けた株主への補償などが限定的です。SESC のほぼすべてのケースは、行政処分か刑事告訴です。一方、SESC と JPX 自主規制法人が毎年行っている正式なエンフォースメントの件数は、SESC による行政処分は数十件、刑事処分は 1 桁程度、JPX 自主規制法人によるほとんどのエンフォースメントカテゴリー（要注意銘柄、上場契約違反の罰則、公表措置、改善報告書）の処分も同様に 1 桁程度と、常に極めて少ない状況です。これに対して、監理銘柄や上場廃止になりそうな銘柄の数は多いのです。結論として妥当なのは、日本ではほとんどの証券不正

(注7)　金融庁（https://www.fsa.go.jp/singi/stewardship/legalissue.pdf）。

第 8 部　終　章

行為に対する処罰は、最終的な制裁ではなく、調査そのものであるということです。SESC は、年間約 1,000 件の市場不正行為の調査を行っています。このアプローチが、最終的な処罰を重視するアプローチよりも効果的な抑止力となるかどうかは疑問です。日本の規制当局は、取締りを行う際に教育的役割を果たすことを強調したがる傾向があるのですが、情報開示が不完全なままなのは残念です。

5　日本の課題と今後の期待

Q：日本が積み残している課題と、今後優先的に期待されることについてコメントしてください。

　ACGA は、各国のコーポレート・ガバナンスを常にシステミックな観点から捉えており、そのため、政府のガバナンス（例えば、司法の独立性、腐敗防止プログラム、公務員倫理）、非営利団体やメディアの役割など、上場企業や資本市場にとどまらない制度的要素や経済的主体を幅広く分析しています。我々の主張は、健全なコーポレート・ガバナンスの「エコシステム」は、これらすべての社会的・経済的セクターにわたるステークホルダーの努力にかかっているということです。上記で強調したように、CG ウォッチ 2023 における日本の躍進は、本調査のすべてのカテゴリーにおける多くの組織や個人による総合的な努力の結果です。しかし、65％弱という総合スコアは、まだ多くの課題が残されていることを示しています。

　以上の理由から、日本に残された課題と将来への期待をすべて数段落にまとめるのは困難なので、行動ポイントの長いリストを提供する代わりに、外国人投資家の観点から最も緊急かつ価値の高い 3 つの課題に焦点を当ててみましょう。これは、外国人投資家が唯一の、あるいは最も重要なステークホルダーであることを示唆するものではなく、むしろ日本の株式市場の継続的な強さが外国人投資家の信頼に大きく依存していることを認識しようとするものです。そして、株価の上昇によって株式価値が向上することは、年金受給者や若い個人投資家にとっても重要です。それはまた、消費者の信頼を高め、新規株式公開のための資本市場をより健全なものにすると言えるのです。

244

総 括

　私が強調したい３つの改革優先課題は、東証の資本効率化プログラム、株主の法的権利に関するギャップを埋めようとする金融庁の試み（アクション・プログラム 2023 など）、そして、より公正な買収・合併制度の創設を推進する経済産業省の動きです。もちろん、取締役研修の大幅な拡充などによって、取締役会が事業運営ではなく戦略的意思決定に集中するようにするなど、企業が内部ガバナンスを強化するために必要なことは数多くあります。また、機関投資家側でもスチュワードシップをより効果的なものにするために、適切な内部ガバナンスやサステナビリティに関する専門知識への適切な投資、短期的なリターンだけでなく中長期的なリターンを考えるようポートフォリオにインセンティブを与えるなど、できることはたくさんあります。しかし、日本が市場全体をより高いレベルのガバナンスとパフォーマンスに移行させたいのであれば、個々の企業やファンドマネージャーの行動だけでは決して十分ではありません。企業の考え方や行動をシステミックに変える必要があり、それを政府主導の改革なしに成し遂げることはできないでしょう。

　本書執筆陣においてアレン氏は日本語を使えない唯一の参加者であったが、日本のコーポレート・ガバナンスエコシステムが発信する英語の情報とこれまでの対話のみでこれだけの理解と分析が得られる点は、アレン氏の実力もさることながら、情報発信側の努力も高く評価されるべきであろう。また、ここでも浮き彫りになったのはこの 10 年間の日本政府主導のガバナンス改革が必要不可欠であったこと、ここから先も続きそうだということである。それはつまり国家間の資本獲得をめぐるグローバルな大競争の中で、国が自国市場の IR をしていることに他ならない。

　序章で上場企業について「株式市場を通じて国民や従業員の富の創造の機会を提供している点ではリスペクトされるべき」と述べた。まずは上場企業という存在をリスペクトしてほしい。その上で富の創造がうまくできていない企業があれば機関投資家のスチュワードシップで導いてほしい。

　あと数年で、日本企業の戦後昭和モデルにおける安定株主構造は維持できなくなっている可能性が高い。アクティビズムは一層効果を増し、AI

第8部　終　章

が考えた同意なき買収提案が企業支配権市場を席捲するかもしれない。企業再編は国内でもクロスボーダーでも大きく進むと想像できる。日本の市場が外に開かれていく一方で、地政学的要因で内側に閉じていく国や地域も少なからずあるだろう。日本国民が自国の企業を守りたい、応援したいとなれば、個人も含めた日本株投資のエコシステムとの WIN-WIN の信頼関係構築が極めて重要である。不確実性と地政学の時代には、国も会社も共同幻想(注8)的なものに左右されやすくなるのではないかという考えが湧いてくるが、資本獲得競争が繰り広げられる市場とのつき合い方、そして株主との対話には、ゲーム理論(注9)をベースに考え、合理的に実践していくやり方が最も適しているのではないかと思う。

　本書は株主との対話を実践する日本の企業人をメインの読者層として想定して、各執筆者がその主題と各章のタイトルを起点に自己の認識と考察を自由に書き綴った内容となっている。総じて日本企業には新たな時代にさらに飛び込んでいく覚悟を求める内容になったような印象である。

　今回の執筆に当たって 12 年前の前作を読み返してみると、今日までに起こってきたことは JPX による新市場区分を含む大胆な試みを除いて概ね書かれていた。では本作で 2035 年までに起こるだろうことをどれだけ書けるか、と考えると、国際政治要因からくる不確実性を強く感じることとなった。地政学や天変地異要因を除いてこれまでの潮流の連続性を考えれば、企業再編進展の結果、上場企業数は一旦減り、プライム市場から500 社以内の国を代表する企業の株価インデックスが生まれ、主な企業の女性と外国人取締役数は合わせて 3 割を突破し、独立役員の割合が過半数を超える企業は数倍に増加、新進気鋭の企業の IPO が増え、全世界の機関投資家が日本市場とその上場企業のサステナビリティを信頼して期待

(注8)　吉本隆明『共同幻想論』(1968) で示された、国家、社会、企業、家族等など複数の人間の共同体内で共有される観念、想像力を指す。

(注9)　ゲーム理論は複数の主体間の利害関係を構造的に把握し、戦略的な最適解に辿り着くための理論。創始は数学者ジョン・フォン・ノイマンと経済学者オスカー・モルゲンシュテルンの共著書『ゲームの理論と経済行動』(1944) とされ、その後幅広い分野で発展、応用されている。

し、国民経済と株式市場は切っても切れない関係となっているだろう。大きな変化をもたらすための政策の引力については各人が確認しているとおりかと思う。一方、アレン氏の指摘を待つまでもなく政策立案側の課題もあるだろう。政策のグランドデザインにこれからのゲームを有利に進めるしたたかさはあるのか？　法制度設計を含めた政治は新たな時代に飛び込む覚悟はできているのか？　楽観的観測として見えてくるのは、資本市場との対話の荒波を乗り越え、強靭な筋肉質となって競争に勝ち残り、国民と投資家に富を創造する日本企業と日本市場の姿である。JSS 創業 20 周年の年に本書をお届けすることができたことに感謝したい。

株主と対話する企業〔第2版〕
——「対話」による企業価値創造と大競争時代の IR・SR

2013年2月15日　初　版第1刷発行
2025年4月15日　第2版第1刷発行

編 著 者　　三菱UFJ信託銀行法人コンサルティング部／
　　　　　　証券代行部
　　　　　　日本シェアホルダーサービス

発 行 者　　石　川　雅　規

発 行 所　　株式会社　商 事 法 務
　　　　　　〒103-0027 東京都中央区日本橋 3-6-2
　　　　　　TEL 03-6262-6756・FAX 03-6262-6804〔営業〕
　　　　　　TEL 03-6262-6769〔編集〕
　　　　　　https://www.shojihomu.co.jp/

落丁・乱丁本はお取り替えいたします。　　　印刷／広研印刷㈱
© 2025 三菱 UFJ 信託銀行法人コンサルティング部／　Printed in Japan
証券代行部
日本シェアホルダーサービス
　　　　　　　　　　　Shojihomu Co., Ltd.
　　　　　　ISBN978-4-7857-3160-1
　　　　　＊定価はカバーに表示してあります。

JCOPY ＜出版者著作権管理機構　委託出版物＞
本書の無断複製は著作権法上での例外を除き禁じられています。
複製される場合は、そのつど事前に、出版者著作権管理機構
（電話 03-5244-5088、FAX 03-5244-5089、e-mail: info@jcopy.or.jp）
の許諾を得てください。